教育部“一村一名大学生计划”教材

土地利用规划
（第2版）

主编　张凤荣　赵婷婷
编者　张凤荣（中国农业大学）
赵婷婷（国家开放大学）
安萍莉（中国农业大学）
孔祥斌（中国农业大学）

国家开放大学出版社·北京

图书在版编目（CIP）数据

土地利用规划 / 张凤荣，赵婷婷主编．—2 版．—北京：国家开放大学出版社，2021.1（2024.11 重印）
教育部“一村一名大学生计划”教材
ISBN 978-7-304-10669-0

Ⅰ．①土… Ⅱ．①张… ②赵… Ⅲ．①土地利用-开放教育-教材 ②土地规划-开放教育-教材 Ⅳ．①F301.2

中国版本图书馆 CIP 数据核字（2021）第 000609 号

教育部“一村一名大学生计划”教材
土地利用规划（第 2 版）
TUDI LIYONG GUIHUA
张凤荣　赵婷婷　主编

出版·发行：国家开放大学出版社
电话：营销中心 010－68180820　　总编室 010－68182524
网址：http://www.crtvup.com.cn
地址：北京市海淀区西四环中路 45 号　　**邮编**：100039
经销：新华书店北京发行所

策划编辑：王　普　　**版式设计**：何智杰
责任编辑：申蓓蓓　　**责任校对**：吕昀谿
责任印制：武　鹏　马　严

印刷：北京联兴盛业印刷股份有限公司
版本：2021 年 1 月第 2 版　　2024 年 11 月第 9 次印刷
开本：787mm×1092mm　1/16　　**印张**：15　　**字数**：330 千字

书号：ISBN 978-7-304-10669-0
定价：33.00 元

（如有缺页或倒装，本社负责退换）
意见及建议：OUCP_KFJY@ouchn.edu.cn

序

“一村一名大学生计划”是由教育部组织、中央广播电视大学①实施的面向农业、面向农村、面向农民的远程高等教育试验。令人高兴的是计划已开始启动，围绕这一计划的系列教材也已编撰，其中的《种植业基础》等一批教材已付梓。这对整个计划具有标志性意义，我表示热烈的祝贺。

党的十六大报告提出全面建设小康社会的奋斗目标。其中，统筹城乡经济社会发展，建设现代农业，发展农村经济，增加农民收入，是全面建设小康社会的一项重大任务。而要完成这项重大任务，需要科学的发展观，需要坚持实施科教兴国战略和可持续发展战略。随着年初《中共中央国务院关于促进农民增加收入若干政策的意见》正式公布，昭示着我国农业经济和农村社会又处于一个新的发展阶段。在这种时机面前，如何把农村丰富的人力资源转化为雄厚的人才资源，以适应和加速农业经济和农村社会的新发展，是时代提出的要求，也是一切教育机构和各类学校责无旁贷的历史使命。

中央广播电视大学长期以来坚持面向地方、面向基层、面向农村、面向边远和民族地区，开展多层次、多规格、多功能、多形式办学，培养了大量实用人才，包括农村各类实用人才。现在又承担起教育部“一村一名大学生计划”的实施任务，探索利用现代远程开放教育手段将高等教育资源送到乡村的人才培养模式，为农民提供“学得到、用得好”的实用技术，为农村培养“用得上、留得住”的实用人才，使这些人才能成为农业科学技术应用、农村社会经济发展、农民发家致富创业的带头人。如果这一预期目标能得以逐步实现，就为把高等教育引入农业、农村和农民之中开辟了新途径，展示了新前景，作出了新贡献。

“一村一名大学生计划”系列教材，紧随着《种植业基础》等一批教材出版之后，将会有诸如政策法规、行政管理、经济管理、环境保护、土地规划、小城镇建设、动物生产等门类的三十种教材于九月一日开学前陆续出齐。由于自己学习的专业所限，对农业生产知之甚少，对手头的《种植业基础》等教材，无法在短时间内精心研读，自然不敢妄加评论。但翻阅之余，发现这几种教材文字阐述条理清晰，

① 编辑注：2012 年中央广播电视大学更名为国家开放大学。

专业理论深入浅出。此外，这套教材以学习包的形式，配置了精心编制的课程学习指南、课程作业、复习提纲，配备了精致的音像光盘，足见老师和编辑人员的认真态度、巧妙匠心和创新精神。

在“一村一名大学生计划”的第一批教材付梓和系列教材将陆续出版之际，我十分高兴应中央广播电视大学之约，写了上述几段文字，表示对具体实施计划的学校、老师、编辑人员的衷心感谢，也寄托我对实施计划成功的期望。

教育部副部长 吴启迪

2004年6月30日

前　言

本教材是国家开放大学行政管理（村镇管理方向）专业的规划教材。结合国家相关政策和文件精神，本书在《土地利用规划》（2004 年 11 月第 1 版）的基础上进行了修订。本书的绪论部分介绍了有关土地、土地利用与土地利用规划方面的一些基本概念；第一章介绍了与土地利用和保护密切相关的气象学、土壤学、土地资源学方面的内容，以便为后面的土地利用规划学习打下科学的基础；第二章介绍了土地利用总体规划；第三章介绍了各种农业用地的内部详细规划；第四章介绍了某些后备土地资源的开发规划方面的内容。

当前，土地资源管理工作正经历着从原有的土地利用规划体系全面向国土空间规划体系过渡的特殊历史时期。本次修订主要将国土空间规划体系、规划技术方案、审批手续和成果构成等内容纳入其中。在未来的再版教材里，还应当从国土空间规划体系建立出发，更为系统、全面、科学、严谨地呈现“多规合一”后的工作实际。

本次修订工作的思路和方法由中国农业大学张凤荣教授主持，具体文字编写工作由国家开放大学赵婷婷副教授完成，中国农业大学安萍莉教授、孔祥斌教授对修订版教材工作的顺利开展给予了大力支持。

限于编者的水平，书中难免存在疏漏和不足之处，敬请广大师生和读者批评指正。

编　者

2020 年 8 月

目 录

绪　论

第一节　土地的基本概念

一、土地的概念

不同学者从不同的学科角度对土地的概念有多种不同的表述。

（一）经济学有关土地的概念

马克思在《资本论》第一卷中指出，经济学上所说的土地是指未经人的协助而自然存在的一切劳动对象。西方经济学家把陆地、水面、地上空气层、地下矿产物，以及附着在土地上的阳光、热能、风力、地心引力、雨水等一切自然物和自然力，都划入土地范畴之列。经济学家们还认为，从土地的经济特性分析，土地是一种特殊商品，与一般商品相比，两者有共性，即都具有使用价值和交换价值，可以进入商品流通领域进行交易。土地作为特殊商品有以下两点原因：

（1）一般商品是用来交换劳动产品的，而土地这个特殊商品，它具有非劳动产品与劳动产品的两重性。从它的根本属性来看，或就其整体而言，它并非人的劳动所能创造的，是天然赐予的自然物；但从对它利用的角度来看，现今土地大多经过人类长期直接或间接的开发，凝结着大量的人类劳动，具有劳动产品的一面。也就是说，虽然土地是大自然赐予的，但人类的经济活动可以改变土地组成要素（如土壤、植物、水文等）的性质，从而影响到土地的功能和用途，这是土地不同于其他自然体的重要方面。因此，土地是一种自然经济综合体，它包括人类过去和现在的生产活动成果及其社会经济关系。

（2）一般商品属于价值物，其价格是价值的货币表现。然而，土地的价格具有两重性：一方面是自然物的土地价格，另一方面是开发的土地价值的价格。从现实经济生活来看，人类投入劳动与土地本身的不可分性，造成这两部分价格在土地价格上的融合。因而，与一般商品相比，土地的估价有着特殊的理论和方法。

（二）农学有关土地的概念

从农业生产角度看，土地既是生产基地和劳动场所，又以自身的理化性质参与农作物的自然再生产过程，形成农产品。农产品产量的高低主要取决于土地的自然生产力，农产品质量则受到土地特性的影响。从利用土地生产农产品分析，土地是劳动资料；从为提高农产品产量或改善农产品质量而对土地各组成要素进行调节或控制（如兴修水利、土壤改良、污染防治、改善农田小气候等）来说，土地又是劳动对象。

（三）地学有关土地的概念

多数地学研究者认为，土地是地球陆地表面由气候、地貌、土壤、植被和水文等自然要素组成的一个自然综合体。在土地的长期形成、演变过程中，各种自然要素以不同方式，从不同的侧面，按不同程度，独立地或综合地影响着它的综合特征。在土地这个综合体中，土地各组成要素有着其不可替代的地位和作用，土地的性质和用途取决于全部组成要素的综合作用，而不从属任何一个单独的要素。

地学研究者还认为，土地各组成要素是在地球表面一定地域范围的立体空间中分布的，它们可分为三层：以地球风化壳和地下水为主的地下层，以生物圈和土壤为主的地表层，以近地面气候为主的地上层。那些与土地特性无直接联系的地上层（如高空气候）和地下层（如深层岩石），并不属于土地范畴，只是土地的环境条件。

（四）生态学有关土地的概念

从生态学观点看，土地是一个由气候、地貌、岩石、土壤、植被、水文以及人类劳动的结果组成的生态系统，是其能量流、物质流的载体、储存库和供应站。土地生态系统又可细分为农地生态系统、林地生态系统、草地生态系统、居住地生态系统等。水土流失、土地污染、土地质量退化等，不仅会破坏土地自身生态系统的生产力，而且会直接影响地球上更大生态系统的能量和物质循环。

（五）工程建设有关土地的概念

从工程建设角度看，工程师们描述的土地是起承载作用的固体物质，土地可理解为基地、场所或物料。城乡居民点、工矿、交通运输及水利等各项建设项目都需附着于土地上。他们关心的是土地的抗压强度及稳定性。土地的质量和位置都与能否发挥好“基地”的作用有直接关系。

二、土地与土地资源的概念区别

1979 年版的《辞海》将资源定义为：“资财的来源。”能带来资财的东西是在人的生存与发展过程中对人类生产和生活有用的材料，这些材料包括人为的和天然的，前者包括一切社会、经济、技术因素以及信息等，后者则包括土地、水等自然物。

土地资源是在现在和不远的将来的技术经济条件下，人类能直接用于生产和生活的土地。土地资源是土地中的最大部分，两者在数量上并无一一对应的关系。土地资源包括农、林、牧、渔业生产，工业生产，居住，交通，商业，娱乐等已利用或将要被利用的土地，它由这一地域上下垂直的生物圈内的地质、地貌、土壤、水文、大气、植被以及过去和现在人类活动结果构成，是地球表面一个特定地域的历史自然综合体。

并不是所有的土地均能为人类所利用并转化为土地资源，可是自然界几乎不存在对人类绝对无用的土地，即几乎不存在不是资源的土地。但土地资源的概念比土地的概念包含更多的社会学和经济学的意义，即土地资源既包括土地本身的自然属性，也包括人类对其进行利用改造的社会经济属性。日常中，土地与土地资源之间的界限并不明确，两个概念经常混用，在某些情况下，我们也可将土地与土地资源等同看待。

三、土地与国土的概念区别

所谓国土，是指归某一国家主权管辖的地球上的某一部分空间，包括一国的陆地、河流、湖泊、内海、领海和它们的下层、上空，还包括大陆架等。由此可见，国土不单指土地，还是国家管辖的地理空间，国土是比土地更为广泛的概念。

四、土地与土壤的概念区别

我国古书中有许多关于“土”字的记载，如古籍《说文解字》中，对“土”的解说为“土者，吐也，吐生万物”。古代人认为地是由“土”和“也”两字复合而成，是天的对称，把土和地看成一回事，地者土也。春秋战国时期的管仲认为：“地者，万物之本原，诸生之根苑也。”意指土地是世上万物根本，各种植物的生长全都是土地的作用。可见，从支持植物生长的角度，土地与土壤的概念是一致的。

（一）土壤的概念

大多数土壤学教科书将土壤定义为：“土壤是指能够支持植物生长的陆地表面的疏松表层。”而土壤地理学则把土壤看作“在气候、母质、生物、地形和成土年龄等诸因子综合作用下形成的独立的历史自然体”。

土壤具有的生产植物产品的能力，是土壤的本质特征之一。如果仅仅从能够为植物提供“吃”与“住”的条件，即营养因素和扎根立地条件方面来看，可以将花盆里装的土视为土壤。但是植物生长不仅要求“吃”与“住”的条件，而且要求光、热、水、气。因此，将花盆里的土视为土壤就太狭隘了。因为任何土壤都是在一定的地理环境条件下产生的，当地的地理条件赋予土壤特有的气候、地形、母质、水文、植被等特性，研究土壤就必须将土壤与其形成条件联系起来。从土壤发生学上，我们可以将气候、地形、母质、水文、植被等看作“土壤形成因素”，但从土壤作为植物生产基地的角度看，就可以把它们视为土壤特性的组成部分，这时的土壤内涵与土地的内涵基本相同。

（二）土地与土壤的概念比较

(1) 从相互关系上看，土壤仅仅是土地的一个组成要素，即土地包含土壤。但应该注意的是，当土壤一旦被利用，即作为基本生产资料时，它与气候、地形、水文等土地各组成要素共同起作用。这就是人们通常所说的因地制宜利用土壤，这个时候土壤实际上已经以土地的形式发生作用，这也是土壤与土地两个概念经常混用的原因之一。

(2) 从本质特征上看，土壤的本质是肥力，即为植物提供生长条件的能力。土地生产力既受土壤的综合肥力或广义肥力的控制，也和土壤所处的地理位置与地形部位有关。对于农业生产来说，具有肥力的土壤至关重要，一旦土壤层被侵蚀掉，土地虽然还存在，但这个土地已不具备植物生产能力，它对于农业生产已经没有价值。

(3) 从形态结构上看，土地是由地上层、地表层和地下层组成的一个立体空间。土壤只是其地表层的一部分，由处在地球风化壳最表层的腐殖质表层、心土层和风化母质层三个土壤发生层组成。此外，土壤并不包括附着在其上的植被，植被只是土壤形成的影响因素。

（4）土壤作为自然物是可以搬动的，如可以取土，而土地是不能移动的。

第二节　土地资源的特性与功能

一、土地资源的特性

（一）面积的有限性

由于受地球表面陆地部分的空间限制，土地的面积（或称土地资源的数量）是有限的。虽然地球表面局部地区因灾变过程（如火山、地震等引起的岛屿生成或消灭等）可以出现极小量的陆地面积变化，但海陆变化是一个漫长的地质历史发展过程，其周期要以百万年计。对于人类社会来说，这种变化几乎是一个恒定的概念。因此，我们可以说，土地面积是不变的。

人类只有一个地球，土地面积是有限的，目前世界人口持续增加，各种土地利用活动对有限的土地面积竞争异常激烈，对土地资源产生了极大压力。因而，人们要珍惜和合理利用每寸土地。

（二）位置的固定性

分布在地球各个不同位置的土地，占有特定的地理空间。这一特性主要表现在以下几方面：

（1）每块土地绝对位置（经纬度）的固定性，包括地面及其以上和以下的空间，不能移动丝毫，只能在其所处地域内加以利用。

（2）各块土地之间的相对位置（距离）是固定的。当然，交通条件可在一定程度上改变这种相对固定性，但交通条件改变后土地又表现出新的相对固定性。土地位置直接影响交通运输费用。

（3）一般来说，在一定时空范围内每块土地所处的环境及其物质构成基本上也是固定的。例如，处于不同气候条件下的农用土地，欲完全改变其水热状况几乎是无法实现的。

（三）区域的差异性

在地球公转和自转等产生的地质构造的作用下，各种土地形态的空间分布存在着明显的地域性。各种山地、丘陵、高原、平原在我国乃至世界性的分布都是不均匀的，人们必须深刻认识到土地的地域特征，以便能因地制宜地利用土地资源。

土地的自然要素组成与综合特征也具有明显的地域性，它决定了土地资源的利用与改良要因地制宜。土地只能就地利用或开发，而不能被移至较有利的市场去加以利用。每块土地受其所在的地理环境条件或空间经济关系的影响，便形成了土地的区位，土地开发利用要重视发挥优位效应（最佳区位效益）。

（四）整体性

土地是地表各自然地理要素与人类之间相互作用、相互制约所形成的统一整体。土地资源各组成要素相互依存、相互制约，构成了完整的土地生态系统。人类不可能在改变系统中某种成分的同时使周围的环境保持完全不变。例如，我们采伐山地的森林，不仅会直接改变林木和植物的状况，同时必然会引起土壤和径流的变化，对野生动物，甚至对气候也会产生一定的影响。同时，生态系统绝不是孤立的，一个系统的变化又不可避免地要牵涉别的系统。例如，黄土高原的水土流失不仅会使当地农业生产长期处于低产落后的状态，而且会造成黄河下游的洪涝、风沙、盐碱等灾害。

（五）再生性与非再生性

资源一般可分为再生性资源和非再生性资源。再生性资源主要是指生物及生物与非生物组成的生态系统，在正确管理和维护下可以获得不断更新和可持续利用。非再生性资源，如各种矿物和化石燃料，会随着人类的不断使用而逐渐耗竭。

土地是一个生态系统，生长在土地上的生物不断地生长和死亡，土壤中的养分、水分及其他化学物质不断地被植物消耗和补充，这种周而复始的更替，使土地资源具有可更新性。在合理利用条件下，土地的植物生产力可以自我恢复，并不会因使用时间的延长而减少，即“治之得宜，地力常新”。正是由于土地具有再生性，人类才能不断繁衍。我国已有数千年的农业历史，宝贵的土地资源不仅为我们祖祖辈辈提供丰富多样的动植物产品，而且为我们创造更多的物质财富。

但应当注意，土地的可再生性绝不意味着人类可以对土地进行掠夺性开发，人类一旦破坏了土地生态系统的平衡，就会出现水土流失、沼泽化、盐碱化、沙漠化等一系列的土地退化，使土地生产力使用价值减少。这种退化达到一定程度，土地原有性质就可能被彻底破坏而不可恢复。例如，土地丧失松散的土层，裸露出坚硬的基岩。

由此可见，土地的再生性是有一定限度的。当超过某一阈值时，土地的再生性就会丧失，土地资源就被破坏。因此，要使我们富饶的土地能相传万代，而不毁于一旦，我们必须珍视并正确看待其作为农业基本生产资料的再生性的特点，充分意识到自己的责任，把土地看作社会的财富，它不仅属于国家，属于我们当代人，同样也属于子孙万代。任何人都要承担合理利用、保护土地的义务，绝对不能任意破坏和污染它。

（六）多用途性

土地资源根据各类土地质量状况的不同而具有多用途性。高质量的土地资源用途广泛，如耕地既可种植农作物，又可植树造林，也可作为牧草地，还可作为城建、交通、国防、旅游等非农业用地。而牧草地则不一定能够作为耕地，如干旱地区的牧草地，因为干旱缺水，开垦以后缺少灌溉而不能种植庄稼，还会造成风蚀沙化。同样，若将城市用地再复垦为农田也几乎是不可能的。因此，尽管土地资源具有多用途性，也不能为所欲为。我们要因地制宜，合理分配土地资源给各产业、各部门，并特别保护优质耕地。

（七）社会性

人们对土地的开发利用和占有过程，一方面形成了人与土地的关系，另一方面形成了人与人之间的关系。在利用土地资源进行物质资料生产时，土地就构成了社会生产力的物质要素。社会生产离不开土地资源，土地问题如果处理不好，就会影响到社会的各方面，如政治、经济等。

土地利用系统是一个开放的自然—经济—社会复合系统，土地利用具有很强的外部性。外部性是指从事生产活动的当事人给他人或社会带来的无法由市场价格体现的利益或损失，包括正外部性和负外部性。例如，我国西北部地区的过度放牧和开垦，导致沙尘暴天气影响东南地区，对东南地区是负的外部性；而上游水土保持，减缓下游的洪涝威胁，对下游而言，就是正外部性。虽然土地利用活动是在一定的空间范围内进行的，但是土地利用活动所产生的结果是全社会性的。土地利用与生态环境密切相关，土地利用在形成经济产品的同时，也形成生态效益和社会效益，提供了一种人类与其他生物生存与发展所必需的生态环境，并向社会提供公共物品。

土地利用促进或影响社会发展，社会也通过土地产权制度、政策法规、风俗习惯等作用于土地利用。制度是土地利用的框架，因此，任何国家或政府都会通过制定不同的制度来促进持续的土地利用活动，制约非持续的土地利用活动，从而实现区域内部和区域之间资源利用与环境保护两者成本—效益的公平负担与分配。

二、土地资源的功能

（一）植物生产功能

土地具有一定的生产力，即可以生产出人类某种需要的植物产品和动物产品，这是土地的本质特征之一。土地生产力按性质可分为自然生产力和劳动生产力。前者是自然形成的，即土地资源本身的性质。不同性质的土地，即光、热、水、营养元素的含量及组合等不同的土地，适应于不同植物和动物的生长繁殖。后者是施加了人类影响而产生的，主要表现为对土地限制因素的克服和改良后的土地利用的集约程度。土地生产力的高低是指能生产什么、生产多少，或者能提供什么样的产品、提供多少，其主要取决于上述两方面的性质。除温室土地以外，对于露地来说，决定土地自然生产力的光、热、水等条件中，气候条件是不容易改变的，但是土壤养分等条件可以通过施肥加以改善；同时，农田水利建设也可改变土地的水分条件，保证旱涝保收。

（二）建设承载功能

城乡居民点、交通运输、水利、旅游以及其他各项工程建设事业都必须以土地为基础。土地的工程特性是土地的又一重要性质，它对工程建设的适宜性有着极为深刻的影响。土地的工程特性主要由地基承载力、地下水、地形、水文等要素综合作用形成，它的优劣直接决定了作为建筑地段的适宜性及限制性。地基不良的土地通常不用作建筑用地。土地的地形坡度和地下水位埋深也是工程建设需要严格要求的。不仅如此，土地的工程特性也影响着工程项目的投资费用。

（三）生态功能

生态学是研究生物系统与环境之间相互关系的科学。从土地概念来说，土地本身就是一个生态系统。土地连同其环境中的生命体的总和构成生态圈。

在陆地生态系统中，土地是最根本、最重要的，是决定生态系统类型及其构成的主要因素，是能量输入与输出、物质交换转移得以实现的基础，又是地球生态系统的物质储存器、供应站和能量调节者。从生态角度看，土地具有以下重要功能。

1. 支撑功能

对生物体来说，土地最显而易见的功能之一就是支撑。植物固定在土地中才能保持直立。

2. 养育功能

土地可以生产出人类需要的植物和动物产品。在生态学中，人们把生物生产分为植物性生产和动物性生产。植物性生产是植物通过光合作用，源源不断地生产出植物性产品的过程，又称作第一性生产或初级生产。第一性生产离不开土地。动物把采食的植物同化为自身的营养物质，使动物体不断增长和繁殖，也称为第二性生产或次级生产。从食物链的关系来看，次级生产又可再分为几级，如二级、三级等。每低一级的生产都以其前一级生产的有机质作为食料，整个生物界就是通过食物链繁育衍生而来的。第二性生产的完成同样离不开土地。

3. 净化功能

土地的净化功能主要包括：进入土地的污染物质在土体中可通过扩散、分解等作用逐步降低污染物浓度，减少毒性；或经沉淀、胶体吸附等作用使污染物发生形态变化，变为难以被植物利用的形态存在于土地中，暂时退出生物小循环，脱离食物链；或通过生物和化学降解，污染物可变为毒性较小或无毒性甚至有营养的物质；此外，通过土地掩埋也可减少工业废渣、城市垃圾和污水对环境的污染。当然，土地的净化功能是有限的，必须在其允许的范围内进行。

第三节 土地资源的利用与保护

人地系统是一个相互作用、相互影响的开放系统，其核心是人类通过生产过程影响土地系统的各组成要素，反过来土地系统的变化又影响人类生存环境。我们要研究人类活动对土地各组成要素的影响过程，分析土地各组成要素对人类活动影响的反馈机制，以便为协调土地资源与人类发展的矛盾和制定可持续的土地利用管理策略及措施提供科学依据。

一、土地资源利用

人类社会的发展伴随着土地利用的演变，人类社会的发展史就是一部人类适应土地、改造土地和利用土地的历史。

土地资源利用随着人类的出现而产生。在原始捕猎阶段，土地最初以食物、现成的生活资料供给人类，人与自然（土地）的关系是人类消极地依赖自然、适应自然，行为上依附自然生态限制。随着人类对自然（土地）利用能力的提高，人类开始加大向大自然索取的力度，索取的领域也从土地延伸到整个生物圈，大大加快了自然资源（土地资源）在经济过程中的消耗速度。

目前，学术界对土地利用概念存在下列代表性观点：

（1）土地资源利用是人类通过与土地结合获得物质产品和服务的经济活动过程。

（2）土地资源利用是指人类对特定土地投入劳动力资本，以期从土地得到某种欲望的满足。

（3）土地资源利用是由自然条件和人为干预所决定的土地功能。

（4）土地资源利用是指在既定时间、空间和特定地点的一切已开发和空闲土地的表面状况。

综上所述，土地利用包含两方面的含义：一是指人类根据土地质量特性开发利用土地，创造财富，以满足人类生产和生活的需要；二是指利用土地，改善环境，以满足人类生存的需要。因此，从系统论观点看，土地利用的实质是土地自然生态子系统和土地社会经济子系统以人口子系统为纽带和接口耦合而成的土地生态经济系统。

土地利用途径古今中外无非有两条：一是土地利用广度的扩展，不断扩大土地利用面积，提高土地利用率（可利用面积/土地总面积）；二是向土地利用深度挖潜，增加劳动投入，不断提高土地集约利用程度，提高土地产出率（产量、产值或能量/单位土地面积）。

土地利用包含生产力和生产关系两重性，既包含土地生产力的提高，又包含土地关系的协调。任何社会历史发展阶段，土地利用水平的提高均是生产力和生产关系共同作用的结果。

二、土地保护

（一）人口快速增长形成对土地资源的巨大压力

为了满足食物需求，人类不断地“开荒造田”。这些耕地都是由林地、草地、湿地等其他覆盖绿色植被的土地转变而来的。由于开发利用不合理，已有相当多的耕地弃耕成为不毛之地。因此，林地、草地、湿地的减少面积必然大于耕地的增加面积。第二次世界大战结束以来，人口剧增，林地、草地和湿地转换为耕地的速度大大加快。当前，在全球范围内，对农业适宜和中度适宜的土地几乎都已被开垦用于种植业，可垦土地资源越来越少，这在人口密度大的亚洲和欧洲已是不争的事实，特别是在我国。

另外，人口的增长不仅要求有更多的食物，同样也意味着对居住、交通、文化娱乐等用地需求的大幅增加，因而大面积的肥沃良田正在被快速吞食转化为非农业用地，这种速度在缺粮严重的发展中国家尤其迅速。我国也是世界上耕地减少最快、最多的国家。

（二）土地开发利用不当，土地资源严重退化

土地资源退化是指由于水土流失、土壤沙化、盐渍化、酸化、贫瘠化、污染等造成的土

地生物生产潜力的降低或生物产品质量的降低。在自然条件恶劣地区，土地可塑性很小，生态平衡表现出很大的脆弱性，人类对土地资源的扰动很容易造成土地退化。

虽然目前还不能确切地知道全球土壤或土地退化的范围和程度，但最乐观的估计是有12 亿 $hm^2$①（20 亿亩，1 亩≈666.67 m^2）的农地、林地和放牧地正遭受着中度到严重的土地退化（其中75%是中度退化，25%是严重退化）；还有7.5 亿 hm^2 遭受着轻微的土地退化。这种退化是由人类有关的活动引起的，如砍伐森林，开垦干旱、半干旱地区的草场，陡坡耕种，过度放牧等。

土地退化往往与贫困和落后交织在一起，严重影响了全社会的可持续发展。在我国，退化耕地有7.7 万 km^2，占耕地总面积的40.1%；退化草地有105.2 万 km^2，占草地总面积的56.6%；退化林地有1 000 km^2；水土流失面积有367 万 km^2，占国土总面积的38.23%。我国欠发达地区基本在土地退化地区。土地退化不仅导致当地低产贫困，甚至威胁到群众的基本生活和生存条件。

在人多地少、耕地质量不高的情况下，我国人民艰苦奋斗，通过复种、间作、套种、精耕细作，投入大量劳动和化肥，提高单位面积土地的产量，基本解决了温饱问题。绿色革命加上施肥、灌溉和其他投入的耕作模式，可以继续得到可观的收获。但这种成功的生态环境成本也将越来越高。例如，高化肥投入区发生了地下水硝酸盐富集现象；长期使用农药使病虫产生了抗性，也污染了土壤。若进一步加大化肥和农药的投入，不但经济效益会下降，而且土壤和地下水也会被污染。

（三）保护土地资源是农业可持续发展的基础

在许多国家，或者在全球范围内，如何有效地利用和保护土地资源对正在增长的千千万万人口来说，是生死攸关的问题。为了满足日益增长的食物需求，全球的农业生产必须大幅度地增长，而对具体的每个地方来说，当务之急就是保护农业生产的基础——土地资源。因为，全球98%的食物是在陆地上生产的，而海洋和陆地水域中的产量不到2%。植物产品构成了人类膳食的92%，占世界膳食供给量8%的动物产品也间接地来自生长在陆地上的植物。

我国作为一个拥有14 亿人口的国家，今天和将来都不可能将人民的衣、食寄托在大量进口上。我国现有的1.3 亿 hm^2 耕地不仅是粮、棉、油生产的基础，而且是人民肉、蛋、奶供给的源泉，是14 亿人民的衣食所依，必须特别地加以保护。人民的穿衣、吃饭问题解决不好，就会导致社会动荡，也必然会制约国民经济其他方面的发展。在我国，保护和提高耕地的生产力不仅是保护农业生产和提高农产品产出水平的基础，而且间接地保护了林地、草地和湿地。因为耕地面积不减少，耕地质量或单产水平提高，就能减少开垦林地、草地和湿地的压力，保护生态环境。

要保持农业产品或农业生产的持续增长，就必须采取可持续的土地利用方式和农业生产

① hm^2：公顷，土地面积的单位，1 hm^2 = 15 亩 = 1×10^4 m^2。

措施，防止土地资源退化，不断提高土地质量或生产潜力。土地利用方式和农业生产措施在很大程度上控制着土地退化的过程，也决定着一定土地利用系统的持续性。

1993年联合国粮食及农业组织发表的《可持续土地利用管理评价大纲》中指出，可持续土地利用管理应同时考虑：

①保持和提高生产力；

②降低生产风险；

③保护自然资源的潜力和防止土壤与水质的退化；

④经济上可行；

⑤社会可以接受。

这五个目标构成了可持续土地利用管理的基本框架，而且可以从这五个目标来评价、检验和监测土地开发利用活动是否是可持续的。在这五个目标中，保护自然资源的潜力和防止土壤与水质的退化就是维护土地资源的质量和生产能力，并使其具有永续的生产力和功能。如果土地资源受到破坏，农业及其他相关各业的发展就缺乏稳定的基础，农业生产将无以为继，当然也就谈不上农业的可持续发展。

三、正确处理开发利用和保护土地资源的关系

概括地说，当今世界一切土地资源退化问题都起因于人类对土地的开发和利用不当。

没有人期望人类文明被土地退化和生态环境的恶化所摧毁，但无论怎样，人类是不会重新回到那种茹毛饮血或刀耕火种（尽管在部分地区还存在）的时代去的，也不能以保护生态环境的名义将我们的地球退回到原始状态。现实的社会经济生活也不允许我们恢复到原来的景观环境。人类只能生活在受人类干扰的景观环境中。问题是我们如何在开发利用土地时，遵循自然规律，采取合理的方式，在打破旧的自然生态系统时，不引起土地资源的破坏或者至少是使之对土地资源的破坏不致影响可持续发展；同时，建立人工干预下更为有效的而且是可持续发展的生态系统。

可喜的是，保护土地资源就是保持农业的可持续发展这一观点已经被越来越多的人所认识，科学家们正在研究和探索防治土地退化、提高土地生产力的土地开发利用模式和农业生产方式，而且已经取得了不少成果，如防治水土流失和风蚀沙化的工程措施、生物措施和农业措施，治理盐碱地和防止土壤次生盐渍化的水盐管理方法，以及防治土壤酸化和土壤污染的措施等。我们要认真总结这些有益的经验，因地制宜地加以推广，防止土地资源的进一步退化和提高土地资源的生产力，为农业可持续发展打下坚实的基础。

总之，人类面临着比以往任何时代都严重的耕地、林地、草原减少的问题和土地资源退化的问题，但人类也正在为保护土地资源而努力，并且已经取得了不少促进土地资源可持续利用的成功经验。只要我们重视土地资源的保护，采取科学合理的土地利用方式和方法，我们就一定能够维持土地资源永续利用的物质基础，并不断地提高土地资源的生产力水平，延续和繁荣人类文明。

第四节 土地利用规划

随着社会经济的发展，人类对土地的需求在不断增长，要求依据土地质量状况协调安排各类用地，这个过程称为土地利用规划。土地面积的有限性和土地需求的增长性是土地利用领域中永恒的主题，也是土地利用规划产生的客观必然性。

一、土地利用规划的概念

土地利用规划是对一定区域内未来土地利用超前性的计划和安排，是依据区域社会经济发展和土地的自然历史特性在时空上进行土地资源分配和合理组织土地利用的综合经济技术措施。

二、土地利用规划的特性

（一）政策性

政府作为公共利益的代表，有必要借助规划对土地利用进行干预，这是世界各国普遍存在的现象。政府通过制定土地制度和土地政策，为政府干预土地利用提供法律和政策依据。土地利用规划不是一项纯技术性、价值中立的工作，而是一项政府行为，是为一定的制度和政策服务的。规划的编制和实施更多的是政府手中权力的体现。从一定意义上讲，土地利用规划具有法律性、严肃性和原则性。

（二）整体性

土地面积的有限性与土地需求的增长性要求规划时必须从国民经济整体的角度出发，在全部土地资源的层面上选择规划方案，合理配置土地资源。土地利用规划就是分配土地资源给各个用地部门。

（三）兼容性

土地利用规划的目标是多维的，有社会的、经济的、生态环境的目标，也有公益的、私人的，或国家的、地区的目标等，规划的重点和难点在于多目标之间的协调。若将其目标概括为吃饭与建设、生存与发展的话，规划的包容性和兼得性就体现为规划方案必定为吃饭与建设、生存与发展兼得的方案。

（四）折中性

由于土地面积的有限性致使土地资源分配方案具有折中性，是社会目标和经济目标，个人目的和公共目的调和折中的结果。因此，土地利用规划方案实质上是各业、各部门用地的满意方案，只能使用土地分配达到满意而无法实现满足，即所谓的不求最优、只求满意。

（五）动态性

规划的动态性是指其微分决策的积分。规划实施中的主客观情况不是一成不变的，规划要在实施的反馈中定时修正。在认识规划严肃性的同时，要在反复修正中逐步使其更加完善。人们往往称富有弹性和生命力的规划为绿图规划。但是，为了克服修改规划的随意性，必须遵守法定规划的修改程序，一般来讲，修改规划行为主体应与编制规划行为主体一致。

三、土地利用规划的任务和内容

（一）土地利用规划的任务

土地利用规划的主要任务是根据社会经济发展计划、国土规划和区域规划的要求，结合区域内的自然生态和社会经济具体条件，寻求符合区域特点和土地资源利用效益最大化要求的土地利用优化体系。具体来讲，土地利用规划的任务如下。

1. 土地供需综合平衡

人口的不断增长和社会经济发展对土地的需求呈逐步扩大的趋势，而土地供给有一定的限度。因此，土地的供给与需求之间常常产生矛盾。土地供需不协调往往会导致国民经济结构失衡，也会导致土地资源的破坏和浪费。正因为如此，协调土地的供需矛盾是土地利用规划的首要任务。在协调土地的供给与需求，使之达到综合平衡时，人们必须遵从经济规律、自然规律和社会发展规律，使土地利用达到经济、生态、社会三效益的总体最优（或满意）。

2. 土地利用结构优化

结构决定功能，土地利用结构是土地利用系统的核心内容。土地利用结构调整应根据国民经济发展的需要和区域的社会、经济与生态条件，在区域发展战略的指导下，因地制宜地加以合理组织，并作为土地利用空间布局的基础和依据。土地利用结构的实质是国民经济各部门用地面积的数量比例关系。土地利用结构的调整和优化是在不增加土地投入的条件下，实现土地产出增长以获得结构效应的有效途径。土地利用规划的核心内容就是在资源约束条件下寻求最优的土地利用结构。

3. 土地利用宏观布局

土地利用的存在总是立足于一定的空间。土地利用规划属于空间规划。不同空间所含特定要素之间存在明显的差异性，为了解决国民经济各行各业对土地资源的需求，要求对土地利用进行宏观布局。土地利用的宏观布局和合理配置，就是要最终确定何时、何地和何种部门的土地使用数量及其分布状态，并结合土地的质量和环境条件加以区位选择，最终将各业用地落实于土地之上。

4. 土地利用微观设计

各类用地的数量和位置一经确定之后，紧接着就要解决土地利用的微观设计。宏观布局主要解决的是用地的数量和位置，微观设计则要在此基础上合理组织利用，最大限度地提高土地产出率和利用率，降低占地率。土地利用微观设计是内涵和外延扩大的土地利用，也是保护土地资源和改善生态环境的重要途径和有效措施，是土地可持续利用的巨大潜力源。

(二) 土地利用规划的内容

由于规划的对象、范围和任务的不同，土地利用规划的内容有所差异。土地利用规划依其尺度或层次可分为以下内容：

(1) 土地利用规划包括区域全部土地的土地利用总体规划，主要内容是确定区域内各类用地规模和空间布局。

(2) 土地利用规划包括耕地、草地、林地等单一土地利用系统的详细利用规划，主要内容是各类用地的内部土地利用组织，以提高土地利用率和产出率。

(3) 土地利用规划是为了解决特定土地利用问题的土地利用专项规划，内容包括防止土地退化和保护生态环境的土地保护规划，合理开发利用未利用土地的土地开发规划，以及土地复垦规划、土地整理规划等。

第五节 我国土地利用规划历史回顾与展望

一、土地利用规划历史回顾

中华人民共和国成立后，百废待兴。国家为了扩大耕地面积，利用荒地资源，在 1954 年从苏联引进人才和技术，开始了这项工作。苏联土地规划专家乌达钦、契斯辛、布琼尼等来我国“传经”，农业部先后在北京新桥、哈尔滨等地开办土地整理培训班。1956 年，东北农学院在培训班的基础上开办了我国第一个土地规划专业，同时我国又向苏联派出留学生。乌达钦在其所著的《土地规划设计》一书中，将土地规划定义为根据社会主义社会的经济发展规律实行的经济措施，任务是要充分而正确地利用全部土地和有计划地提高它的生产性能，为高效地利用复杂的农业技术打下基础。期间我国土地规划的重点是农场内的土地规划设计和实施。新疆生产建设兵团农场、黑龙江国营友谊农场等大型国营农场，海南岛橡胶园等就是在这一时期完成的。农业部和黑龙江、内蒙古等农业厅设立了土地利用局，其主要从事土地勘测和规划工作。

1986 年后，国家和各地土地管理局相继成立，实行城乡土地统管，将土地规划纳入土地管理工作中来，并着手编制全国和各级土地利用总体规划，土地利用规划进入以总体规划为重点的阶段。土地利用总体规划的对象是规划区域（行政区域）内的全部土地，不再是改革开放以前的农用地利用规划。

二、土地利用规划展望

(一) 尽快树立可持续发展土地利用规划观

哲学家培根说过：“科学的力量取决于大众对它的理解。”土地利用规划只有被人们理解、重视才能发挥其应有的作用。它既要促进社会经济的发展，又要保证资源环境的健康和人们生活水平的不断提高。土地利用规划方案应是人类与资源、环境协调发展的具体落实和体现，应把土地可持续利用和土地利用规划结合起来，强调在制定土地利用规划过程中把土地可持续利用的思想和理念贯彻进去，实现土地资源开发、利用、整治、保护的综合效益最大化；同时，必须强调树立生态环境经济理念，调整资源环境伦理观，改善人地关系；要以人为本，善待资源，尊重自然，感谢土地。

应该不断提升对土地利用规划的认识，这是关系到国家资源安全、环境安全、粮食安全的战略问题。在市场经济条件下，土地利用规划是土地资源配置机制的重要方面，既要对市场经济的要求做出反应，又要贯彻政府宏观调控的正确主张，“土地利用规划的生命力在于其对未来土地利用的导向性”。既要尊重市场的选择，又不能只是跟着市场跑，规划必须补充和校正市场的不足。规划要实现的是一个目标集，要多维思考，全面兼顾，树立科学的可持续发展的土地资源观和土地利用规划观。

（二）逐步完善土地利用规划体系建设

由不同种类、不同类型、不同级别和不同时序的土地利用规划所组成的相互交错且相互联系的系统称为土地利用规划体系。土地利用规划依其规划期限分为长期、中期、短期土地利用规划；按区域性质分为行政区、自然区和经济区，甚至跨区域土地利用规划；按规划深度分为土地利用规划、土地利用设计、土地利用施工。

当前在我国，根据规划目的和任务的不同，土地利用规划一般分为土地利用总体规划、土地利用专项规划和土地利用详细规划。

（1）土地利用总体规划：主要是从全局和长远利益出发，依法组织对辖区内全部土地的利用以及土地开发、整治、保护所作的综合部署和统筹安排。

（2）土地利用专项规划：是在一定区域范围内，为了解决某个特定的土地利用问题在空间上和时间上所作的安排，如基本农田保护规划、土地整理规划、土地复垦规划、土地开发规划等。与土地利用总体规划相比，土地利用专项规划具有针对性、专一性和从属性等特点。

（3）土地利用详细规划：是在耕地、草地、林地等单一土地利用系统或在一个较小区域内，为了合理地利用土地，对土地用途及其配套设施所作的具体配置和详细安排，如耕地规划、园地规划、林地规划以及城市土地利用规划、村镇土地利用规划等。土地利用详细规划要在土地利用总体规划和专项规划的控制和指导下进行。

为了便于编制规划和实施规划，我国一般按行政区划单位分为全国、省、市、县、乡五级土地利用总体规划。各级土地利用总体规划之间存在相互联系和相互补充的错综关系，上一级规划对下一级规划起着控制作用，而下一级规划对上一级规划也存在反馈作用。同一层次不同单位和区域的规划之间存在开放性互补关系。

土地利用总体规划在区域规划体系中又处于子系统地位，土地利用总体规划方案的拟定和选取应在区域社会经济发展的指导下，紧密结合其他资源利用规划方可奏效。因为土地是其他资源（如生物资源、气候资源、矿产资源等）的载体，其他资源是合理利用土地资源的自然基础。而这一切均应为区域社会经济持续发展和生态环境保护服务，只有这样才能保证土地利用总体规划起到推动社会经济可持续发展和保护生态环境的应有作用。

依据系统论观点，规划区域的土地资源构成一个土地利用大系统，系统内部各子系统之间以及系统内外存在着错综复杂的联系和关系。由于土地资源及其利用的地域异质性，上述联系和关系的系统整体功能是在一定地域范围内发挥的。土地利用总体规划的实施需要土地利用详细规划和其他专项规划的具体保证。

（三）建立土地利用规划的实施保障体系

建立和健全实施保障体系，提高规划的法制化和规范化水平，应做到以下几点：

（1）强化法律和行政手段，避免决策者个人好恶和随意性的影响。我国当前立法和监督体系尚不完善，以“人治”代替“法治”的现象还比较严重，致使一些规划方案形同虚设，因此必须加速完善法律保障体系和行政制约监督体系。由于规划是一个随环境条件变化而动态调整的过程，所以隔三五年，可对方案进行调整和修编，但程序必须合法。

（2）充分发挥社会监督和公众参与作用。社会监督和公众参与应贯彻到规划的制定和实施的全过程中，提高其公开性、公平性，并促使其民主化，这应包括规划方案的公示制度、听证制度、实施和管理公开制度等。近年来有些项目已开始向社会公示，这是一个很大的进步，但还远远不够，必须在规划编制实施过程中，提高公众参与及社会监督的效率和作用。

（3）加强规划效果监督，做好规划实施效果评价。这也是规划体系中的一项重要内容。土地利用规划方案的优劣、执行效果如何，应根据一定的标准，运用一定的方法，对其进行效果分析评价。评价内容既包括方案的编制，也包括规划的实施。若发现问题，则应尽量找出改善和补救的办法。

（四）搞好土地利用规划编制的基础工作，提高其准确性和标准化水平

土地利用规划全过程中的各个环节都涉及理论的科学性、资料的准确性、手段的先进性和方法的可行性等问题，人们必须进行深入研究和大力创新，为提高土地利用规划的实效打下基础；要在人才培养上下功夫，造就一大批适应市场经济、土地利用规划理论扎实、规划技术手段熟练的科技人员；对基层的规划人员要实施岗位培训，持证上岗。同时，要更新手段，更新设备，将各级规划的土地分类，建立基础数据信息库，对规划的内容、手段、方法、成果（图件）要求等，作出系统明确的行业规定，提高其标准化水平和可操作性。

学习要求

1. 了解从不同学科角度表述的土地概念；土地与土地资源、土地与国土、土地与土壤概念的区别；我国土地利用规划的历史和展望。

2. 掌握土地资源的特性与功能；土地资源的利用与保护的关系；土地利用规划的任务和内容。

3. 重点掌握土地资源的功能与保护；土地利用规划的特性。

思考题

1. 土地资源具有哪些特性？
2. 简要说明土地资源利用与保护的关系。
3. 如何保护土地资源？
4. 土地利用规划有哪些特性、任务和内容？

第一章　自然条件与土地利用和保护

第一节　热量条件与土地利用

一、太阳辐射与植物生长

“万物生长靠太阳”，太阳辐射是地球上所有生命和活动的源泉。绿色植物通过光合作用，合成有机物质，为我们提供粮、油、棉等生活必需品。气候因素中的热量条件也直接取决于太阳辐射。

（一）太阳辐射强度

1. 太阳直接辐射强度

从太阳方向直接投射来的辐射，称为太阳直接辐射，它具有平行辐射的方式。太阳直接辐射强度通常使用的单位是 $J \cdot cm^{-2} \cdot min^{-1}$。

实际上，太阳直接辐射强度日变化在很大程度上受大气透明度和云的影响。

太阳直接辐射强度日变化规律也反映在年变化过程中。太阳直接辐射强度的年变化以每日正午观测到的太阳直接辐射强度来表示。在干洁大气情况下，太阳直接辐射强度年变化也应和太阳高度的年变化相一致，在中高纬度地区，以夏季为最高，冬季为最低。

实际上，大气透明度和云的年变化对太阳直接辐射强度的年变化有很大影响。北京夏季适逢雨季，尤以 7 月降水最多，因此，北京地区 7 月正午垂直太阳方向的太阳直接辐射强度为全年最低，而北京冬季多晴少云，其值较大。但是，水平面上的太阳直接辐射强度仍是夏季大于冬季。冬季时，太阳高度角最小，到达水平面上的太阳直接辐射强度也最小；夏季太阳高度角最大，到达水平面上的太阳直接辐射强度也最大。但夏季多云雨，仍对到达水平面上的太阳直接辐射强度有显著的削弱。

太阳直接辐射强度的垂直变化，一般是随海拔高度的增加而增加的。一些山地观测资料表明，太阳直接辐射强度的垂直梯度为每升高 100 m，增加 $0.002 \sim 0.03\ J \cdot cm^{-2} \cdot min^{-1}$。太阳直接辐射强度随海拔高度增加的原因是大气透明度的增加。

2. 天空散射辐射强度

投射到水平面上的天空散射辐射来自整个天空。天空散射辐射强度的定义是单位面积上的辐射能通量，通常使用的单位是 $J \cdot cm^{-2} \cdot min^{-1}$。

碧空条件下，水平面上的天空散射辐射强度主要取决于太阳高度和大气透明系数，云对天空散射辐射强度的影响也很大。

在干洁大气中，天空散射辐射强度随太阳高度角的增加而增加，这是因为太阳高度角大时，太阳直接辐射穿过的大气路径短，太阳直接辐射减弱得较少，投射在质点上的太阳直接辐射强，因而被散射的能量也多。

大气透明系数减少，表明大气中的散射质点增加，因而增加了天空散射辐射强度。

有云时，天空散射辐射强度会明显地增加，因为水滴和冰晶是很强的散射质点，但云的作用还要视云的类别和云量而定。许多观测表明，高云和某些中云都会使天空散射辐射强度增加，而且随着云量的增加，天空散射辐射强度也要增加。当天空出现少量的低云或浓厚的积雨云时，天空散射辐射强度也会增加，但是当云量增加到天空的一半或一半以上时，天空散射辐射强度将随云量的增加而减小。

3. 太阳总辐射强度

太阳直接辐射与天空散射辐射之和称为太阳总辐射，或简称总辐射。水平面上太阳总辐射强度是指水平面上太阳直接辐射强度与天空散射辐射强度的总和，单位仍是 $J \cdot cm^{-2} \cdot min^{-1}$。

在碧空条件下，水平面上太阳直接辐射强度随太阳高度的增加而增加。即使在有云时，太阳总辐射强度也主要取于太阳高度。因此，太阳总辐射强度的日、年变化均表现为与太阳高度角变化一致。

大气透明系数对太阳总辐射强度的影响是复杂的。大气透明系数减少，使太阳直接辐射强度减弱，也可能使天空散射辐射强度增加。在多数情况下，太阳总辐射强度随大气透明系数的增加而增加。云的影响也是十分复杂的。因为有云时，太阳总辐射强度可能减小，也可能增大。一般来说，当全天有云时，天空散射辐射强度的增加并不足以抵偿太阳直接辐射强度的减小，因此，太阳总辐射强度减小；而当天空部分有云时，太阳直接辐射强度也减小，大量的观测结果基本上都印证了这个结论。但也有例外，即云没有遮住太阳，太阳直接辐射强度并未减少，而天空散射辐射强度因云的存在而有所增加，这时太阳总辐射强度可能增加。

4. 太阳辐射总量

太阳辐射总量是指某一接受表面，在 1 日、1 月、1 年或任一时段内，所接受的太阳辐射能。它可以分别指太阳直接辐射总量、天空散射辐射总量或太阳总辐射总量。

到达水平面上的太阳总辐射日总量的大小，不仅与到达水平面上的太阳总辐射强度有关，还与昼长有关，因为它是一日内水平面上太阳直接辐射强度之和。

（二）太阳辐射与植物生长的关系

1. 生理辐射

绿色植物对辐射具有选择性吸收。对绿色植物生长发育有作用的辐射波长范围大致为 300～750 nm，这一部分辐射称为生理辐射。也有人把绿色植物光合作用所同化的一部分辐射光谱成分，即波长为 380～710 nm 的辐射，叫作生理辐射。

绿色植物对生理辐射各种波长的吸收和利用也不相同。仅就叶绿素吸收光能而言，它有两个吸收高峰，一个在 600～700 nm，另一个在 400～500 nm。其他色素也各有自己的吸收带和吸收高峰。

生理辐射能占太阳辐射能的比例，随太阳辐射中各个波长所具有的能量不同而不同，因此，该比例不是一个定值。但有资料指出，400 ~ 700 nm 的太阳辐射占太阳总辐射的比例随时间、地点而异，但不出（50±3）% 的范围。

2. 太阳辐射强度与作物的生长发育

太阳辐射强度对光合作用的影响很大，不仅对作物植株生长量和经济产量有很大影响，而且对作物的品质和发育也有影响。

（1）太阳辐射强度与光合作用的关系。在光合作用过程中，太阳辐射强度越大，供应的光量子越多，光合作用强度也就越大。但是，当太阳辐射强度增加到一定程度以后，尽管其强度继续增加，由于 CO_2、H_2O 和叶绿素含量以及受温度环境条件的限制，光合作用强度并不再增加，这时的太阳辐射强度称为光饱和点。达到光饱和点以后，光合作用强度将保持不变。在自然条件下，当太阳辐射强度增加到一定程度以后，反而使光合强度下降，特别是在强太阳辐射维持时间延长时，这是因为太阳辐射的热效应使叶面过热，影响了光合过程。玉米苗期单叶太阳辐射强度与光合作用强度的关系见图 1–1。

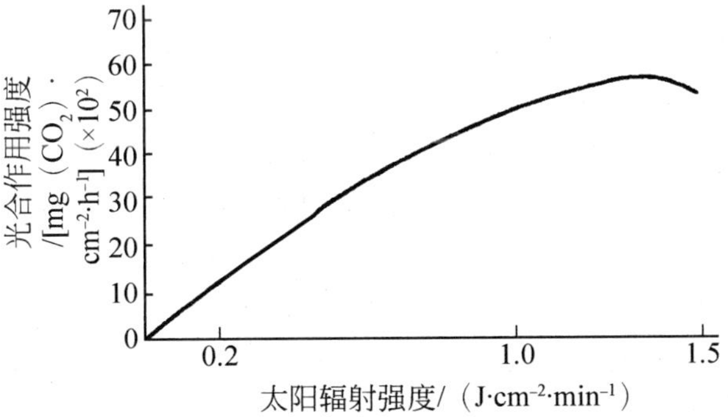

图 1–1　玉米苗期单叶太阳辐射强度与光合作用强度的关系

光饱和点因作物种类、生育时期以及某些农业气象条件的不同而不同。例如，喜阳植物和在太阳直射光下生长的叶片，光饱和点较高。尤其是荒漠植物和高山植物，甚至在中午太阳直接辐射照射下也不会达到光饱和点。一些耐阴植物和生长在散射光下的叶片，往往在中午太阳直接辐射强度的十分之一或更低的强度下，便达到了光饱和状态。作物幼苗期的光饱和点较低，开花以后较高。同一株作物，以成年的叶片光饱和点最高，幼叶和老叶均较低。叶绿素含量较高的叶片较叶绿素含量较低的叶片的光饱和点高。此外，当 H_2O、CO_2 供应充分以及环境温度适宜时，光饱和点提高。提高作物单叶或群体的光饱和点，对提高作物光能利用率的意义很大。

许多试验都表明，太阳辐射强度降到一定程度后，由于光量子供应不足，光合作用强度降低。当太阳辐射强度减弱到一定程度以后，光合作用产物仅足以补偿当时呼吸作用消耗，植物体内没有多余的物质积累，这时的光合强度称为光补偿点。一般来说，处于光补偿点时的光合强度，只有光饱和点时光合强度的 1/10 ~ 1/5。

作物的光补偿点随作物种类、作物生育期以及某些农业气象条件不同而变动。阳生植物光补偿点可达太阳辐射常数值的5%，而阴生植物可降到0.3%。在荫蔽条件下，经过一段时间，阳生植物的光补偿点也会降低。光补偿点的降低可以看作植物对弱光的一种适应。在高温下，光呼吸型作物呼吸作用加强；在增加光强时，光呼吸也会增强。呼吸强度的增加，将使光补偿点提高。

（2）太阳辐射强度与作物发育和品质的关系。强光有利于作物繁殖器官的发育，相对而言，弱光有利于营养生长。许多遮光试验证明，在强光下，小麦可以分化更多的小花和增加结实数；在弱光下，小花分化减少，籽实数亦减少。强光还有利于黄瓜雌花数增加，雄花数减少。光照强度减弱时，营养体徒长和光合作用形成的营养物质减少，可以使棉花蕾铃大量脱落。我国青藏高原和新疆是光照强度最大的地区，有利于光合产物的积累，因而那里的作物的千粒重特别高，棉花纤维长，瓜、果糖分含量高。太阳辐射强度还对作物品质有影响。自然条件下的遮光试验表明，水稻在抽穗到收获前一段时间内遮光，可使籽粒蛋白质含量降低。一些资料还表明，太阳辐射强度过强，使糖用甜菜的含糖量降低。采用遮光的方法可以提高烟草的品质，因为强光会使烟草品质低劣。

3. 太阳辐射时间长短与作物的生长发育

目前已知，太阳辐射时间长短与作物关系中最突出的是植物的光周期。光照时期长短，也与光合产量的多少有关。

（1）植物的光周期。光照与黑暗的交替，作为一个信息作用会诱导植物一系列的发育过程。例如，昼夜长短影响作物开花、结实、落叶、休眠期以及地下块根、块茎等营养储藏器官的形成。植物对昼夜长短的这些反应统称为光周期现象。

一类作物，要经过一段较长的黑夜和较短的白天方能开花、结实，如棉花、玉米、水稻、高粱、大豆、向日葵等，叫作短光照作物。另一类作物，必须经过一段较长的白天和较短的黑夜方能开花、结实，如小麦、大麦、燕麦、豌豆、扁豆、葱、蒜、胡萝卜、菠菜等，叫作长光照作物。短光照作物多是喜热作物，原产于低纬度热带地区。长光照作物多是耐寒作物，原产于高纬度寒温带地区。以上长光照作物与短光照作物在原始种或接近原始种的栽培品种中表现得较为明显。在作物栽培和引种方面人们要考虑作物对光照长度的要求，由于人工选育和在纬度之间进行引种，许多作物品种在光周期上的反应已经不敏感了。

作物的光周期也是某些果树为了适应即将出现的不利环境而进行休眠、落叶的信息。在温带地区，日长的缩短预示着冬天的来临。因此，当日长缩短到一定长度后，树体内便进行一系列生理上的改变，以做好休眠的准备，落叶也是在短光照诱导下完成的。

作物地上部分的最大生长量或地下营养储藏器官块茎、块根所要求的光周期，常常与开花所要求的光周期相反。例如，短光照作物（如洋葱、甜菜）的营养储存器官（鳞茎或块根）是在长光照条件下形成的；长光照作物（如马铃薯、山药）的块茎和根则是在短光照条件下形成的。

（2）曙暮光和光照时间长短。在日出之前与日落之后，虽然没有太阳直接辐射投射到地面上，不计为日照时数，但天空散射辐射能投射到地面上，有一定的天空散射辐射强度或光照度。人们习惯上把这种光分别称为曙光与暮光（简称曙暮光）。

在曙暮光光照强度范围内的光对作物生长、发育都有不同程度的影响。包括曙暮光在内的光照时间，因季节和纬度而异，这方面的资料可以从《中国天文年历》中查得。表 1-1 给出了各月 15 日不同纬度的光照时间。

表 1-1　不同纬度光照时数简表（各月 15 日）　　单位：h

月份	纬度								
	0°	10°	20°	30°	40°	50°	60°	65°	70°
1	12.90	12.37	11.90	11.32	10.68	9.82	8.53	7.35	5.73
2	12.85	12.58	12.30	12.02	11.65	11.27	10.70	10.20	9.67
3	12.85	12.80	12.77	12.80	12.82	12.95	13.13	13.18	13.60
4	12.83	13.10	13.40	13.78	14.22	14.92	16.12	16.98	18.92
5	12.88	13.35	13.92	14.58	15.45	16.75	19.27	24.00	24.00
6	12.88	13.52	14.20	15.03	16.13	17.83	22.32	24.00	24.00
7	12.90	13.43	14.07	14.80	15.85	17.40	20.77	24.00	24.00
8	12.85	13.22	13.62	14.10	14.78	15.77	17.62	19.12	23.27
9	12.83	12.92	13.00	13.03	13.43	13.77	14.38	14.97	15.63
10	12.85	12.65	12.45	12.28	12.10	11.95	11.68	11.50	11.30
11	12.85	12.42	12.00	11.52	11.00	10.32	9.43	8.52	7.20
12	12.85	12.35	11.78	11.78	10.43	9.43	7.90	6.57	4.27

曙暮光的时间长短随纬度增加而增加，夏季尤为明显。例如，在赤道上，各季节的曙暮光时间只有 40 min；在低纬度地带，纬度每增加 10°，曙暮光仅增加 2 min。在高纬度地区，曙暮光时间随纬度增加而显著增加，至纬度 60°处，曙暮光时间在夏季可以长达 3.5 h，冬季也有 1.5 h。

（3）太阳辐射时间长短。光合作用时间长短（光照时间长短）对光合产量有重要影响。在高纬度地区，弱的光照强度可用较长的光照时间补偿。因此，在夏季长日照条件下，这些地区的作物在一天中所形成的光合产量甚至可以超过低纬度地区。

目前，光能利用率是很低的。亩产 500 kg 的水稻，按经济产量计算，其太阳总辐射能利用率只有 0.5%；如按生物学产量计算，其生理辐射能利用率也不过 2%。因此，提高作物光能利用率是一项重要的工作。提高作物光能利用率的本质是增加作物的光合作用强度和总的光合产量。

从农业气象角度分析，提高光合作用强度就是改善作物生长的环境条件，以充分供应光合作用所需的光量子、CO_2分子、H_2O分子以及保证适宜的温度环境。为了充分供应光量子，就要创造适宜的田间结构，尽可能做到光强在作物群体内的合理分布。CO_2分子的供应主要是靠大气中的CO_2，因此人们必须创造田间一定的乱流强度。水分的供应主要靠土壤水分。在寒冷季节，使用温室和其他措施延长作物生长时间，以充分利用自然生长季节所不能利用的大量太阳辐射能。

二、温度与植物生长

植物在整个生命期中所发生的一切生理生化作用，都必须在一定的环境温度条件下进行。

从低纬度到高纬度，从低海拔到高海拔，相应地生长着不同的植物种类。需要热量多、不耐寒的植物分布在较低的纬度和低海拔处；需要热量较少、比较耐寒的植物分布在较高的纬度和高海拔处。极地冰沼地带，虽然土地宽广，但气候寒冷，只有地衣等低等植物生长，对于人类来说，是没有生产力或难以利用的土地，因此那里没有人烟或人烟稀少。温度适宜区土地的生产力大，是农业生产的最好场所。

温度直接影响植物对水分和矿质营养的吸收。由于土壤溶液的黏度随着温度的降低而增加，所以土温较低使水分和溶质进入根细胞的速度和在植物体内的运转速度减慢。喜温植物比耐寒植物受低温的影响更大。例如，当土温降到20 ℃以下时，黄瓜的吸水作用显著降低，引起严重的伤害；但当土温将到10 ℃时，甘蓝还能照常吸水。温度骤降对植物吸水的影响更大。

土温过高对根的吸收作用不利，因高温会使根系木质化，减少吸收的表面积，并抑制根细胞内酶的活动，破坏根的正常代谢过程。

温度还影响植物的蒸腾作用。气温升高一般伴随着空气相对湿度的降低，会加大植物的蒸腾。当蒸腾过大而根的吸水作用相对减弱时，植物会萎蔫甚至死亡。

（一）气温

在时间上，气温有四季变化和昼夜变化。除了这些周期性的变化外，气温还有非周期性的变化。气温的这些变化，尤其表现在最高气温、最低气温与气温日较差上，对植物生长发育的各方面都有不同程度的影响。

1. 气温的日变化

近地面层的温度变化主要决定于它的下垫面（陆面或水面）的温度变化，下垫面有1日和1年的周期性变化，因此空气温度也有同样的周期性变化，这种变化在50 m以下的近地气层里表现最为显著。大气中温度传播的情况是离开地面越远，日较差越小，最高温度与最低温度出现的时间也越落后。1 500 m以上，气温的日变化约为2.0 ℃或更小。

气温的日变化的特点是具有一个最高值和一个最低值。通常最高温度出现在14：00～15：00，最低温度出现在日出前后。当然，由于季节和天气的影响，它们也可能提前或推后。

气温日较差受纬度、下垫面性质、季节、天气、地形等因素的影响。其中，尤以天气和下垫面性质的影响最为明显。天气晴朗时，白天到达地面的太阳辐射强度较大，地面显著增温，致使空气显著增温；夜间地面剧烈冷却而迅速降温，致使空气显著降温。因此，晴朗天气下，气温日较差大；多云或阴天时，气温日较差小。

下垫面的热特性不同可使气温日较差不同。沙漠及干燥土壤上的气温日较差大，潮湿和水域上的气温日较差小。沙漠上的气温日较差可达 20 ℃左右，但大洋上的气温日较差经常只有 1 ℃ ~2 ℃。

气温日较差也受地形的影响。凸出的高地，由于风速较大，空气的乱流混合比较显著，所以容易受到较高气层和邻近空气的调节，气温日较差小。低凹地形的空气与地面接触面大，通风不良，且在夜间常为冷空气沉聚之地，故气温日较差大。

气温日较差随着海拔的增高而减小，如济南（55.1 m）全年平均日较差为 10.0 ℃，邻近的泰山（1 533.7 m）为 6.2 ℃；西安（396.9 m）全年平均日较差为 11.6 ℃，邻近的华山（1 997 m）为 7.9 ℃。

气温日较差随纬度的增高而减小。因为纬度越高，正午的太阳高度角越小，地面接收的热量少，产生不了很高的最高温度值。夏季时，高纬度是较高的太阳高度配合较短的夜间，夜间冷却时间不长又进入了白天，产生不了很低的最低温度值；冬季时，较低的太阳高度配合较长的夜间，日出至日落时间很短，也产生不了很高的最高温度，因此纬度越高，气温日较差越小。

气温日较差还因季节不同而异。在中高纬度的夏季，虽然午后气温高，但因夜短，夜间冷却量少，所以气温日较差反不如春、秋季大。

2. 气温的年变化

气温年较差受纬度、距海远近、云量和雨季出现的时间等因素的影响。它首先取决于纬度（见图 1-2）。由于赤道和低纬度处，一年中太阳高度变化都不大，所以其气温年较差最小；中、高纬度地区，冬季和夏季的太阳辐射能相差大，纬度越高差异越大，所以气温年较差随着纬度的增高而加大。

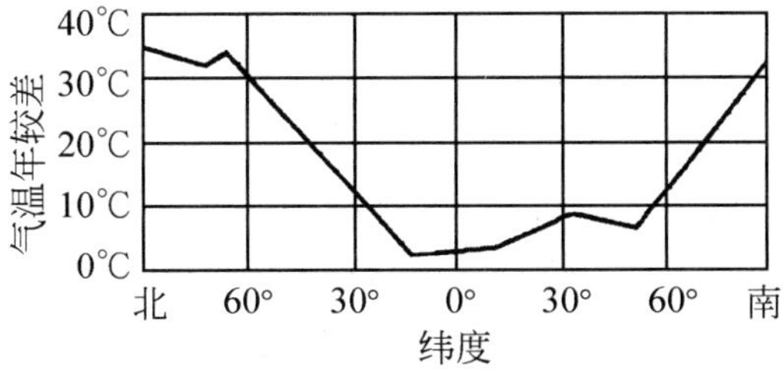

图 1-2 纬度与气温年较差的关系

气温年较差还与距海远近有关。水的热特性决定了海洋升温与降温和缓的特点，因此距海近的地方受海洋的调剂，气温年较差小，越向大陆中心，气温年较差越大。

云量也影响气温年较差，云量多的地区气温年较差小。雨季出现的时间，影响最热月和最冷月出现的时间，一般最热月为7月，最冷月为1月；海洋气候地区最热月为8月，最冷月为2月。

3. 气温的垂直分布

在50 m以下的近地气层中，气温的垂直分布有很明显的日变化。气温的垂直分布的特点用气温垂直梯度（或气温直减率）γ表示。气温垂直梯度是指高度每变化100 m时气温的变化数值。

在距地表1.2～87.7 m处，白天温度随高度增加而降低，夜间温度随高度增加而升高；无论是白天还是夜间都是低层梯度大，高层梯度小；08:00和16:00左右整个层次接近等温，梯度很小。

气温垂直梯度的大小随下垫面条件而异，沙漠和干燥裸露土壤上的气温垂直梯度远比有草覆盖的潮湿土壤大。陆地上的气温垂直梯度比海洋上的大。晴朗无风天气下的气温垂直梯度大，阴而有风天气下的气温垂直梯度小。

对流层中气温垂直梯度随地区、时间、海拔高度而异，平均而言，每上升100 m，温度降低约0.6 ℃。

高度越高，气温越高，称为逆温。逆温通常在夜间地面强烈辐射冷却，或高层有暖空气流入时形成。低凹谷地内，由于夜间冷空气下沉聚集于谷底，把原来较暖的空气抬高，这时从谷底向上往往形成逆温。逆温层的存在，致使坡地上某一高度夜间气温较高，该处称为暖带。

农业生产常常对逆温加以利用。例如，人们在寒冷季节晒晾一些农副产品时，常将晾晒的东西置于一定的高度之上（温度高于0 ℃的高度），以免近地面温度过低而将其冻坏。在霜冻的夜间，往往有逆温存在，气流处于最稳定状况，熏烟防霜时，烟雾正好弥漫在贴地层，保温效果好。防治病虫害时，为了使药剂能均匀地洒在植株上，常利用清晨逆温层，使药剂不致向上乱飞。在山区，进行农业综合规划时，也必须考虑利用地形逆温。

（二）辐射平衡

地表面或其他植被表面，不时地有辐射能收入，也有辐射能支出。这些表面上的辐射能收支差值，叫作辐射差额或辐射平衡。

1. 地面对太阳辐射能的吸收

到达地面上的太阳辐射，一部分被地面反射，另一部分被地面吸收。地面物质不同，对太阳辐射的反射率也不同，因而吸收有差别。一般土壤表面和作物层对太阳辐射的反射率可达20%～40%。它们对不同波长的反射率也不一致。一般来说，对可见光的反射率是0.05～0.10，对红外线的反射率是0.30～0.50。深色物体表面的反射率小，而浅色物体表面反射率大；粗糙物体表面反射率小，光滑物体表面反射率大。

2. 地面的有效辐射

地面具有一定的温度，不停地向外辐射着能量，这种辐射能称为地面辐射。地面辐射的波长较太阳辐射光谱的波长要长得多，全部处于红外线范围内。它所辐射的最大能量的波长约在 10 000 nm，远较太阳辐射最大能量的波长 475 nm 长。因此，地面辐射又称为地面长波辐射。

地球大气也具有一定温度，它也日夜不停地向外辐射能量，这种辐射称为大气辐射。大气辐射也是长波辐射。大气辐射能量的一部分指向大气上方，另一部分指向地面。投向地面的大气辐射又叫作大气逆辐射。地面对大气逆辐射的反射率很小，因此，可以认为地面对大气逆辐射的吸收率近于 1。

地面辐射与大气逆辐射之差称为地面的有效辐射。大气中的云、雾和水汽对地面辐射具有强烈的吸收作用，并加强了大气逆辐射，因而削弱了地面有效辐射。大气稀薄的高山上有效辐射较大，地面覆盖使地面的有效辐射减小。当大气温度高于地面时，大气逆辐射强度大于地面辐射强度，地面的有效辐射值为负值。

3. 地面的辐射平衡

地面可对太阳短波辐射吸收而得到辐射能，同时，地面与大气之间会进行长波辐射的交换而失去（或得到）能量。在地面的辐射平衡日变化过程中，白天地面能量的收入大于支出，地面的辐射平衡值为正；夜间太阳辐射值为零，地面的辐射平衡值为负，即相当于地面的有效辐射。地面的辐射平衡值由正转变为负或由负转变为正的时间，分别出现在日落前及日出后太阳高度角为 10°~15°时。在地面的辐射平衡值年变化过程中，夏季地面的辐射平衡值为正，冬季为负。正、负值转换的月份因纬度而异，纬度越低，地面的辐射平衡维持正值的日期越长；纬度越高，则越短。

地面的辐射平衡在农田小气候形成中起着重要作用，而且是大气候形成的重要因素。

（三）土壤冻结与解冻

1. 土壤冻结

当土壤温度降低到 0 ℃以下时，土壤中水分结成冰。冰固结了土粒，使土壤变得非常坚硬，这就是土壤冻结。冻结后的土壤称为冻土。因为土壤中水分含有不同的盐类，其冰点比纯净水低，所以只有当土壤温度降至 0 ℃以下时才会冻结。土壤冻结后，土壤微生物停止活动，各种化学作用也极其微弱，作物的根系在冻土层中吸收不到水分和养分而停止活动，这与整个植株为了安全越冬而停止生长是一致的。

土壤冻结时，冰晶体扩大能使土粒破裂，空隙增大。解冻后，土壤变得比较疏松，有利于土壤中空气流通和提高水分渗透性。在地下水位不深地区，冻结能使下层水汽向上扩散，增加耕作层的水分储存量，这对于春旱地区的农业有很大意义。但在春季，土壤尚未解冻，常使地上的降水不能进入土层。土壤冻结可以使根系发达的乔木抗风性增加。在春季气温较高的情况下，植物地上部分蒸腾加强，耗水量增加，而在冻土中的根部还不能从土壤中得到水分，因而造成植物的生理干旱，引起枯萎或死亡。湿的黏重土冻结后，由于体积膨胀，常把植物幼苗从土壤中抬出，造成掀耸现象，使植物死亡。

土壤冻结与天气、地势、土壤结构、地面积雪、土壤湿度等有关。冻土往往是由几次强冷空气自北向南侵入引起剧烈降温而造成的。因此，从地理分布看，冻土开始日期也由北向南推进。此外，冻土深度自北向南减少。我国东北地区冻土层可达3 m以上，西北地区在1 m以上，华北平原约在1 m以内，长江以南和西南部分地区，冬季土壤冻结深度不超过5 cm。就土壤性质来看，疏松的土壤较紧密的土壤冻结得深而早，湿度大的土壤较湿度小的土壤冻结得浅而晚，有积雪的土壤比无积雪的土壤冻结得浅。

2. 土壤解冻

春季，由于太阳辐射的增强，地面的热量收入大于热量支出，土壤表面开始融解，并逐渐向深层进展。土壤解冻时不单是由上而下一个方向进行，往往是由上而下和由下而上两方向同时进行。这是由于土壤深层热量上传使冻土层底部也开始解冻。在多雪的冬季，土壤冻结不是很深，解冻时常靠土壤深层上传的热，这时解冻是自下而上进行的。土壤的解冻过程随着早春温度的波动而变化，致使土壤时化时冻。冻融交替，极易将浅根作物的根拉断，因为当土壤冻结时，土壤连同作物一同隆起，而在土壤解冻时，土粒随着解冻而落下，作物不能跟着下沉。因此，经过几次隆起与下沉可使作物的根系被拉断，根系暴露在土壤外面，作物很快会干枯死亡。这种掀耸现象在气候越冷的地方越严重。积雪多的地方，因雪起到保温作用，即使气候寒冷也不会发生掀耸。为了防止作物的掀耸，人们可以采用一些防御方法：进行种子深覆土；在最后一次耕作与播种之间，留出足够的时间使土壤下沉；播种前镇压土壤；在春天积雪消失后进行镇压等。

在土壤刚开始解冻时，由于土壤还未完全融化，上面化冻后的水分不能下渗而造成地面泥泞。人们通常将这种现象称为返浆，返浆时很多田间作业无法进行。

土壤全部解冻的时间视各地春季气温回升情况而异。由于各年春季回暖早晚不一致，所以解冻情况也不一致。

年平均温度在0 ℃以下的地区可能成为永久冻结区。在高纬度，特别是在亚洲东北部，有广大的永久冻结区，其南界与-2 ℃年等温线吻合。在这些地区，夏季土壤仅解冻到一定深度，越往北，夏季解冻土层越薄。

（四）温度与作物

1. 三个基点温度

不管光、水以及二氧化碳的条件如何适宜，植物的生长仍会在温度降至某一低温或超过某一高温时停止。在这一范围中，有一个最适温度，在此温度下，植物生长速度最快。因此，对于植物的每个生命过程来说，都有三个基点温度——最适温度、最低温度和最高温度。在达到最低温度和最高温度时，植物的生长发育均停止。如果温度再继续降低或升高，植物开始出现伤害甚至死亡。植物发育阶段对温度的要求最严格，能适应的温度范围最窄，一般在20 ℃～30 ℃；植物生长要求的温度范围比较宽，大多在5 ℃～40 ℃；而植物保护生存的温度范围更宽，为-10 ℃～50 ℃。

三个基点温度是重要的农业气象指标。但这一指标有的是在自然条件下通过田间实验求得的，这种方法求出的温度指标是指日平均温度。有的是在人工气候室条件下用不同的恒温处理求得，则其指标是指恒温处理的温度。两种方法求得的指标是有差别的。因此，在引用指标时，必须注意这一点。表 1-2 给出了几种作物的三个基点温度。

当温度达到三个基点的最低温度和最高温度后，植物生长停止，但并没有死亡。致使植物死亡的温度比三个基点的最低温度还要低，或比最高温度还要高。处于最低温度（或最高温度）到致死低温（或致死高温）之间，植物由于各功能间的协调受到破坏而停止生长，但没有死亡，这称为植物的“假死”。如果“假死”的时间不太长，对植物不会有严重的伤害，如长期“假死”，特别是由高温引起的“假死”，会导致植物的真正死亡。

表 1-2　几种作物的三个基点温度

作物种类	最低温度	最适温度	最高温度
小麦	3 ℃ ~4.5 ℃	20 ℃ ~22 ℃	30 ℃ ~32 ℃
玉米	8 ℃ ~10 ℃	30 ℃ ~32 ℃	40 ℃ ~44 ℃
水稻	10 ℃ ~12 ℃	30 ℃ ~32 ℃	36 ℃ ~38 ℃
棉花	13 ℃ ~14 ℃	28 ℃	35 ℃
油菜	4 ℃ ~5 ℃	20 ℃ ~25 ℃	30 ℃ ~32 ℃

2. 周期性变温对植物的影响

气温的日变化对植物有机物质的积累具有重要意义。白天光合作用与呼吸作用同时进行着，夜间只进行呼吸作用。因此，当昼夜的温度不超过植物所能忍受的最高温度和最低温度的情况下，日较差大，即白天温度较高，夜间温度较低，有利于植物白天增强光合作用积累有机物质，减弱夜晚的呼吸作用，从而减少有机物质的消耗，对产量形成和产品质量都有好的影响。昼夜温差比较大的地方，作物的产量和质量均好。由于青藏高原白天的高温配合着充足的太阳辐射能，加上其他农业气象条件适宜，故种植的白菜、萝卜等比内地的大得多，小麦的千粒重也特别高，可达 40 ~50 g。

虽然作物的良好生长需要有一定的白天高温与夜间低温的配合，但是温度的昼夜变化并不是越大越好，夜间温度和白天温度必须在植物所能忍受的范围。

3. 农业指标温度

对农业生产有指示或临界意义的温度称为农业指标温度或界限温度。该温度的出现日期、持续日数和持续时期中积温的多少，对一个地方的作物布局、耕作制度、品种搭配和季节安排等，都具有十分重要的指导意义。在农业气象工作中，重要的界限温度（按日平均温度计）有 0 ℃、5 ℃、10 ℃、15 ℃等。

春季日平均气温稳定超过 0 ℃的日期表示土壤解冻，积雪融化，田间耕翻等作业开始。

秋季日平均气温稳定低于0 ℃的日期表示土壤冻结，田间耕作停止。因此，日平均气温在0 ℃以上的持续时期称为农耕期。

在温带地区，春季或秋季日平均气温稳定超过5 ℃的日期与农作物及多数果树恢复或停止生长的日期相符合。因此，日平均气温5 ℃以上的持续时期的长短可作为生长期长短的标志，该时期称为作物生长期。

大多数作物要在日平均气温稳定超过10 ℃时，生长才能活跃。因此，日平均气温10 ℃以上的持续期称为生长活跃期。

春季日平均气温稳定超过15 ℃以后，喜温作物已经开始快速生长，故日平均气温高于15 ℃的持续时期的长短可作为对喜温作物（如水稻、玉米、棉花、烟草等）是否有利的指标。

4. 积温

在作物生活所需要的其他因子都得到基本满足时，在一定的温度范围内，气温和生长发育速度呈正相关，而且只有当温度累积到一定的总和时，才能完成其发育周期。这一温度总和称为积温，它表明作物在其全生长期或某一发育期内对热量的总要求。

积温的计算涉及选用什么温度和该温度的界限问题，即参加累积的温度界限问题。如以0 ℃为起点温度，则0 ℃以上温度的总和称为正积温，0 ℃以下温度的总和称为负积温。

农业气象工作中计算积温使用日平均气温。其积温有两种，一是活动积温，二是有效积温。这两种积温的计算都用生物学下限温度为起点温度。所谓生物学下限温度，又称生物学零度，以 B 表示，是指作物有效生长的下限温度。一般来说，作物的生物学下限温度就是植物三个基点温度的最低温度。概略地说，一般需热量较少的温带作物可以5 ℃作为生物学下限温度，热带作物为18 ℃，亚热带作物为10 ℃。

为了弄清活动积温和有效积温，我们还必须了解活动温度和有效温度。

高于生物学下限温度的温度称为活动温度。例如，设 B=5 ℃，2月10日日平均气温为7.8 ℃，7.8 ℃为活动温度。若2月8日日平均气温为4.7 ℃，因它低于 B 的值，故4.7 ℃不是活动温度。

活动温度与生物学下限温度之差称为有效温度。上例中，2月10日有效温度为7.8 ℃－5 ℃＝2.8 ℃，2月8日则没有有效温度。

作物的某一生育期或全生育期中活动温度的总和为活动积温。

作物的某一生育期或全生育期中有效温度的总和为有效积温。

活动积温计算起来比较方便，有效积温则可能较为确切。用有效积温表示植物生长发育对温度的要求，其数值比较稳定。在实际工作中，如作农业气候分析、农业气候区划时，多采用活动积温。研究作物对热量的要求，预报作物生育期的到来日期，以及作病虫害预测预报时，多采用有效积温。

各种作物所需积温是不同的，还因不同类型和品种而异（见表1-3）。

表 1–3 各种作物不同品种所需≥10 ℃的活动积温

作物	早熟型	中熟型	晚熟型
水稻	2 400 ℃ ~2 500 ℃	2 800 ℃ ~3 200 ℃	—
棉花	2 600 ℃ ~2 900 ℃	3 400 ℃ ~3 600 ℃	4 000 ℃
冬小麦	—	1 600 ℃ ~1 700 ℃	—
玉米	2 100 ℃ ~2 400 ℃	2 500 ℃ ~2 700 ℃	>3 000 ℃
高粱	2 200 ℃ ~2 400 ℃	2 500 ℃ ~2 700 ℃	>2 800 ℃
谷子	1 700 ℃ ~1 800 ℃	2 200 ℃ ~2 400 ℃	2 400 ℃ ~2 600 ℃
大豆	—	2 500 ℃	>2 900 ℃
马铃薯	1 000 ℃	1 400 ℃	1 800 ℃

在实际工作中，人们常常发现有效积温不稳定的现象，这主要是由于积温学说和计算的方法还存在一些缺点。例如，求作物全生育期的有效积温时，往往用一个生物学下限温度作为起始温度，而实际上，作物在不同生育期的生物学下限温度是不同的。而且求算积温时，还应考虑生物学上限温度。高温往往抑制或损害作物的生长发育。这种无效高温应予剔除。一般来说，在未超过生物学上限温度（40 ℃）时，30 ℃以上高温已有抑制作用了。积温概念也没有考虑气温日较差，而气温日较差对作物生长发育的影响有时也是很大的。此外，作物的感光性品种和感温性品种对温度的反应不一样，而计算积温时未考虑到光周期对作物发育速度的影响。

应该看到，虽然积温概念在理论上还不完善，但因方法简单明了，所以其仍广泛地应用在农业生产中。总的来说，将活动积温作为热量条件划分作物气候区域或考虑作物布局有一定参考意义的；在同一地点，利用有效积温预测作物发育期到来的迟早或发育期持续的长短，在播种期较接近的情况下有一定的价值。

5. 温度与气候带

以温度为指标，我们可把全球划分为不同的气候带。在不同的气候带，植被类型、土壤和适种作物不同。例如，我国东部湿润地区自北而南依次是，北温带植被是以落叶松为主的针叶林，土壤是棕色针叶林土，只有靠近南部中温带的边缘地区才能种植短生长期的马铃薯、荞麦；中温带植被是以红松和椴桦为主的针叶和落叶阔叶混交林，土壤是暗棕壤，适种作物是玉米、冬小麦、大豆，一年一熟；暖温带植被是落叶阔叶林，土壤是棕壤，适种作物是玉米、冬小麦、大豆、甘薯、棉花（南部地区）以及苹果、梨等果树，可实行两年三熟或一年两熟制；北亚热带植被是落叶阔叶与常绿阔叶混交林，土壤是黄棕壤，种植水稻、小麦、棉花等，可一年两熟或一年三熟（包括一茬绿肥）；中亚热带植被是常绿阔叶林，土壤为红壤或黄壤，一般是双季稻或稻麦两熟，适种茶、柑橘等经济作物；南亚热带植被是常绿季雨林，土壤是赤红壤，是我国主要的双季稻区，可一年三熟，适种香蕉、甘蔗、菠萝、龙眼、荔枝等经济作物；热带地区是常绿雨林植被，土壤是砖红壤，一年三熟，适种橡胶、咖啡、椰子等经济作物。

气候条件决定作物光热生长期的长短，在缺乏灌溉条件的雨养农业地区，它还决定水分生长期的长短。不同的作物对光、热、水条件有不同的要求，因此，不同的气候区域适宜于不同的作物生长。作物种植区划往往将气候条件作为种植制度分区的主要依据。表1-4和表1-5分别给出了一些主要作物对气候条件的要求，以及不同复种方式对热量和水分的要求。

表1-4　主要作物对气候条件的要求

作物	总生长期/天	最优温度	适应温度	温度的特殊要求	生育期需水量/mm
冬小麦	180～250	15 ℃～20 ℃	10 ℃～25 ℃	早生长及扬花期要凉爽，成熟期要干燥	450～650
水稻	90～150	22 ℃～30 ℃	18 ℃～35 ℃	对霜冻敏感，要求昼夜温差不大	450～800
玉米	100～140	24 ℃～30 ℃	15 ℃～35 ℃	对霜冻敏感，发芽温度>10 ℃	500～800
大豆	100～130	20 ℃～25 ℃	18 ℃～30 ℃	对霜冻敏感，花期温度>24 ℃	450～700
棉花	150～180	20 ℃～30 ℃	16 ℃～35 ℃	对霜冻敏感，铃期温度27 ℃～32 ℃，不抗风，熟期干爽	700～1 300
花生	90～140	22 ℃～28 ℃	18 ℃～33 ℃	对霜冻敏感，发芽温度>20 ℃	500～700
香蕉	300～365	25 ℃～30 ℃	15 ℃～35 ℃	对霜冻敏感，温度<3 ℃时有害，风速<4 m/s	1 200～2 200
甘蔗	270～365	22 ℃～30 ℃	15 ℃～35 ℃	干燥，阳光，成熟期要低温（10 ℃～20 ℃）	1 500～2 500
甜菜	160～200	18 ℃～22 ℃	10 ℃～30 ℃	对轻霜不敏感，收割期平均温度10 ℃	550～750
烟草	90～120	20 ℃～30 ℃	15 ℃～35 ℃	对霜冻敏感	400～600

表1-5　不同复种方式对热量和水分的要求

种植方式	≥10 ℃积温	≥0 ℃积温	耗水量/mm
麦—谷糜	3 000	3 600	650～700
麦/玉米	3 600	4 100	800
麦—玉米	4 100	4 500	800
麦—大豆	4 100	4 100	800
麦—花生	4 300	4 300	700
麦—甘薯	4 200	4 700	700

续表

种植方式	≥10 ℃积温	≥0 ℃积温	耗水量/mm
麦—稻	4 260～4 500	4 500～5 500	800
麦/棉	4 300～5 500	5 000	800
稻—稻	4 900～5 200	5 400	1 000
绿肥—稻—稻	4 900～5 200	5 400	>1 000
油菜—稻—稻	5 000	5 600	>1 000
小麦—稻—稻	5 300	5 700～6 100	>1 000
甘薯—稻—稻	7 500	7 900	>1 000

注："/" 表示套种，"—" 表示熟制。

第二节　水分条件与土地利用

水资源是土地资源的构成要素之一，和土地的利用与管理紧密相关。不仅农业生产需要水，工业生产和城市的发展也离不开水。确切地说，水是任何一项土地利用必不可少的关键因素。

一、降水与土地利用和保护

表示降水特征的变量有降水量、降水强度和降水变率。

（一）降水量

自天空下降，或在地面凝结的水汽凝结物，包括雨、露、雪、霜等，未经蒸发、渗透和流失，在水平面上所积聚的深度，称为降水量，单位为 mm。

（二）降水强度

单位时间的降水量称为降水强度，其时间一般以日（d）或小时（h）为单位。按降水强度的大小，雨可分为小雨、中雨、大雨、暴雨、大暴雨、特大暴雨等（见表 1-6）。降雪也分小雪、中雪、大雪。

表 1-6　降水等级的划分

雨量等级	24 h 降水量/mm
小雨	0.0～10.0
中雨	10.1～25.0
大雨	25.1～50.0

续表

雨量等级	24 h 降水量/mm
暴雨	50.1～100.0
大暴雨	100.1～200.0
特大暴雨	>200.0
小雪	≤2.4
中雪	2.5～5.0
大雪	>5.0

（三）降水变率

某年或某月的实际降水量与多年同期平均降水量的差值称为降水距平。降水距平与多年平均降水量的比值称为降水变率。

降水变率的多年平均值称为平均降水变率。由某一地区平均降水变率的大小可以看出该地降水量的可靠程度。从各年降水变率中还可挑选出极端变率。极端变率用来比较一地雨量最多或最少年份（或某一月份）的降水量与多年平均值，说明变动的程度。

二、蒸发与蒸腾

（一）水面蒸发

水面蒸发速度是指单位面积上，单位时间内，水分蒸发的量，农业气象工作中使用日蒸发量，即以1日内因蒸发而损失的水层厚度（单位为mm）来表示。

水面蒸发速度和蒸发面上的水汽压有关。在干燥空气中（假如其他条件相同），水面蒸发速度最大；在饱和空气中，水面蒸发速度等于0。水面蒸发速度还和水蒸气的扩散速度有关，蒸发面上的空气流动有利于蒸发。实验结果表明，水面蒸发速度与蒸发面上风速的平方根成正比。水面蒸发速度还因温度的增加而增加。

（二）土壤蒸发

土壤表面的蒸发与水面蒸发情况不同。它与土壤的结构和土壤水分含量有关。土壤蒸发时，水由土壤毛细管上升到土表，然后蒸发到空中。当土壤足够湿润时，土壤毛细管充满水，这时土壤蒸发近似水面蒸发。土壤蒸发受土壤温度、空气中水汽压、风等因素的影响。

土壤表面如果要保持连续不断地蒸发，应不断地有水分自下层通过毛细管向表层输送补充。当水分上升速度小于蒸发速度时，土壤表面必然趋于干燥。在这种情况下，蒸发不在土表进行，而在较深的层次进行。因此，土壤水分的蒸发可以分为三个阶段。第一阶段，蒸发发生于土表，下层土壤向土表输送水分的速度等于蒸发力，土表保持湿润状态。此时，蒸发速度可与水面蒸发速度相等，有时甚至略大于水面蒸发速度。第二阶段，土表开始变干，土壤表层是干涸层，此时，土壤蒸发速度减慢，受气象因子的影响开始减小。第三阶段，土内水分毛细管作用停止，蒸发发生于较深的土层中，土壤中的水分以气态形式通过土壤干涸层，逸入大气中，因而，土壤蒸发速度等于水汽通过干涸层向外的扩散速度。

土壤的机械组成与土壤蒸发有很大的关系。对第一蒸发阶段而言，壤质土壤毛细管的毛管水上升的高度高，使较深层的土壤水分也能上升到土面蒸发。壤质土壤因蒸发而丢失的深层水量比沙质土壤丢失的多。虽然翻耕过的土壤比未翻耕的土壤表面粗糙，土壤表层水分蒸发大，但由于翻耕切断了土壤毛细管，可保持深层土壤的水分损失较少。此外，地形和方位对土壤表面的蒸发也有影响。山地和凸起地形的风速、乱流混合都比平地及谷地大，因此蒸发较快。从方位看，南坡向阳，土温较高，北坡背阳，土温较低，故南坡蒸发大于北坡；东、西坡土温差异不显著，蒸发的差异也不显著。

有植物覆盖的土表，因植物遮阴，白天土表温度较低，土壤蒸发比裸露土壤小。但是，土壤水分被植物根系吸收，然后通过植物的蒸腾转变为水汽进入空气中，故土壤水分的总散失量比裸地多。

抑制土壤蒸发采取何种措施由当时处于哪一个蒸发阶段来决定。第一阶段，土壤毛管水上升到土表，土壤蒸发过程接近于水面蒸发，蒸发速率高而稳定，采取保墒措施，应松土以切断土壤毛细管，把水分保存在土壤表层以下。第三阶段，为了防止蒸发，必须采取镇压土壤的办法，因为疏松的土壤增加了土壤孔隙度，将造成土壤中水汽逸出的有利条件，反而加快了土壤水分的丢失速度。

（三）植物蒸腾

通过植物体表蒸发水分的过程称为蒸腾。植物通过根毛吸进水分，然后经输导组织到达叶片及其他器官，再经气孔及植物体表面蒸发到空气中。蒸腾过程不单是物理过程，因为植物可以通过气孔主动调节蒸腾。可以认为，植物体中水分的逸出是一种物理加生物的过程。植物由蒸腾而散失的水分是相当多的。一株玉米由出苗到结实的一生中，大约需要消耗200 kg以上的水。由根系进入植物体的水分只有1%保留在植物体内，参与生理过程，而99%的水分由蒸腾而消耗掉。这种水分的消耗并不是浪费，而是为了顺利地进行光合作用付出的代价。光合作用需要很多叶片伸展在空气中，与空气有很大的接触面，以便吸收二氧化碳和接受太阳辐射。叶片吸收太阳辐射，温度必然升高，如果高温持续下去，植物将致伤或死亡，为此，植物利用叶组织内水分子的汽化（蒸腾），有效地降低其体温，有利于光合作用的进行。此外，蒸腾作用使根毛到茎叶之间形成了水分输送的通道，伴随水分的流动，溶于水中的各种营养物质输向植株各个部分。

蒸腾作用速度主要取决于三个基本条件：小气候条件、植物的形态结构和植物的生理类型。

蒸腾速率在一定限度内随着温度的升高而增加。在低温条件下，蒸腾速度急剧下降。我们可以认为蒸腾速率是太阳辐射强度和空气饱和差的线性函数。植被层内的乱流强度也影响植物的蒸腾速率。此外，土壤水分的有效性也是显著影响蒸腾速率的因子。

植物的地面覆盖密度、根密度和深度的增加，都可使蒸腾速率加快。叶片结构（如叶面角质层厚度和气孔的大小及数量等）、气孔的张开程度以及干旱时根系吸收水分的能力也影响植物的蒸腾速率。

（四）农田总蒸发

植物的需水量是指植物蒸腾和植被下土壤表面蒸发的总耗水量，即农田总蒸发量。

为了研究农田总蒸发量，彭曼（Penman）创立了蒸发蒸腾势的概念。蒸发蒸腾势的定义：长着矮的绿色作物、高度一致、植冠完全荫蔽地面的农田，在充分供水的条件下，单位时间内的总蒸发量（土面蒸发加上植物蒸腾），称为蒸发蒸腾势。它标志着农田的最大耗水量。

蒸发蒸腾势的大小决定于气象因子，即辐射、温度、空气湿度、风等。其中辐射是支配因素。

当土壤湿度不足时，农田的实际蒸发蒸腾必然小于蒸发蒸腾势。这时，实际蒸发蒸腾的速度决定于土壤结构、土壤的导水性能、根的深度、作物密度和大气的温湿度等。

三、水与农业生产、城市建设的关系

（一）水与农业生产的关系

水是地球上一切生命活动的源泉之一，没有水就没有生命现象，水是生命的赋予者。在生物体组成中，水是含量最多的成分。植物通过自身的根部吸水和叶片的蒸腾失水组成了一套完整的运输传递系统，使溶解于水的各种矿质营养输送到植物体的各个部分，在光合作用下，水和二氧化碳合成碳水化合物。水分不足会抑制植物的光合作用，降低有机物的合成速度，还影响植物产品的质量。树在水分不足的情况下，果实小，果胶质减少；木质素和半纤维素增加；淀粉含量减少，糖的含量略有增加。油料作物的含油率往往与该地区的降水量呈正相关。麦类植物的淀粉含量随着降水量和空气湿度的加大而增加，而蛋白质的含量则与此相反，降水较少地区的麦类的蛋白质含量较高。

在亚热带的非洲大沙漠，太阳辐射很强，温度高，土地的光温生产力是相当高的，但是因为干旱缺水，土地的生产力却很低。在那里，只有在有水的地方，或有水灌溉的地方，光温水耦合，土地才表现出巨大的生产力。我国青藏高原和新疆地区的光照和积温条件都很好，但因为缺水，农业生产力很低，但那里的灌溉农业表现了相当高的生产力。

在相同降水量下，降水强度大容易引起水土流失和洪涝灾害；在相同的年均降水量下，降水变率越大，作物生产的稳定性越低，旱涝灾害越频繁。我国属大陆季风型气候，降水变率和降水强度都较大，而且这种大陆性气候越向西北地区越强。在这种大陆性季风气候影响下，我国广大地区雨季集中，降水强度大，因而旱涝灾害频繁，在农业生产上必须加强防洪排水和灌溉抗旱的农田基本建设，以增加产量和生产的稳定性。但我国气候也有水热同步、有利于作物生长的优势条件，通过选择优良品种和种植制度，充分利用生长季优越的水热条件，获得高产。

（二）水与城市建设的关系

水是城市赖以生存与发展的资源。从城市分布看，城市往往临近河流或地下水丰富的区域。我国古代选择城址就有“东有流水，西有大道，南有泽畔，北有高山”的考虑。目前，水资源已经成为城市发展的限制性因素。

1. 城市水资源特点及其水源保护

（1）城市水资源。我国总的淡水资源尚丰富，但人均和亩均的水量均远低于世界平均水平，且时空分布不均，南方水多，北方水少，年内实际水量变化大，常发生水旱灾害。目前，我国北方及沿海某些城市严重缺水，这成为城市发展生产及人民生活的制约因素。在广大农村地区，由于缺乏给水设施，居民只能饮用未处理的水源。从战略上考虑，我国对水资源实施开源及节流两方面的政策，要节约用水，要注意水的重复利用。

（2）城市给水水源种类。给水水源可分为地下水源及地表水源两大类。地下水源包括潜水（无压地下水）、自流水（承压地下水）和泉水。地下水一般具有水源良好、分布较广等特点，但有水量较小、矿化度高等缺点，可以靠近用户开采，投资费用较省，但要控制开采量，防止过量开采而发生地面沉降。地表水源包括江河、湖泊、水库、海洋，一般水量较大，矿化及硬度低，但浑浊度大，易污染，开发的投资较大，处理费用较高。地表水源是城市主要的水源。在某些沿海城市或岛屿城市，水源奇缺，也可利用海水做一些清洁或消防用水。

（3）城市给水水源选择。

第一，要有充沛的水量，能满足城市近期及远期发展的需要，要综合考虑工农、生活用水的总量及分配。

第二，要有较好的税制，处理过程可简化，即可降低成本。

第三，水源地的选择要结合城市总体规划布局，与城市的距离要适当，既防止远距离供水，也要便于水源地的防护。

第四，可以用一个水源，也可以用多个水源，城市布局分散时，可用多个水源。

（4）城市给水水源保护。水源保护应从区域着手，应在区域的开发规划中考虑。要对河流、地下水进行常年的监测；对开采是否过量，水质是否污染进行观测与报告；对流域进行水土保护工作；在城市总体规划布局时，对与水资源污染有关的企业的布置及污水处理的措施要严格审批控制。

2. 城市水资源利用不当的危害

江、河、湖等水体，不但可以作为城市水源，还在水运交通、改善气候、稀释污水、排除雨水以及美化环境等方面发挥作用。在带来有利的同时，某些水文条件也可能带来不利的影响，如洪水侵患、水流对河岸的冲刷以及河床泥沙的淤积等。

城市用地范围内的江、河、湖的水文条件，与较大区域的气候特点，流域的水系分布，区域的地质、地形条件等有密切关系。而城市建设也可能造成对原有水系的破坏，或者是过量地取水、排水，改变水道和断面等而导致水文条件的变化。因此，在城市规划以及规划建设实施的过程中，有必要不断地对水体的流量、流速、水位等水情资料进行调查分析，随时掌握水情动态。

沿江、河的城市常会受洪水的威胁。周期性的全球性气候变化，加上区域性的自然与人为的原因，导致一些江河的洪水频发。1998年，在我国长江中下游流域和松花江流域所发生的超百年纪录特大洪水，严重地影响到沿岸城市的安全。为防治洪水，城市用地选择要按照洪水频率，利用高亢地形，同时要避开在洼地、滞洪区等部位建设。城市防洪标准要区别不同城市及设施的重要性，采用不同的设计标准频率。例如，重要城市、重要工业区以及面积为100万~500万亩的农业用地区，设计标准频率为2~3，即洪水的重现期为50~100年；更重要的城市及设施，要采用1~0.33标准频率，重现期为100~300年。

地下水作为城市水源，若盲目过量地抽用，将会出现地下水位下降，形成"漏斗"，严重的甚至导致水源枯竭。地下水位下降几十米的城市并不少见，有的还因井距不合理或井点分布不当而加剧了水位的变化。长期大量抽用地下水还可能引起地面下沉，在一些大工业城市，这一后果十分明显。地面下沉将导致江、海水倒灌，或地面积水等，给防汛、排水、通航等市政工程造成巨大损失。特别在沿海城市，要考虑到因地球变暖而引起海平面上升的可能趋势，更要控制地面下沉，加强防汛、防洪和排涝等措施。

3. 水资源保护与城市规划

在城市规划布局中，地下水的流向应与地面建设用地的分布以及其他自然条件（如风向等）一并考虑，防止因地下水受到工业排放物的污染，影响到供水水源的水质。但也必须注意，有的规划虽然合理，但因地下水漏斗的出现，造成地下水流向紊乱，从而恶化水质。对地下水的污染源（如工业的三废——农药、化肥、生活污水等）应严加管制，同时弄清地面水与地下水的补给关系，对防治地下水污染也很重要。地下水位过高会对工程的地基不利，在必要时可采取降低地下水位的措施。

在城市总体规划或区域范围较大的市域规划中应划定水源的保护地及保护范围。保护区可以分为一级、二级保护区及准保护区。地表水水源取水点附近的一定陆域应作为地表水源一般保护区，其水源标准应不低于二类；其余水域或陆域划定为二级保护区，其水源标准应不低于三类。取水点周围要禁止捕捞、泊船、游泳等。取水点上游100 m以内不得有工业及生活污水排入。

四、地表水与土地利用与管理

地表水是水资源的重要组成部分，地表水包括河流、湖泊、水库、冰川、积雪等。

（一）河流

从水文上，河流可分为常年性河流与间歇性河流；从地貌上，河流可分为下切性河流与地上性河流。常年性河流一般比间歇性河流流域广，汇水面大，分布在降水丰富且相对均匀的地区，或者是河流下切得到地下水的补给，因而河水流量年内变化相对较小，对于工农业用水的保证率大；间歇性河流一般分布在干旱或半干旱地区，流域或汇水面积小，水量的变化大，因而对于工农业用水的保证率较低。在我国，西北干旱、半干旱地区和华北半干旱、半湿润地区多间歇性河流，南方多常年性河流。下切性河流一般是山区河流，受山体构造挟制，沿构造山谷流动，河谷较窄，坡降大而流水急；而地上性河流是平原河流，河谷宽阔，坡降小，流水缓。历史上平原河流常有决口、改道和摆动现象，造成水灾，现代河流一般都有人工护堤。

（二）湖泊与水库

水库是一种人工湖泊，一般都蓄淡水，用于调节丰水年与缺水年、丰水期和枯水期的水量，保证工农业生产和人民生活的稳定供水。根据水质，湖泊可分为淡水湖泊、咸水湖泊和半咸水半淡水湖泊。湖泊也起到汛期蓄水、旱季供水的调节水量变化的作用，而且也有调节小气候的作用。保证水库与湖泊的水资源的措施包括：上游的水土保持，使其不受泥沙淤积；不在上游建设产生污染物的工厂，即使有也要经过处理，达到排污标准，使水质不受污染。

（三）冰川与积雪

冰川与积雪都是固态水、淡水。地球上淡水仅占总水量的 2.6%，体积约为 3.5×10^{17} m^3，其中大约 70% 是固态水，储存在南北极和高山上。冰川与积雪是宝贵的水资源。我国新疆、西藏干旱地区的农业灌溉用水主要靠冰川、积雪融水。

五、地下水与土地利用管理

（一）地下水类型及其特点

就人类可以利用的地下水资源来说，地下水可分为上层滞水、潜水和承压水（见图 1–3）。

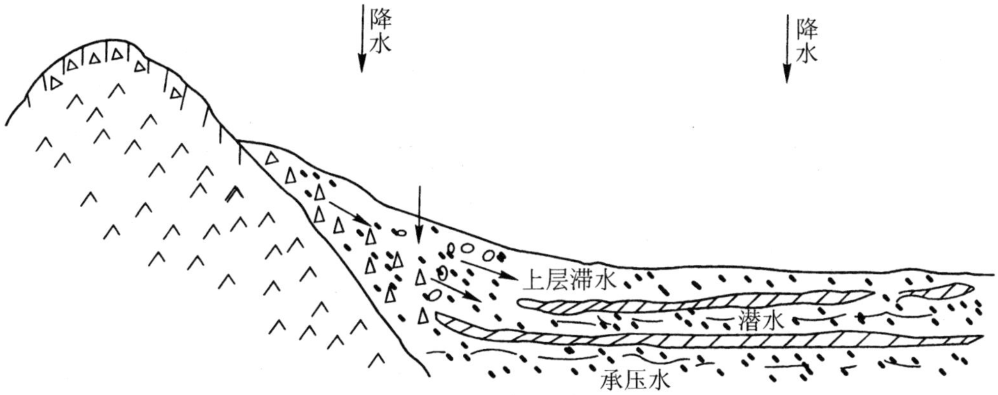

图 1–3　地下水类型

1. 上层滞水

上层滞水也可称为包气带水或土壤水。它是因为包气带中有局部隔水层的存在，使下渗的重力水在局部隔水层上积聚起来。上层滞水因为受降水、灌溉和土壤蒸发以及植物蒸腾的直接影响大，其动态变化显著，一般只能作为小型或暂时性供水水源，但也是植物可以直接利用的水源之一。

2. 潜水

潜水是埋藏在地表以下，第一个稳定隔水层以上，具有自由水面的重力水。潜水一般埋藏在第四纪松散沉积物的孔隙中或露出地表的基岩裂隙中。潜水面的任一点至地面的距离称为潜水埋藏深度。潜水面至隔水底板的距离称为含水层厚度。潜水的补给一般是大气降水补给，潜水补给区和分布区是一致的。潜水面与大气相通。因此，气象、水文、人类活动等因素对潜水的水量和水质都有很大的影响。在雨季，地表渗入量增加，潜水位上升，水的矿化度降低；在旱季，潜水以土壤蒸发和植物蒸腾方式排泄，潜水位下降，水的矿化度增加。由于过度抽取地下潜水，取水量一直大于潜水补给量，造成大面积潜水位下降、“地下漏斗”或“调泵”的现象不胜枚举。灌溉污水或施用化肥与农药所引起的潜水污染已成为当今因管理不善造成生态环境破坏的恶果之一。潜水不承受静水压力，只有靠重力作用由高水位向低水位处流动，因此，上游的污染也会殃及下游。

3. 承压水

承压水是指充满两个稳定的隔水层之间的含水层中的地下水。倘若含水层没有完全被水充满，且有与潜水性质相似的自由水面，称为无压层间水。由于承压水存在隔水顶板而承受静水压力，所以它的流动并不靠重力作用。当钻孔穿透隔水顶板时，在静水压力的作用下，水钻出钻孔上升。由于承压水隔水顶板的作用，气候、水文因素的变化对它的影响相对来说比潜水小，所以承压水的水位、温度、矿化度等比较稳定，但承压水参与水循环就不如潜水那样活跃，水的补充恢复较慢。因此，在承压水的开发利用方面必须慎重。承压水的分布区与补给区也不一致。

（二）影响地下水的因素

地下水资源的地区分布主要受气候因素的影响，其次是地形、地质结构和水文等因素条件的影响。

1. 气候的影响

在气候各影响因素中，对地下水形成分布起最大作用的是降水和蒸发量及两者比值的分布特征，它们直接决定了地下水的补给量及蒸发排泄量；对于埋藏较深的地下水，其也不同程度地影响补给和排泄。气候的地带性分布影响地下水的补给数量、水质及其开发利用。

2. 地质构造与岩性的影响

地下水贮存并运动于岩石的孔隙、裂隙中，因此影响地下水形成和分布的一个重要地质因素是岩石孔隙性质。在松散沉积物中，地下水主要存在于砾石孔隙中，地下水分布相对均匀普遍；而在基岩分布地区，地下水贮存和运动于岩石裂隙中，由于裂隙发育程度的不均匀，所以地下水分布也很不均匀。由于受造山的运动和地质构造的控制，我国境内形成一系列大小不等的构造盆地，总面积约为200万km^2，盆地内沉积了特别厚的沉积物，蕴藏了丰富的地下水资源。我国北方的中、新生代构造盆地一般面积较大，含水层厚度也较大；而昆仑山与秦岭以南，多为小型的山间盆地，沉积厚度较小。从我国基岩裂隙水分布来看，北方花岗岩裂隙水分布面积大而广泛，南方除在东南沿海及海南岛有较大面积分布外，其余多为零星分布。我国东部由于燕山花岗岩侵入活动，伴随着各期火山喷发，形成的火山岩带含有较丰富的孔隙、裂隙水，而石灰岩山区多为缺水地区。

3. 水文因素的影响

水文因素对地下水形成和分布也有重要影响。地表水和地下水在一定条件下可以相互转化，两者往往有密切的水力联系。我国江河多发源于西部山区，在河流由西向东流经不同地段时，对地下水作用不一样。西部丘陵山区往往强烈排泄地下水。对于某些河段，通常在一定时期河水是地下水的补给来源，而在另一个时期，河水又是地下水的排泄出路。在山前平原地带，河水渗漏往往成为地下水的重要补给源。在我国南方石灰岩分布的岩溶地区，地表水及地下水转换关系更为密切。

六、水资源的三要素与土地利用管理

尽管存在着各种各样的水资源，但一般可以水资源量、水资源变率和水质来表示一个地区的水资源状况。水资源的这三个要素也关系到一个地区的土地资源开发利用与管理。

（一）水资源量

一个地区的土地开发利用与管理受当地水资源总量的制约。一般来说，一个地区的水资源丰富，则可保证工农业生产和生活用水，土地利用方式的选择余地就大，是区域开发的一大优势。而当水资源总量小、水资源短缺时，该地区只能选择那些耗水量少的土地利用方式，选择土地利用方式的自由度小。例如，在北方干旱地区，水资源缺乏，一般选择旱作，并采取节水措施，工业项目也要避开耗水多的重工业。而在南方水资源充足的地区，就可以选择种植水稻等。一个地区的土地利用与管理 一定要考虑当地的水资源量，“量体裁衣”。那种掠夺式的“赤字经营”是不符合可持续发展的，也肯定是非持续性的。

（二）水资源变率

仅有水资源量还不能完全代表一个地区的水资源状况，水量的年际与年内分布的均匀程度是衡量水资源状况的重要变量，也制约着土地利用方式与管理。水量的年际与年内分布的均匀程度称为水资源变率。当水资源总量一定时，水量的年际变化越大，可有效利用的水量越少，很可能使旱涝频繁，生产的稳定性低。在水资源量相同的情况下，如果水量的年际变化和年内变化小，其水的可利用率就高，土地的生产稳定性就大。修建水库、塘坝的目的就是拦蓄丰水期的水，用于枯水期的工农业生产和人民的日常生活。

（三）水质

水质关系到水资源的用途和可被利用的程度。天然水中一般含有悬浮物质、胶体物质和溶解物质。悬浮物质是指在水中呈悬浮态、粒径大于 7 ~ 10 mm 的泥沙、黏土、藻类、细菌等不溶物。悬浮物质的存在使水有色、浑浊或产生异味，有的细菌则可致病。胶体物质是指直径小于 10 μm 的带电荷的各种次生黏土矿物和各种含水氧化物以及腐殖质酸。溶解物质是指在水中呈分子或离子的溶解状态、粒径小于 1 μm 的物质，包括各种盐类、气体和某些有机化合物。

天然水的水质和其地理分布区、区域地球化学条件、植被类型与覆盖度，以及人类干扰活动有关。在热带湿润地区，岩石矿物的化学风化强烈，Ca、Mg、K、Na 等矿质元素被淋失殆尽，形成富铁铝风化壳，天然水中缺乏以上元素，而含较多的氢以及微量胶体形态的 Fe 与 Al 的氧化物，水质呈酸性或微酸性；在温带干旱地区，岩石矿物的化学风化微弱，淋溶程度低，碱金属 K、Na 积累，形成钠质风化壳，天然水的矿化度高，该地区的河流、湖泊多是微碱水或碱水；在半湿润半干旱地区，矿物中的 Na、K 已经淋失，碱土金属 Ca、Mg 开始移动，形成钙质风化壳，天然水为含 Ca、Mg 的硬度较高的淡水。植被覆盖度高的地区，土壤侵蚀微弱，水中的悬浮物少，水清澈；植被稀疏或无植被覆盖的地区，水土流失强烈，水中泥沙含量高，水浑浊。

饮用水不应该含有传染病菌和有毒物质，或这些有害物质的浓度不至于致病；水中溶解的化学元素不损害身体健康，最好是含对人体健康有利的矿质元素。灌溉用水应适合作物正常生长，不污染土壤和地下水，保证农产品品质。

第三节　风与土地利用和保护

一、风对农业生产的影响

风对农业生产的有利作用：风能影响农田湍流强度，增强地面与空气的热量和水分等的交换，增加土壤蒸发和作物蒸腾，也增加空气中 CO_2 等成分的交换，使作物群体内部的空气不断更新，对株间的温度、水汽、CO_2 等的调节有重要作用。低风速条件下，光合作用强度随风速增大而上升；风速超过一定限度，光合作用强度反而降低。适当的风速使叶片的片流层变薄，水分扩散阻抗减小，蒸腾速率相应增大。风速的大小会影响授粉效率和种子传播距离，从而对植物的繁衍和分布起着较大的影响。

大风及风沙对作物的危害：风力在 6 级以上就可对作物产生危害。风速 $\geqslant 17.2$ m/s（8 级以上）的风称为大风，它对农业危害很大。大风加速植物蒸腾，使耗水过多，造成叶片气孔关闭，光合强度降低。在北方，春夏季大风可加剧农作物的旱害，冬季大风可加重越冬作物的冻害。风能加重干旱，造成土壤风蚀。风能传播病虫害和病原体，引起作物病害蔓延。风沙能埋没农作物，侵蚀土壤，降低土壤肥力，淤塞水库和水井等。

防御风沙危害的措施和对策：增加地面植被覆盖，营造防风林；改进农业技术措施，利用生物技术选育矮秆、茎秆坚韧能抗风的优良品种；调节播种期，尽可能避开风沙危害时期；高秆作物的培土防风；作物种植行向与地区盛行风向一致等。

二、风对城市建设的影响

在气候因素中当属风速和风向对城市规划与布局的影响最大。北京盛行强大的西北风，冬春季强大的西北风将西北的风沙吹来，致使北京尘土多，是其不利的一面，但这也有利于将城市上空的废气吹走。西北风盛行决定了在北京城市建设布局中，将产生工业废气的工业区安排在下风处的城市东南部，而将教科文事业单位安排在上风处的城市西北部。

风对城市规划与建设有着多方面的影响，如防风、通风、工程的抗风设计等。特别是在环境保护方面，由于其与风向具有密切的关系，故对城市风气候的研究已成为一个重要课题。

风是以风向与风速两个量来表示的。风向一般分 8 个或 16 个方位观测，累计某一时期中（如一月、一季、一年或多年）各个方位风向的次数，并以各个风向次数所占该时期不同风向的总次数的百分比（风向的频率）来表示。各个风向的风速值也可用同样的方法，按照每个风向的风速累计平均值，绘制成风速图。

在城市规划布局中，为了减轻工业排放的有害气体对居住区的危害，按当地盛行风向，一般工业区应位于居住区下风向。盛行风向是按照城市不同风向的最大频率来确定的。由于我国地处亚欧大陆东岸，东半部受季风环流的影响，风向呈现明显的季节变化：夏季为偏南风，冬季则盛行偏北风。因此，在我国东部广大地区，一年中基本上有两个盛行风向。西南地区因受印度洋环流控制，夏季多西南风。但在一些地区，因地貌或地物的特点，风向与风速也会有局部变化。在有些环境条件特殊的地区，还有着多个方位的盛行风。

为了在规划布局中正确运用风向，每个城市应分析本地全年占优势的盛行风向，最小风频风向、静风频率以及盛行风的季节变化规律。在分析、确定城市盛行风向和进行用地分布时，特别要注意微风与静风的频率。在一些位于盆地或峡谷的城市，静风往往占相当的比例。如果只以盛行风向作为分布用地的依据，而忽视静风的影响，有可能加剧环境污染。

为了有利于城市的自然通风，在城市布局、道路走向和绿地分布等方面，人们要考虑与城市盛行风向的关系，留出楔形绿地、风道等开敞空间。

除了大气候风外，由于城市地区地形的不同特点，所受太阳辐射的强弱不一，以及热量聚散速度的差异，所以会形成局部地区的空气环流（地方风），如城市风、山谷风、海陆风等。

在城市局部地段，当在静风或大气候风微弱的情况下，也会由于地面设施（如散热量大的工业、建筑地区和绿地、水面等）不同，在温差热力作用下，出现小范围的空气环流，这将有利于该地区的自然通风。但若地面设施布置不当，局部环流的形成也可能给环境带来不良的影响。此外，在山地背风面会产生机械涡流，如在该处布置住宅等建筑，将有利于通风，但若上风为污染源，则因之而加剧污染。

我国大部分地区属温带，夏季比较热。在长江中下游以南广大地区，夏季持续时间长，而且湿度较大，因此，必须重视居住环境的自然通风问题。此外，在冬季寒冷地区，还必须考虑防风的问题。

居住区的自然通风不仅受到大气环流所引起的大范围风向的季变化或月变化的影响，而且还受到局部地形的特点（如山谷、河湖、海洋等）所引起的日变化的影响。

自然通风是借助风压或热压的作用使空气流动，使室内外空气得以交换的。在一般情况下，上述两种压差同时存在，而风压差往往是主要风源。实验表明，建筑物高度越高，深度越小，长度越大时，背面旋涡区就越大，对建筑的通风有利，但对其背后的房屋通风不利。例如，建筑成组多排布置时，由于建筑背后旋涡区以及气流和建筑的相互影响，使建筑组群间的空气流场比较复杂。建筑组群的自然通气与建筑的间距大小、排列组合方式，以及建筑组群迎风的方位、风向对组群的入射角大小等有关。

由于受气候情况、地形地貌、建筑的组合以及其他地面设施的相互影响，居住区的自然通风情况复杂多变，在规划设计中要分清情况。实验表明，建筑间距越大，自然通风效果越好。但为了节约用地和室外工程，不可能也不应该盲目增大建筑间距。因此，应将房屋朝向夏季（最需要自然通风的季节）主导风向，并保持有利的风向入射角。建筑的通风间距都是结合建筑的日照要求和充分利用有利的通风因素来确定的。一般在满足日照要求下，就能照顾到通风的需要。但在某些情况下，如在南方炎热地区，夏季为了防止日晒，通常将建筑间距缩小，而用其他布置方法和措施来解决通风的问题。

为了提高自然通风的效果，还必须选择建筑合适的朝向。首先应使建筑朝向夏季的主导风向。在风向日变化较多的地区，则应按建筑的性质及其使用要求考虑合适的方位。例如，有昼夜风向日变化时，对于白天使用较多的房屋，应迎向白天的风向；对于晚上使用较多的房间，如宿舍等，为保证晚上休息，则宜朝向晚上的风向。建筑朝向除满足朝向夏季主导风向外，最好与炎热季节的最佳朝向一致。我国东南部大部分地区都能达到其中之一的要求。如两者不一致时，应照顾矛盾的主要方面。

第四节　地质条件与土地利用

土地是指上自大气对流层的下部，下至地壳一定深度的风化壳，这一立体空间内有关自然要素与人类劳动所形成的综合体。气候条件赋予了土地光、热、水特性，地貌的差异又使不同地貌单元的土地在光、热、水条件方面有所改变，而地质条件赋予土地物质的组成。

一、岩石、矿物和土地特性

岩石、矿物是形成土地资源的物质基础，特别是形成土壤的物质基础，不同的岩石矿物给予土地不同的特性。

1. 超基性岩类（橄榄岩—苦橄岩类）

在矿物成分上，超基性岩的铁镁矿物占绝对优势，主要为橄榄石、辉石和角闪石，一般不含长石或含长石很少。铁镁矿物含量大于90%的岩浆岩又叫超镁铁岩。大多数超基性岩都是超镁铁岩，但也有例外，如单矿物组成的透辉石岩属于超镁铁岩，但不是超基性岩，因为 SiO_2 含量较高，可达55.6%。超基性岩的颜色深，相对密度大。

超基性岩在地表分布面积很小，只占岩浆岩分布面积的0.5%，在洋底分布的面积也不大。超基性岩常与基性岩一起，组成各种岩浆杂岩体，也有呈单独岩体出现的。它们一般构成不大的岩体，如岩株、岩盆、岩床、岩墙等。超基性岩性脆，易变化，抗风化能力差，有透水性，不应修建水利工程设施。

2. 基性岩类（辉长岩—玄武岩类）

虽然基性岩的矿物组成以辉石、斜长石、角闪石等深色矿物为主，但因结构致密，物理风化慢。在北方山地和丘陵区一般风化壳薄。但在南方高温高湿地区化学风化强烈，形成较厚的风化壳，又因含钙、镁等碱土金属矿物多，阻碍土壤酸化，因此土壤较肥沃。

基性岩的侵入岩的代表岩石为辉长岩。辉长岩类岩石呈黑色、灰黑色或带红的深灰色。基性喷出岩的代表岩石为玄武岩。它们在地壳中的分布极为广泛，分布面积差不多是所有其他喷出岩分布面积总和的5倍。玄武岩一般为黑、绿-灰绿以及暗紫等色。玄武岩的抗压强度为$3.5\times10^5 \sim 5.0\times10^5$ kPa，多孔的玄武岩强度较低。当其柱状节理发育时，常可形成集水体和透水体，也可以是油气的通道。此外，有些玄武岩还可成为某些油气田的底层和盖层。

3. 中性岩类

（1）闪长岩—安山岩类。本类岩石的侵入岩以闪长岩为代表，约占岩浆岩总面积的2%；喷出岩的代表岩石为安山岩，约占岩浆岩的23%，其分布面积仅次于玄武岩类。

（2）正长岩—粗面岩类。中性岩的另一类岩石是正长岩—粗面岩类，其中侵入岩以正长岩为代表，喷出岩以粗面岩为代表。但无论是侵入岩还是喷出岩，在地壳内的分布都较少，据统计，其分布面积约占全部岩浆岩的0.6%。

与正长岩—粗面岩类有关的矿产主要有铜、铁矿床，稀土元素和放射性元素矿床。粗面岩有较好的抗压强度及耐酸碱特性，抗压强度为$0.6\times10^5 \sim 1.0\times10^5$ kPa，可作建筑石材和化工上的耐酸耐碱的材料。近年来，我国某些地方在制作农肥时，发现粗面岩有可提取可溶性钾的成分，可用来制成钾肥，但成本较高；另外，较纯净的正长岩还可作为良好的陶瓷原料。

4. 酸性岩类（花岗岩—流纹岩类）

本类岩石的侵入岩以花岗岩和花岗闪长岩为代表，喷出岩以流纹岩和英安岩为代表。

风化产物中盐基离子较少，在一定淋溶条件下就易形成酸性（南方）或微酸性（北方）的土壤。由于本类岩石铁、镁含量低，故暗色矿物含量也是各类岩浆岩中最少的，一般在10%以下，而浅色矿物最多，一般大于90%。矿物种类与前述几类岩浆岩也有所不同，主要是石英含量较高。

由于铁、镁矿物含量少，所以其密度较小，一般为$2.54 \sim 2.78$ g/cm^3。

酸性岩的深成岩有花岗岩、花岗闪长岩、斜长花岗岩、二长花岗岩、文象花岗岩等。浅成岩有花岗斑岩、石英斑岩等。酸性岩的深成岩因矿物结晶好（花岗岩类），组成较复杂，易于发生物理风化，因此形成较厚的风化壳和土壤。酸性岩的喷出岩的代表岩石为流纹岩，其成分相当于花岗岩。

除流纹岩外，常见的酸性喷出岩还有英安岩、黑曜岩、松脂岩、珍珠岩、浮岩等。

与花岗岩类有关的矿产主要是多金属矿产，如钨、锡、铋、钼、锑、汞、铍、铅、锌、金、银、铜、铁、铌、钽和稀土、放射性元素等。另外，花岗岩还是很好的建筑石材，既美观又有良好的抗压强度（$0.8\times10^5\sim2.0\times10^5$ kPa）。古代及近代的一些有名建筑物多采用花岗岩石材。花岗岩虽然节理发育，但节理不形成连通的裂隙，因而成为隔水层，有利于形成地下潜水，所以花岗岩山区一般是富水区。花岗岩基还可以作为地下工程和水利工程设施的基底。

与流纹岩类有关的矿产不如其相应的深成岩那么丰富和重要，主要是和热液蚀变作用有关的一些金属和非金属矿产，如铜、铅、锌、铀及其铁矿、明矾石、叶蜡石、刚玉等。流纹岩抗压强度可达$1.5\times10^5\sim3.0\times10^5$ kPa，也是较好的建筑石材。某些流纹岩蚀变成蒙脱石黏土，是一种很好的漂白剂。含水的酸性玻璃质喷出岩可制造膨胀珍珠岩，可做很好的隔热隔音材料。

5. 碱性岩类（霞石正长岩—响岩类）

本类侵入岩以霞石正长岩为代表，喷出岩以响岩为代表。侵入岩在地表分布很少，不到岩浆岩分布面积的1%；喷出岩更少，仅占喷出岩分布面积的1‰左右。

与本类岩石有关的矿产主要是丰富的稀土元素和放射性元素，如铌、钽、钛、锆、铀、钍等，富集在副矿物中。此外，还有金、铜等产于响岩中。如果磷灰石含量丰富，也可作为磷矿开采。霞石正长岩本身就可作为钾肥原料。

二、沉积岩

各种岩石、矿物经过破碎等风化作用产生的物质经搬运、沉积后，再经胶结、固结作用后形成的岩石称为沉积岩。沉积岩类一般矿物组成比较单一，结构致密，成岩条件与地面环境条件比较一致，因此物理风化速度较慢，土层浅薄。

（一）砾岩类

直径大于2 mm的陆源碎屑含量在50%以上的沉积岩称为砾岩。砾石的粒度变化范围很大，从2 mm到几米的都有，常见的是几厘米到几十厘米。由于砾石颗粒粗，故其成分以岩屑为主，砾岩中各种成分和结构的岩屑均可出现，主要决定于母岩区的岩石组成和堆积速度。除岩屑外，在较细的粒级中可有长石、石英等矿物碎屑。砾石之间的孔隙多为砂粒和基质或胶结物充填。砾石的磨圆度差异也可以很大，从棱角状至圆状均可出现，人们通常依砾石的磨圆度把岩石分为砾岩（主要由次圆至圆状的砾石组成）和角砾岩（主要由棱角状砾石组成）。

砾岩和角砾岩层理一般不发育，但有时也有厚度很大的斜层理和序粒层理。

（二）砂岩类

粒度为0.063～2 mm的陆源碎屑含量在50%以上的沉积岩称为砂岩。砂岩是一种分布很广的岩石，约占沉积岩总量的1/3，仅次于泥质岩而居第二位。

砂岩的碎屑成分主要是石英、长石和岩屑三种。在大多数砂岩中，石英都是最主要的碎屑，它是最稳定的组分；长石和岩屑在表生条件下较易破坏，属于较不稳定的组分。砂岩中的胶结物常见的有钙质、硅质、铁质等，有时还有海绿石、石膏等。分选性很差的砂岩含有较多的泥质。

砂岩的粒度、分选性及磨圆度等结构特征常差别很大，它取决于搬运介质的性质、动能大小、搬运距离和堆积速度。

砂岩是机械沉积作用的产物，砂粒在流水搬运的过程中又是最活跃的组分，因此砂岩中各种层理构造和层面构造都很发育。

根据砂岩的碎屑成分，砂岩可以分成石英砂岩、长石砂岩和岩屑砂岩三种主要类型。

1. 石英砂岩

石英砂岩的粒度较细，多为中到细粒，少数为粗粒。一般圆度高，分选好。颜色较浅，常为灰白色，但受胶结物颜色的影响而变化很大，如为铁质胶结时则呈褐红色，为海绿石胶结时则呈灰绿色。

2. 长石砂岩

长石砂岩多为红色或浅红色，有时为浅灰色，这主要取决于岩石中所含长石的颜色及胶结物的颜色。长石砂岩中的胶结物多为钙质、硅质和铁质，也常有泥质，且常有胶结物和泥质同时存在的情况。在地质时代较老的长石砂岩中，长石碎屑还可有再生加大的现象，这时长石砂岩被胶结得相当紧密坚硬，外貌类似花岗质岩石，但其碎屑颗粒有磨圆的特征，而且通常颗粒和胶结物之间的界线还能辨认。因此只要仔细观察，不难区分它们。

3. 岩屑砂岩

砂岩类的矿物组成以石英为主，所形成的土壤沙性透水，养分贫乏。砂岩的抗压强度一般较高，因此它常可作为工程的基础岩石。砂岩抗压强度也与岩石的成分及胶结情况有密切关系，一般含石英碎屑较多的砂岩抗压强度较大，含岩屑较多的砂岩抗压强度小；硅质胶结的石英砂岩或沉积石英岩抗压强度最高，基质胶结及钙质胶结的砂岩抗压强度则稍差。

砂岩是重要的建筑材料和玻璃原料，有的还含金、铂、金刚石、锡石、黑钨矿、刚玉以及铜、铀等矿产，因此研究砂岩还有重要的找矿意义。

（三）粉砂岩

粉砂岩是粒径为 0.004 ~ 0.063 mm 的陆源碎屑占 50% 以上的沉积岩。

粉砂岩的碎屑成分以石英为主，常含数量不定的白云母，长石和岩屑都较少见。填隙物以泥质为最多，其次为钙质和铁质胶结物，硅质胶结物极少见。钙质和铁质胶结物常和泥质混杂在一起。

粉砂岩多呈薄层状，常具微细的水平层理和微波状层理，这种层理常因颗粒粗细不同而显现。由于粉砂饱含水后易于流动，故包卷层理等变形构造也较常见。

粉砂岩多属含水岩层，但因其颗粒细小且含泥质较多，故其含水性及透水性都远不如砂岩好。在工程力学性质上，其抗压强度也不如砂岩高，加之其层理较薄又常与泥质岩共生，也常使其抗压强度降低。

我国西北和华北广泛分布的黄土是一种半固结的泥质粉砂岩。其中，粉砂的含量一般大于 50%；其次为泥质，华北黄土中泥质含量有超过 40% 的；再次为砂粒，直径小于

0.25 mm，含量常不到10%。其矿物成分以石英、长石为主，其次是碳酸盐及黏土矿物。西北及华北的黄土主要是风成的，部分是水成的。

（四）泥质岩类

1. 黏土

黏土是一种未固结或弱固结的泥质岩，基本上仍为土状，在水中易泡软，具有不同程度的可塑性和黏结性，多为现代风化壳的产物。古代质地较纯的泥质岩露出地表因风化和被水浸泡后，有时也易成土状及具明显的可塑性。常见的质地较纯的黏土有高岭石黏土、蒙脱石黏土和水云母黏土。

（1）高岭石黏土。高岭石黏土主要由高岭石组成。其多为灰白色、浅灰色或浅黄色，土状，有滑感，具贝壳状断口。用舌舔，其有明显的吸着性，遇水后不急剧膨胀，但具可塑性。其黏结性和耐火性较高，是重要的陶瓷原料和耐火材料。

我国东南地区许多地方有残积的高岭石黏土，多构成花岗岩的风化壳。制造著名的景德镇瓷器所用的黏土为高岭石黏土。

（2）蒙脱石黏土。蒙脱石黏土又名膨润土、斑脱岩、漂白土等。它主要由蒙脱石组成，一般为灰白色、淡粉红色、淡黄色或浅灰绿色。断口不太平坦，有滑感，但不如高岭石黏土明显。吸水性极强，浸入水中后其体积急剧膨胀，这是蒙脱石黏土的重要特征和鉴定标志，也是对工程建设不利的性能。蒙脱石黏土的可塑性比高岭石黏土弱，因其吸收性强，在工业上主要用作漂白剂和净化石油的原料，也用作钻井泥浆。

我国河北宣化、张家口及浙江余杭等地有蒙脱石黏土。

（3）水云母黏土。水云母黏土的成分一般比较复杂，除水云母外，常有其他黏土矿物，以及石英、长石、云母等碎屑矿物，还有各种自生矿物和有机质。很纯的水云母黏土比较少见。水云母黏土的颜色也多为灰白色、灰黄色、浅绿色和淡红色等。其可塑性比高岭石黏土差，但比蒙脱石黏土好，吸水后不像蒙脱石黏土那样急剧膨胀。其多为粉砂泥状结构，常具水平层理和极细的波状层理。水云母黏土多为含各种铝硅酸盐矿物的岩石或凝灰岩化学分解的初期产物，无论在大陆、海洋均可生成，条件是溶液富钾，介质稍偏碱性（pH为7～8）。高岭石、蒙脱石在成岩过程中均可转变为水云母，因此水云母黏土是泥质岩中最常见的类型。

2. 泥岩和页岩

泥岩和页岩是泥质沉积物经成岩作用后固结而成的。泥岩层理不明显，呈块状，而页岩具明显的页理构造。泥岩和页岩的成分一般都比较复杂，主要由水云母或高岭石组成，并含碎屑物质和各种自生矿物，但也有部分泥岩质地较纯，主要由高岭石组成，可称为高岭石泥岩。这种高岭石泥岩常为深灰色至灰色，致密，质地较硬，具贝壳状断口。我国石炭、二叠系的煤系地层中常有这种质地较纯的高岭石泥岩，可作耐火材料和陶瓷原料。大多数泥岩和页岩常含一定数量的粉砂及其他自生矿物和有机质。含粉砂数量较明显时可称为粉砂质泥岩或页岩。四川盆地的紫色页岩类的物质组成以粉砂为主，固结差，较易风化，特别含一定量的钾、磷、钙等矿质养分。南方湿热地区形成中性或微酸性、养分含量较高的土壤，如紫色土。

近年来发现，泥质岩中还含有很多重要的金属矿产，如银、钼、锌、镍、铜、铬、钒、铀等。一些富含有机质的泥质岩常是重要的生油岩石，因此研究泥质岩具有重要的找矿意义。研究泥质岩对水文地质和工程地质也具有十分重要的意义。由于泥质岩不具大的空隙，并饱含结合水，故不能含水、透水，一般不能成为含水层，但可成为良好的隔水层。在工程地质上，泥质岩的抗压强度较低，且遇水易膨胀、泥化，强度更低。加之，泥质岩易风化破碎，因此泥质岩很易引起岩层的滑动、崩塌，对工程建设甚为不利。泥质岩的物理力学性质与岩石的矿物成分、裂隙发育的情况以及岩石的固结程度等有关，如蒙脱石黏土吸水性和膨胀性最大，水云母黏土次之，高岭石黏土最小。因此，人们在泥质岩地区进行水工建筑时，应对泥质岩物质成分、固结程度、裂隙发育情况等特性进行认真仔细的研究，以便采取相应的措施，减少其不利的影响。

（五）碳酸盐岩类

碳酸盐岩是以钙、镁碳酸盐矿物为主组成的沉积岩。

碳酸盐岩按成分首先分为石灰岩和白云岩两个基本类型，其次据其中方解石和白云石的相对含量细分为不同的类型（见表1–7）。

表1–7　根据方解石和白云石的相对含量划分的碳酸盐岩类型

岩石类型		方解石含量	白云石含量
石灰岩	石灰岩	100%～90%	0%～10%
	含白云质灰岩	90%～75%	10%～25%
	白云质灰岩	75%～50%	25%～50%
白云岩	灰质白云岩	50%～25%	50%～75%
	含灰质白云岩	25%～10%	75%～90%
	白云岩	10%～0%	90%～100%

由于碳酸盐岩中常含数量不等的陆源碎屑和黏土矿物，故在碳酸盐岩和陆源碎屑岩或泥质岩之间存在着一系列的过渡类型岩石。它们也可按其中陆源碎屑（主要为砂）或泥质的含量划分为不同的类型。

石灰岩类的矿物组成以碳酸盐类为主，含有一定量的黏土矿物，所形成的土壤质地黏重，透水性差，土层薄。因为碳酸盐中和酸度，风化物一般呈微碱性（北方）或中性（南方）反应。石灰岩岩石垂直裂隙发达，化学风化形成溶蚀洞，因此漏水严重，不利于地下潜水形成。石灰岩山区多为缺水地区。

三、变质岩

地球上已形成的岩石，在外界条件发生变化时，结构和构造发生一系列质的变化，所形成的岩石称为变质岩。变质岩的化学性质基本上与其原生岩石相同，如花岗片麻岩在风化和形成的风化壳性质上与花岗岩相同，石英岩在风化和形成的风化壳性质上与砂岩基本一致。

（一）板岩

板岩是具板状构造的浅变质岩石，由泥质岩、粉砂岩或中酸性凝灰岩经轻微变质作用而成。原岩的矿物成分基本上没有重结晶或只有部分重结晶，只是脱水，硬度增高，岩石外表呈致密隐晶质，矿物颗粒很细，肉眼难以鉴别。它有时在板理面上有少量的云母、绿泥石等新生矿物。板岩因具有板状构造，可沿板理面成片剥下，作为房瓦、铺路等建筑材料。

（二）千枚岩

千枚岩是具有典型的千枚状构造的浅变质岩，由泥质岩、粉砂岩或中酸性凝灰岩经低级变质作用形成，变质程度比板岩稍高。原岩的矿物成分基本上已全部重结晶，主要由细小的绢云母、绿泥石、石英、钠长石等新生矿物组成。当原岩中含 FeO 较多时，可出现硬绿泥石、黑云母。岩石一般呈细粒鳞片变晶结构，颗粒平均粒径小于0.1 mm，岩石的片理面上，具有明显的丝绢光泽，并常具小的皱纹构造。

（三）片岩

片岩是分布极为广泛的变质岩，其原岩类型复杂，可以是超基性岩、基性岩、各种凝灰岩和含杂质砂岩、泥灰岩和泥质岩，经低、中级变质作用而形成。片岩多为显晶质的等粒鳞片变晶结构，或基质为鳞片变晶结构的斑状变晶结构，片状构造。片岩主要由片状矿物（云母、绿泥石、滑石等）、柱状矿物（阳起石、透闪石、普通角闪石等）和粒状矿物（长石、石英等）组成，有时也含有石榴石、十字石、蓝晶石等特征变质矿物的变斑晶。片状或柱状矿物至少大于30%。粒状矿物常以石英为主，可含有一定数量的长石，长石含量小于25%。变晶粒度常大于0.1 mm，肉眼可辨认矿物成分，这一点可与千枚岩区别。

（四）片麻岩

岩石具明显的片麻状构造，含长石、石英较多，粒度较粗（一般大于1 mm），岩石中长石（钾长石、斜长石）和石英的含量大于50%，长石含量一般大于25%。当长石含量减少，石英增加时，则其过渡为片岩。片状或柱状矿物可以是云母、角闪石、辉石等。片麻岩有时可含夕线石、蓝晶石、石榴石、堇青石等特征变质矿物。

（五）石英岩

石英岩是石英含量大于85%的变质岩，由石英砂岩或硅质岩经区域变质作用或热接触变质作用而成。由于原岩所含杂质和变质条件的不同，岩石中除石英外，可含少量长石、绢云母、绿泥石、白云母、黑云母、角闪石、辉石等。石英岩一般具有粒状变晶结构及块状构造，有时可具条带状构造。石英岩分布广泛，是优良的建筑材料和制造玻璃的原料。

（六）大理岩

大理岩是一种碳酸盐矿物（方解石、白云石为主）含量大于50%以上的变质岩。它是由石灰岩、白云岩等碳酸盐岩经区域变质作用或热接触变质作用而成的。由于原岩所含杂质和变质条件的不同，大理岩中可含少量蛇纹石、透闪石、透辉石、方柱石、金云母、镁橄榄石或硅灰石等特征变质矿物。它一般具粒状变晶结构和块状构造，有时可具条带状构造。大理岩可根据碳酸盐矿物的种类、特征变质矿物、特殊的结构构造及颜色等详细命名，如白云质大理岩、透闪石大理岩、条带状大理岩、粉红色大理岩等。大理岩一般呈白色，如含有不同的杂质，则可出现不同的颜色和花纹，磨光后非常美观，其中结构均匀、质地致密的白色细粒大理岩又称汉白玉。大理岩分布广泛，云南省大理县点苍山以盛产美丽花纹的大理岩而闻名于世，大理岩即由此而得名。

四、各类岩石和矿物的风化物质与土地特性

（一）岩石矿物风化残积物的土地特性

岩石矿物风化残积物是指在山地和丘陵区岩石风化后未经搬运的物质，因此这种风化物的性质与其原生的岩石的矿物性状关系密切。首先，这类物质一般分布在丘陵山区，地面起伏，具有坡度，易发生水土流失，因此其利用管理上要遵循山地丘陵区土地利用管理的基本原则，即注意水土保持和依地形部位及坡向安排利用方式和管理措施。其次，残积物的性质较多地继承了其下伏母岩的矿物学性质。山地可以按岩石类型分为“石灰岩山区”“花岗岩山区”“紫色砂页岩山区”“玄武岩山区”等，人们对其因地制宜，栽培不同作物。例如，在北方，板栗只能栽培在花岗岩类发育的微酸性土壤上；而核桃、柿子、花椒对岩性的要求就不那么严格，无论哪种山区都可栽培。花岗岩类发育的土壤因为质地较粗，通透性好，钾元素含量高，因此适种苹果、梨，花岗岩山区出产的苹果和梨的糖分含量高，果形好。而石灰岩山区发育的土壤因为质地较黏重，不适于栽种水果。在四川盆地，高温多雨，化学风化强烈，花岗岩发育的土壤表现了更大的酸性，养分相当贫乏，只能种植抗酸性耐贫瘠的作物，而且必须施用石灰和大量肥料；而紫色砂页岩发育的土壤，酸度低，含有较多的钙、钾、磷，成为较肥沃的土壤，所出产的柑橘品质优良。四川之所以称为“天府之国”，一方面是因为它有优越的气候条件，另一方面就是因为紫色砂页岩分布广泛。

（二）运积物与土地特性

运积物包括坡积物、洪积物、冲积物、风积物等。这些物质的共同特点是都经受了一定的搬运，物质疏松深厚。人们可以按它们的分选性和物质粗细划分。由于被搬运的距离远近不一样，搬运的动力不同，这些运积物被分选的程度不一样。从坡积物到洪积物、冲积物，再到风积物，物质的分选程度越来越高，物质的均匀程度增加。根据物质组成，这些运积物可分为沙质运积物、壤质运积物和黏质运积物。沙质运积物一般分布在河流故道和风沙区，易随风流动，漏水漏肥，保蓄能力差；壤质运积物一般分布在广大的冲积平原和黄土高原，具有较好的物理性质，通气透水，且具有一定的保蓄能力；黏质运积物一般分布在河间洼地、扇缘洼地或湖积平原，物质黏重，耕性差，虽然保肥保水能

力强，但通透性差，易滞水积涝。

相对来说，运积物比残积物的地面坡度较小，因此一般不存在水土流失问题；运积物一般土层深厚，也不存在土层浅薄的限制问题。沙质运积物通气透水性好，春天土温上升快，可栽培对积温要求较高的作物，如棉花；沙质运积物的热容量小，昼夜温差大，栽种瓜果有利于糖分积累；沙质运积物土质疏松，适宜于栽培花生、甘薯和马铃薯等块根作物。黏质运积物质地黏重，土壤的通透性差，不适宜栽培果树、瓜以及花生、甘薯和马铃薯等块根作物，但它的保蓄能力强，养分含量较多，有后劲，因此种植小麦、玉米、水稻等谷类作物还是比较适宜的。壤质运积物质地适中，土壤的通透性和保蓄性能都较好，适宜于各种作物的栽培。

第五节　地形与土地利用和保护

地形通过对地面物质与能量的空间再分配，而间接地影响土地生产力。

一、地形要素与土地特性

（一）海拔高度

海拔高度对土地特性的影响主要表现在水热条件再分布方面。首先，气温随海拔高度的增加而降低。一般而言，海拔每上升 100 m，气温下降 0.5 ℃～0.6 ℃。在一定范围内，降水量也随着海拔的升高而增多，但降水量在高度增加到极大值后，则随着海拔高度的继续增加而下降。据福建省水文总站多年资料统计，全省最大降水高度分布在 800～1 000 m。在此高度以下平均降水量随海拔升高而增加，一般海拔每上升 100 m，降水量增加 47～73 mm；而高于此海拔高度，降水量随海拔的升高而降低。

海拔高度变化引起区域水热条件的再分布，必然导致不同海拔高度生态环境的变化，从而对农业生产上的作物布局以及耕作制度等产生一定的影响。随着海拔的增加，积温必然减少，生长期也相应缩短（见表 1-8）。在我国北方地区，海拔高度每上升 100 m，≥10 ℃的积温减少 150 ℃～200 ℃。由于作物正常生长均要求一定的积温，故每种作物均存在着适宜生长的海拔上限，不同的海拔高度，作物的适种性也必然不同。一般而言，喜温作物分布高度较低，而喜凉和耐寒作物分布高度则较高。由于生长期随海拔高度的增加而缩短，土地利用强度也必然呈下降趋势，如福建省海拔高度在 500 m 以下，一般一年可三熟；500～700 m，一般一年可两熟；而 700 m 以上，一般只能一年一熟。因此，在土地开发利用中，人们可以充分利用海拔高度增加导致作物生长期推迟、成熟晚的这一特性，因地制宜地进行“反季节”栽培，延长农产品上市的供应期，提高山区土地资源开发利用的经济效益。

海拔高度对其他各业的影响主要体现在对人类活动的制约方面。由于随着海拔高度的上升，自然环境恶化的可能性增大，人类的活动必然减少。一般而言，海拔>3 000 m 的地区不宜人类居住；1 000～3 000 m 的地区，人类可以居住，但生存的环境条件较差；世界上绝大多数人，均居住在海拔<500 m 的地区。

表 1-8　川西滇北地区山地土地利用的垂直分布结构

海拔高度/m	生长期/(≥5 ℃日数)	最热月平均气温	自然带	作物种植	畜牧业
4 200～4 500	—	<10 ℃	山地寒带、稀疏垫状草甸带	无作物，无林业	纯牧业带，以牦牛、绵羊为主
3 500～4 200	<130	10 ℃～11 ℃	山地亚寒带、灌木草甸带	谷物不能成熟，局部可种蔬菜、亚麻、甜菜	牧业为主，开始有黄牛、犏牛、山羊及猪
3 200～3 500	170～210	12 ℃～15 ℃	山地寒温带、阴暗针叶林带	春麦	农牧并重，牧畜多
2 800～3 200	220～270	16 ℃～17 ℃	山地凉温带、针阔叶混交林带	春麦为主，旱、中熟玉米	牧业次要
2 300～2 800	280～310	18 ℃～20 ℃	山地暖温带、针阔叶混交林带	冬平，中晚熟玉米	牦牛、犏牛绝迹，有水牛饲养
1 500～2 300	300～365	21 ℃～23 ℃	山地亚热带、常绿阔叶林带	中稻，中晚熟玉米	水牛普遍
<1 500	365	24 ℃～25 ℃	南亚热带、河谷稀疏灌丛带	双季稻、棉花、咖啡、甘蔗、剑麻、香蕉	水牛普遍

（二）坡度

坡度大小也影响土地的生产力。坡地上的物质在重力影响下有向下移动的趋势。降水落到坡地上，会沿坡面下流，水分也会携带土壤下移，也就是坡面的水土流失。因此，坡地上的土壤水分条件较平地上的差。由于土壤遭受侵蚀，故坡地土壤的厚度一般也较浅薄。土地的生产力较同地区的平原土地生产力低。坡度越大，水土流失越剧烈，土地的生产力越低。

坡度一般划分为 6 级：

①极缓坡<3°，农用，可采取平地的田间耕作措施。

②缓坡 3°～8°，农用，一般可以机械化耕作。

③中坡 8°～15°，可以农用，但必须采用工程水保措施。

④微陡坡 15°～25°，林用，农用必须采取工程和生物水保措施。

⑤陡坡 25°～35°，易产生滑坡等重力侵蚀，不能农用。

⑥极陡坡>35°，极易产生崩塌、滑坡等。

坡度的陡缓不仅直接制约着水土流失的强度，也影响着农业机械化和农田基本建设的难易。一般坡度<3°的缓坡，耕地无多大侵蚀危害，可以使用大型农业机械；坡度≥3°，则对土壤侵蚀和机械的使用影响增大。我国多把坡度25°作为种植业的上限，国外不少国家将坡度15°作为耕地上限。

对于建设用地而言，地势平坦，排水良好，工程土方量少，可节省开发投资；当坡度超过一定限度时，就要采取适当的工程措施（如挖土填方，平整场地，修建护坡工程等），则工程投资必然增大。例如，在8°~12°的坡地上建造住宅，需增加建设投资4%~7%。当坡度>5°时，自行车交通受到较大限制；当坡度>10°时，机动车道不宜与等高线垂直，而应采取S形布设，这样必然增加两点间的运距而增加运输费用。因此，不同的地面坡度类型在土地特性和利用上具有明显的差异（见表1–9和表1–10）。

表1–9　作物对地形坡度的要求

作物	坡度		
	适宜的	可忍耐的	经过改造可利用的
多年生木本植物	0°~8°	8°~15°	15°~25°
旱生谷类作物	0°~8°	8°~15°	15°~25°
中生谷类作物	0°~5°	5°~8°	8°~15°
水稻	0°~3°	3°~5°	5°~8°
豆科作物	0°~5°	5°~8°	8°~15°
薯类作物	0°~5°	5°~8°	8°~15°
棉花、花生	0°~5°	5°~8°	8°~15°
草地	0°~8°	8°~15°	15°~25°

表1–10　不同坡度与城镇土地利用

坡度	土地类型	对土地利用的影响及其对应措施
<0. 3°	低平地	地势过于低平，排水不良，需采取机械提升措施排水
0. 3°~2°	平地	城镇建设的理想坡度，各项建筑、道路可自由布置
2°~5°	平坡地	铁路需要有坡降，工厂及大型公共建筑布置不受地形限制，但需要适当平整土地
5°~10°	缓坡地	建筑群及主要道路宜平行等高线布置，次要道路不受坡度限制，无须设人行梯道
10°~25°	中坡地	建筑群布置受一定限制，宜采取阶梯区布置，车道不宜垂直等高线，一般要设人行梯道
25°~50°	陡坡地	坡度过陡，除供园林绿化外，不宜作建筑用地，道路需要与等高线呈锐角斜交布置，应设人行梯道

（三）坡向

不同坡向接受太阳辐射的情形不一样，由于阳坡更垂直于太阳，比阴坡接受较多的太阳辐射，从而温度较高；东西坡接受太阳辐射的情形介于阴阳坡之间。不同坡向的土地的光温生产力是不同的。在我国北方温带地区，南坡接受较多的太阳辐射，温度较高，因而土地的光温生产力高，但由于光温条件高，蒸发较强烈，土壤水分条件一般较差，水热耦合结果反而使土地的生产力不高。阴坡光热条件较差，蒸发弱，土壤水分条件较好，土地的生产力反而较高。在北京地区，阳坡森林带出现在海拔 1 000 m 处，阴坡在海拔 800 m 处就出现森林带。东西坡称半阴半阳坡，水热条件和植被情况介于阴阳坡之间。坡向对土地的光温生产力的影响是高纬度地区大于低纬度地区。

对于植物生长，阴阳坡是上述情况，但对于人类居住，情形就有些相反了。阳坡因为光照好、温暖而成为建房筑屋的良好场所，阴坡因光照差、气温低、阴湿，不适于居住。因此，无论是民宅还是寺庙道观，都建在阳坡。

二、地貌类型与土地特性

（一）山地丘陵区

山地与丘陵的区别在于相对高度的大小，一般相对高差大于 500 m 的为山地，而且山地往往沟谷切割较深，地形轮廓线明显，而丘陵的地形轮廓线较浑圆，缓丘宽谷。山地与丘陵是正地形，是物质的辐散地，容易产生水土流失，在利用管理上首要重视的是水土保持措施。山地与丘陵的土壤还具有土层薄、土壤粗骨性的特点。土层浅薄，坚硬的基岩埋藏浅，从而限制植物的扎根，土壤的水肥贮藏容量低。土壤含有大量岩屑砾石，漏水漏肥，保蓄能力低，易遭干旱。石质山地一般还有大量岩石露头，影响耕作，因此，一般不宜种植需要耕作的作物，而宜于林业或牧业。

当然，在山地丘陵区，由于都存在相对高差和地形坡度，故在进行土地资源评价、土地利用决策时应当注意如下几个共同问题。

（1）坡度因素。如前所述，坡度直接决定了土地资源质量等级和土地利用的方式选择，而且也与水土流失的潜在危险性密切相关。

（2）山区土地资源的垂直分布规律。由于存在着不同海拔高度，山区土地资源的分布具有一定的立体性，类型丰富多样，人们在进行山区土地资源开发时，必须充分注意这一特点，因地制宜，发展多种经营和山地立体生态经济系统。

（3）水的问题。一般山地丘陵区都或多或少地存在着缺水问题，人们可根据当地水资源分布特点，合理安排土地利用方式和开发治理途径。水的问题是山区开发的关键问题之一。

（二）平原

平原是负地形，是物质的积聚地。平原的共同特点是地形平坦，土层深厚，土壤水分条件较好。因此，平原区的土地肥沃，农田基本建设方便，是良好的发展农业的地区。平原交通方便，房地产开发基础设施投入较少，也是建设用地的良好场所。平原可分为山前平原、冲积平原、湖积平原、滨海平原等。这些平原又各有其特点。

1. 山前平原

山前平原是由几个山口的洪积扇连接起来而形成的，一般均沿山麓分布，故也称为山麓平原。山区由于坡降较大，河流携带大量的悬浮物质，出山口后由于坡度变小，河水的相对负载力减低，将携带的泥沙倾泻于山口堆积而形成洪积扇。山前平原的物质组成及其特征一般是，出山口的扇顶物质较粗，坡度大；到扇的中、下部，物质逐渐变细，坡度逐渐变小，面积逐渐变大，随着海拔高度的降低山前平原逐渐向冲积平原过渡。山前平原一般地面平缓，具有一定的坡降，故地面排水良好。山前平原既有丰富的地表水，又有水量丰富、埋藏不深而便于开采的地下水资源，发展农业的水土条件均较为优越，故常为农业集约化生产基地。图1-4是北京西郊山前洪积扇的土地利用模式示意图。

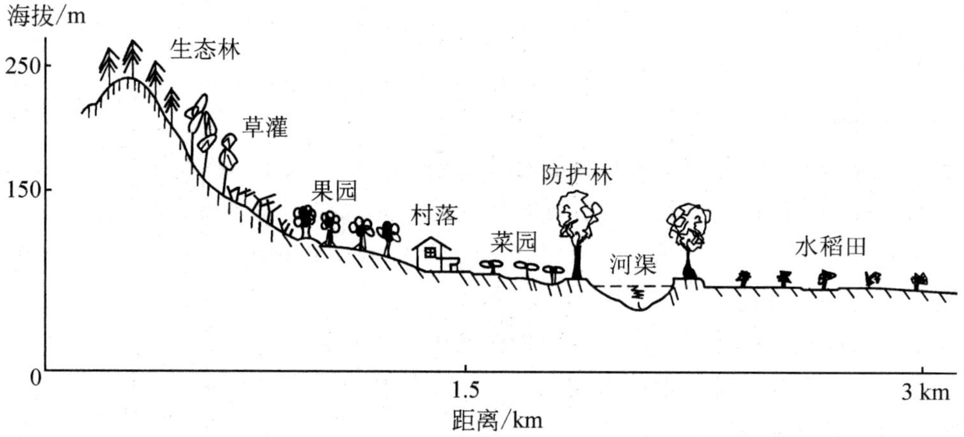

图1-4 北京西郊山前洪积扇的土地利用模式示意图

2. 冲积平原

当河流到达中、下游地区之后，由于坡度变小，河水中所携带的悬浮物质进一步沉积，形成了广大的冲积平原，如我国的松嫩平原、松辽平原、黄淮海平原、江汉平原、长江中下游平原等。由于冲积平原的地势平坦，水资源丰富，土壤肥沃，故其为我国的主要农业区和耕地、人口集中分布的地区。

3. 湖积平原

在地质构造的沉降低洼区，由于降水补给而形成湖泊，湖水携带的细泥物质经静水沉积而形成湖积平原。淡水湖泊在我国多为良好的渔业、农业和牧区，如南方的洞庭湖、鄱阳湖、太湖以及北方的白洋淀、微山湖等都是我国重要的粮食和水产品生产基地。而西北干旱的内陆湖泊由于有盐化特征，因此多用于牧业，或因含盐量过高而成为非农业利用的土地资源。

4. 滨海平原

滨海平原一般均分布于沉降性海岸，包括河流三角洲与海积平原两种。河流三角洲是河流携带的泥沙在出海口附近沉积而成的，在我国南方降水量丰富的三角洲地区（如长江三角洲和珠江三角洲），由于降水充沛，淡水资源丰富，土壤自然脱盐良好，且肥力较高，故多为良好的农业垦殖区与海产品养殖区；而北方地区（如现代黄河三角洲等），由于降水量少，土壤脱盐较差，且淡水资源有限，故其农业开发利用常受到一定的限制。滨海平原主要是进入大海后的河流泥沙被潮汐、海流与海浪推回近海岸沉积而成，其中有海岩沙堤、泻湖与海滩等。除用于海水养殖以外，滨海平原的开发利用主要视其淡水资源和面积等因素而定，一般淡水资源丰富、面积较大的滨海平原，适宜于围垦农用。由于滨海平原往往靠近大城市和工业区，特别是靠近沿海开发区，其开发效益相对较高。因此，对滨海平原，尤其是河流三角洲的土地资源开发具有重要的经济与战略意义。

虽然工程措施可以在一定程度上改变地貌形态，但不同的地形条件对城市内部用地布局、道路与排水系统的走向、各种工程的建设以及建筑的组合布置等都有一定的影响，甚至是决定性的影响。例如，山区城市往往沿沟谷呈指状，交通不便，因空气流动性小，故城市空气不良；而平原地区的城市建设就不受地形的挟制，城市规划布局和建设施工都相当方便；低丘缓岗地区虽然在道路建设上有一些不便，但可以利用其地形，建设高低错落生动丰富的城市园林风景；水网地区河道纵横，桥梁工程多，但也可造就江南水乡的秀美景色。

第六节　土壤性质与土地利用和保护

土壤是土地的主体部分，直接影响一个地区的土地资源的利用、开发及其生产力。在土壤分类系统中，分类单元往往反映气候、植被、地形、母质等成土要素对土壤的影响。这里不以土壤类型对土地利用管理的影响作讨论，而是就土壤质地、土壤构型、土壤中可溶盐含量与 pH、土壤有机质和土壤养分等几个具体土壤性质，讨论它们对土地利用与管理的影响。

一、土壤质地与土地利用管理

土壤质地对土壤性状（如养分含量、通气透水性、保水保肥性以及耕作性状等）都有很大的影响，因此在说明土壤肥力时，土壤质地是首先考虑的因素之一。

（一）土壤质地定义

在自然界，不同土壤的矿物质颗粒组成比例差异很大，很少是单一的由某一粒级组成的，即使是最粗的粗砂土或最细的黏土，也不是由纯砂粒或纯黏粒组成的，而是砂粒、粉粒、黏粒都有，只不过是各粒级含量所占的比例不同而已。把土壤中各粒级土粒的配合比例，或各粒级土粒占土壤质量的百分数称为土壤质地（也称为土壤的机械组成）。

（二）土壤质地分类

我国农民在长期生产实践中，对土壤质地的认识积累了丰富的经验，各地都有以质地命名土壤的习惯，如北京的砂土、面砂土、二合土，山西的绵土和垆土，南方的粉土等，这些土壤名称都反映地区土壤质地的特点。经常会出现同土异名或同名异土现象，引用时应特别注意。

土壤科学工作者在长期的研究中，根据不同质地土壤的生产性状，结合农民的生产实践，很早就制定出不同质地分类标准，并定出相应的名称。1949 年以前，我国使用的是国际土壤学会和美国农业部的地质分类制，1949 年后使用的是苏联卡庆斯基的简化分类。

1. 国际土壤质地分类制

国际上通用的土壤质地分类是万国（国际）制。它是根据黏粒（<0.002 mm）含量的多少，把土壤质地分为砂土、壤土、黏壤土和黏土四大类，其界限分别为 15%、25%、45% 和 65%，然后依据砂粒、粉粒和黏粒三种粒级的含量，细分为四类十二级（见表 1-11 和图 1-5）。

表 1-11　国际制土壤质地分类

质地类别	分类质地名称	各级土粒含量		
		黏粒（<0.002 mm）	粉粒（0.002～0.02 mm）	砂粒（0.02～2 mm）
砂土类	砂土及壤质砂土	0%～15%	0%～15%	85%～100%
	砂质壤土	0%～15%	0%～45%	55%～85%
壤土类	壤土	0%～15%	30%～45%	40%～55%
	粉砂质壤土	0%～15%	45%～100%	0%～55%
	砂质黏壤土	15%～25%	0%～30%	55%～85%
黏壤土类	黏壤土	15%～25%	20%～45%	30%～55%
	粉砂质黏壤土	15%～25%	45%～85%	0%～40%
	砂质黏土	25%～45%	0%～20%	55%～75%
	壤质黏土	25%～45%	0%～45%	10%～55%
黏土类	粉砂质黏土	25%～45%	45%～75%	0%～30%
	黏土	45%～65%	0%～35%	0%～55%
	重黏土	65%～100%	0%～35%	0%～35%

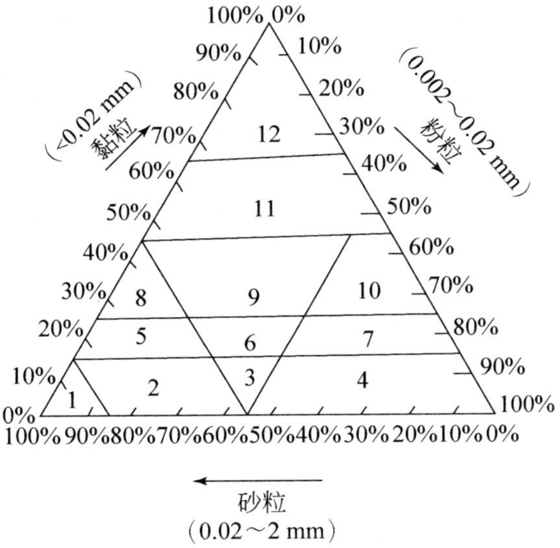

1—砂土及壤质砂土；2—砂质壤土；3—壤土；4—粉砂质壤土；5—砂质黏壤土；6—黏壤土；7—粉砂质黏壤土；8—砂质黏土；9—壤质黏土；10—粉砂质黏土；11—黏土；12—重黏土。

图 1–5　国际制土壤质地分类三角图

2. 美国土壤质地分类制

美国土壤质地分类标准是由美国农业部制定的，它采用三角坐标图解法（见图 1–6）。等边三角形的三个顶点分别代表 100% 黏粒（<0.002 mm）、粉粒（0.002～0.05 mm）及砂粒（0.05～2 mm），以其对应的底边作为其含量的起点线，各自代表 0% 的黏粒、粉粒和砂粒。

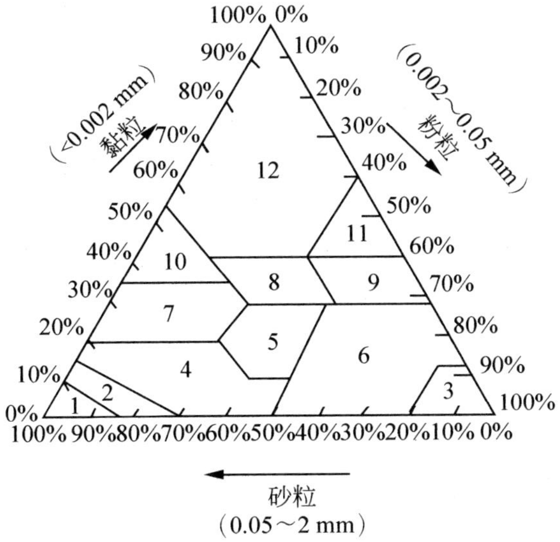

1—砂土；2—壤质砂土；3—粉砂土；4—砂质壤土；5—壤土；6—粉砂质壤土；7—砂质黏壤土；8—黏壤土；9—粉砂质黏壤土；10—砂质黏土；11—粉砂质黏土；12—黏土。

图 1–6　美国农业部土壤质地分类三角图

3. 卡庆斯基制土壤质地分类

1949年后我国土壤工作者在实际工作中常用的是苏联卡庆斯基制土壤质地分类。它包括简明分类制和详细分类制两种，人们通常用简明分类制。它是一种双级分类法，把土粒粒径划分为物理砂粒（>0.01 mm）和物理黏粒（<0.01 mm）两大部分，按其物理砂粒和物理黏粒的含量划分为砂土类、壤土类和黏土类；各类再按其性质和黏粒含量的差别，共划分为三类九级。

4. 我国土壤质地暂行分类方案

1975年，中国科学院南京土壤研究所在总结我国群众经验的基础上，拟订中国土壤质地分类的暂行方案，共划分为三类十一级（见表1-12）。

这个方案反映了我国土壤的生产性状，采用了群众常用的名称，并兼顾了我国南北方土壤的特点。例如，北方砂土含1～0.05 mm砂粒普遍较多，故砂土质地组就用1～0.05 mm砂粒的含量作为划分的依据。胶泥土组主要考虑南方土壤的情况，以<0.001 mm的胶粒含量来划分，两合土组的主要划分依据是0.05～0.01 mm的粉粒多少。

这个暂行分类方案，是结合了我国南北方土壤中不同粒级含量的实际情况提出来的，比较符合我国国情，但自20世纪50年代提出来后，它一直没有被普遍推广应用，说明仍需进一步补充、修正和不断完善。

表1-12　我国土壤质地分类标准

质地组	质地名称	不同粒径的颗粒组成		
		砂粒 1～0.05 mm	粗粉粒 0.05～0.01 mm	黏粒 <0.001 mm
砂土	粗砂土	>70%	—	—
	细砂土	60%～70%	—	—
	面砂土	50%～60%	—	—
	砂粉土	>20%	>40%	<30%
壤土	粉土	<20%	>40%	—
	粉壤土	>20%	>30%	—
	黏壤土	<20%	<40%	>30%
黏土	砂黏土	>50%	—	>30%
	粉黏土	—	—	30%～35%
	壤黏土	—	—	35%～40%
	黏土	—	—	>40%

（三）不同土壤质地的农业生产性状

土壤质地不同，对土壤的各种性状影响较大。土壤质地的农业生产性状是指土壤质地的差异在农业生产中的反应。它包括土壤的肥力性状（作物在生长过程中，土壤的水、肥、气、热、扎根条件以及有无产生毒害物质的协调程度）、耕作性状（耕作时的难易程度、阻力大小、耕作质量好坏以及宜耕期的长短等）和作物反应（出苗难易、快慢、整齐度、早发苗或晚发苗以及成熟早晚等）的综合反应能力三方面的内容。这些性状的表现程度都与土壤质地密切相关。现将砂质土类、黏质土类和壤质土类三大类土壤质地的农业生产性状分述如下。

1. 砂质土类

这类土壤泛指与砂土性状相近的一类土壤，其物理黏粒含量<15% 。

砂质土类土壤性状如下：

①砂粒含量高，颗粒粗，比表面积小，组成的粒间大孔隙数量多，故土壤通气透水性好，土体内排水通畅，不易产生托水、内涝和上层滞水。

②保蓄性差。保水、持水、保肥性能弱，雨后容易造成水肥流失，水分蒸发速率快，失墒多，易引起土壤干旱。

③土壤中原生矿物以石英、长石为主，潜在养料含量少，但养分转化快。

④土温变幅大，白昼土壤升温快，晚上降温也快；早春土温低，但随气温回升，土温上升也快，对喜温作物如花生、棉花、瓜类、块茎、块根作物生长有利，俗称热性土，但晚秋也容易造成霜冻。

⑤砂质土耕性好，宜耕期长，耕后土壤松散、平整，无坷垃或土垡，耕作阻力小，耕后质量好。这种土又称轻质土。

⑥砂质土大孔隙多，氧气充足，以氧化过程为主，土壤中无毒害物质存在。

⑦发小苗不发老苗。砂质土“口松”，出苗快、齐、全，但因养分贫乏容易造成作物中后期脱肥、早熟、早衰。

含有砾石的土壤有大量空隙，因此对肥水的渗漏更迅速；大块的砾石还干扰耕作，撅犁打铧，因此不适于需要耕作的作物，最好林用或牧用。

针对砂土的以上性状，人们施肥时要采取少量多次的方式，灌溉要避免大水漫灌的方式，采取喷灌或滴灌的方式。

2. 黏质土类

这类土壤一般是指含物理性黏粒>45% ，质地细（黏重），包括黏土以及类似黏土性质的重壤土和部分中壤土。

黏质土类土壤性状如下：

①通透性差。颗粒细微，粒间孔隙小，通气透水不良，排水不畅，容易造成地表积水、滞水和内涝。

②保蓄性强。土粒细小，胶体物质含量多，土壤固相比大，表面能高，吸附能力强。吸

水、持水、保水、保肥性能好，但肥效缓慢。

③养分含量丰富。土壤中以次生矿物为主，其本身养分和吸附外界养分多，潜在养分储量丰富，特别是K、Ca、Mg含量较多，但养分转化速度慢。

④土温变幅小。黏质土水分含量高，空气相对少，地温上升下降均缓慢，尤其在早春，气温低，土温不易回升，常常造成小麦返青晚，不利发苗，故常把黏质土称为冷性土。

⑤耕性差。由于黏质土比表面积大，土壤的黏结性、黏着性、可塑性、湿涨性强，耕作阻力大，耕作质量差，易起土坷垃或土垡，宜耕期也短。

⑥有毒物质多。由于土壤中大孔隙数量少，造成还原性状态，尤其在低洼地积水多，容易积累一些有毒物质，如H_2S、H_3P、CH_4等，危害作物的根系。

⑦发老苗不发小苗。土壤黏重紧实，通气又差，春季土温低，往往播种后出苗不全，出苗晚，长势弱，缺苗断垄现象严重，而到作物后期水热条件合适，养分释放多，易出现徒长、贪青晚熟现象。

黏质土的水分管理也不宜大水漫灌，采取喷、滴灌是最好的。

3. 壤质土类

这类土壤在北方又称为两合土，主要分布于黄土高原、华北平原、松辽平原、长江中下游平原、珠江三角洲、河间平原以及河间冲积平原上。由于壤质土砂粒、粉粒和黏粒含量比例较适宜，故它兼有砂质土和黏质土的优点，克服了两者的不足。其性状表现均适合农作物的生长发育的要求，是农业上较为理想的土壤质地。由于壤质土砂黏性适中，大小孔隙比例分配较合理，保水保肥，养分含量充足，有机质转化也快，耕性好，土壤中水肥气热以及扎根条件协调，发小苗又发老苗，适应性较广。

从以上三种不同质地的土壤的农业生产性状分析看出，土壤质地对土壤性状（养分含量、保水保肥能力以及耕性等）的影响，主要是通过不同土壤质地的矿物组成、化学成分、比表面积和孔隙分布（粗细孔比例）而体现的。因此，在考虑土壤质地的影响时，应对这几方面给予充分注意。

（四）不良质地土壤的农业利用与改良

适宜作物种植的土壤条件称为土宜。不同作物要求土壤条件有较大的差异，如花生、西瓜喜温，适宜在砂质土壤上种植，这是由各种作物的生物学特性所决定的。

土壤耕层过砂过黏，均不能满足作物对水、肥、气、热协调供应的需要，需加以改良。其改良途径和措施，要因地制宜、就地取材、循序渐进地进行。

1. 掺砂掺黏，客土调剂

如果在砂地附近有黏土或河泥，可采用搬黏掺砂的办法；如果黏土地附近有砂土或河砂的，可采取搬砂压淤的办法，逐年客土改良，使之达到三泥七砂或四泥六砂的壤土质地。

2. 翻淤压砂或翻砂压淤

砂土层下不深处有淤泥层，黏土层下不深处有砂土层时，可采用深翻或“大揭盖”，将砂、黏土层翻至表层，经耕、耙使上下砂黏掺混，改变其土质。

3. 引洪漫淤或引洪漫砂

洪水中所携带的淤泥是冲蚀地表的肥土，含养料丰富。把洪水有控制地引入农田，使淤泥沉积于砂土表层，既可增厚土层，改良质地，又能肥沃土壤。农民说“一年洪水三年肥”，“引洪漫砂”也有改良黏质土的效果。其方法是漫砂将畦口开低，漫淤则将畦口抬高，每次漫砂、漫淤不能超过 10 cm，逐年进行，可使大面积的砂地或黏土得到改良。这种方法实质上也是一种“客土法”，在靠近黄河中下游的河南新乡一带应用很广。

4. 增施有机肥，改良土性

每年大量施有机肥，不仅能增加土壤中的养分，而且能改善过砂、过黏土壤的不良性状，增强土壤保水、保肥性能。因为有机肥施入土壤中形成腐殖质，可增加砂土的黏结性和团聚性，降低黏土的黏结性，促进土壤中团粒结构的形成。因此，施用有机肥对砂土或黏土都有改良作用，它是一种后效长的常用的改良措施，其改良效果黏土大于砂土，这是因为腐殖质在黏土中容易累积，而在砂土中容易分解。

5. 种树种草，培肥改土

在过砂过黏不良质地土壤上，种植耐瘠薄的草本植物，特别是种植豆科绿肥（如砂打旺、草木樨），翻入土中既可增加土壤的有机质，又能丰富土壤的氮元素。黏质土种植绿肥，地下根系发达，地上部分生长茂盛，还能促进土壤团中粒结构的形成，增加土壤有机质和养分含量。

6. 因土制宜，加强管理

大面积的砂土或黏土短期内难以有效改变其质地状况，必须因地制宜，从选择优势作物、耕作和综合治理着手进行改良。例如，对于砂土，首先，营造防护林，种树种草，防风固沙；其次，选择宜种作物（喜温耐旱作物）；最后，加强管理，如采取平畦宽垅，播种宜深，播后镇压，早施肥，勤施肥，勤浇水，水肥宜少量多次等措施。对大面积黏质土，根据水源条件种植水稻或水旱轮作都可收到良好的效果。

（五）几种软土地基及工程处理措施

1. 沙土地基

饱和的松沙和粉沙土在遇到震害时，会发生液化现象，从而丧失承载能力，使房屋等民用建筑物产生倾斜、沉降或不均匀沉降；沙土液化对水坝、桥梁等的危害就更大了。沙土地基抗液化的工程措施：打桩基；采用深基础，即基础底面埋入液化深度以下的稳定土层中；挖除全部液化土层。

2. 软土地基

淤泥质黏性土在外来的扰动、搅拌、振动等强烈干扰下，会产生震陷或“触变”现象。当地基主要受力范围内存在这类软土地基时，可采用桩基、地基加固处理或进行基础和上部结构处理措施。

3. 沼泽淤泥地基

洼地沼泽地带，地势低，地下水位高，沉积物黏土和有机质含量高，地基的承载力很低，选其作为城市排水线路是合适的，但不适宜作为建筑用地；若迫不得已选用，就要排出积水，进行地基处理，或打桩或挖出淤泥直至稳固的地基基底。

4. 膨胀土地基

膨胀土地基是指由大量胀缩性黏土矿物组成的黏土，具有干缩湿胀的特性，特别是当干时产生裂缝。建筑在这样的地基上的房屋和道路有被拉裂的危险，埋设在这种地基内的上下水系统，也有被拉开跑水的危险。

二、土体构型与土地利用管理

（一）土体构型及其形成

在土壤形成过程中，土体中的物质不断发生移动和淀积，引起土体内部物质的分异，逐渐形成了发生层次，不同的发生层次组合便构成了土壤剖面，一般分为表土层（A）、心土层（B）、底土层（C）。由于成土条件的不同，成土过程的种类和强度也不同，形成的发生层次（尤其是诊断层次）也各异，所以所形成的土壤剖面也具有不同的特征。土壤剖面是土壤最典型、最综合的特征之一，它可以反映土壤形成环境的特征、土壤类型的特征以及土壤前发育程度等，对土壤的水分、温度以及肥力状况等均有显著影响。

不同的土体构型对作物的生长影响不同。例如，“蒙金土”表层的沙性轻壤质土壤有利于耕作，心土层重质地的土层有利于保水保肥，是良好的土体构型。相反地，如果表层土壤质地黏重，心土质地沙性，结果是表层耕性不良，心土漏水漏肥，这就是不利的土体构型。

形成土壤剖面层次性的原因很多，主要有三方面：一是母质本身排列的层次性；二是成土过程中物质的淋溶和淀积；三是人为耕作管理活动。

（1）母质本身原有的层次性常见于河流冲积母质，如华北平原主要由冲积物多次冲积构成，质地剖面层次复杂多样。一般的模式有通体均一型（通体、通体黏质或通体壤质）质、上粗下细型（蒙金型）、上细下粗型、中间夹砂型和夹黏型。不同的土层排列状况对水分运行、养分保存或供给、根系下扎、耕性的好坏影响较大。华北平原土壤质地剖面示意图见图1-7。

以上土壤质地层次构型以耕层为砂壤—轻壤，下层为中壤—重壤较好（人们常称的蒙金型或上粗下细型），这样的层次排列比较理想，适合于农作物生长发育的要求，土壤中水肥气热、扎根条件的调节能力强，耕作性状好，能为作物生长发育提供一个良好的土壤环境条件。

（2）成土过程中形成的层次性土壤在长期风化和成土过程中，由于黏粒或细土粒随水渗漏向下移动或因下层化学风化使黏粒增多，致使土体各层出现不同质地分异现象。一般剖面上部较轻，下部在一定深度黏粒增多，形成黏化层（如华北地区的褐色土）；雨水长期冲洗，地表径流使表层黏粒大量流失，形成上粗下细的剖面层次。这种层次具有托水托肥的优点，但过于靠上不利作物生长。

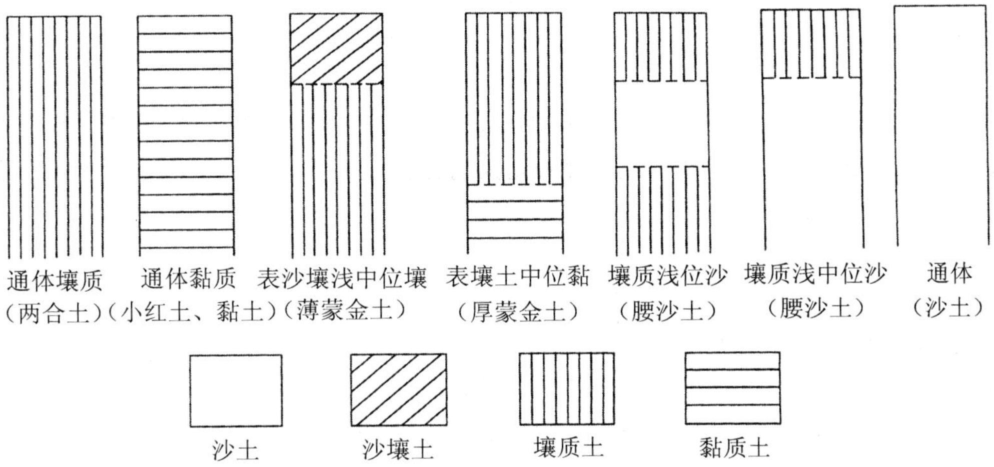

图 1–7　华北平原土壤质地剖面示意图

（3）长期耕作形成的层次性，经常不断地耕、耙、耱、中耕及农具的重压使土壤在耕层底下形成犁底层，这层土壤变得紧实，土粒呈成层排列，通气透水不良，在土体中影响上下土层水、气、热、肥的交换。对旱地来说人们应该逐年加深耕层以除之。

（二）土体构型评价

无论是水田还是旱地，都要有一个合适的质地剖面构型，才能为作物生长提供一个良好的土壤环境，保证作物稳定高产。在生产实践中评价土壤质地好坏，除了强调表层质地外，还应注意以下几点：

（1）表层以下心土层和底土层的质地状况，有无阻碍植物扎根和水分渗透的障碍层次（如砾石层、砂姜层、黏土层、铁磐层、石膏层等）以及它们出现的深度和厚度。这些障碍层次对作物生长的影响视其出现的深度不一样，一般在 50 cm 深度就出现严重影响；当然也要看种植的作物种类，如对于果树，即使这些障碍层次在 100 cm 深度出现，也会对果树生长产生明显影响，而这个深度对一般的谷类作物的影响就不太大；对于水稻，这些障碍层次即使在 50 cm 深度出现，影响也不大，因为水稻需要一定的保水层次。在选择土地利用方式时，要充分考虑这些障碍层次对植物或作物的影响。

（2）不同作物品种对土壤质地的适应性不同。例如，花生、红薯、西瓜要求偏砂的质地；小麦等禾谷类作物要求偏黏的质地。而大多数作物适合表层质地为轻壤土，其厚度不少于20 cm，能达到 30 cm 更好；下层质地为中壤至重壤，以 40 ~ 50 cm 为佳，这种质地构型就是北方农民常说的“蒙金土”。

（3）土壤所处的环境条件。例如，砂土不保水不保肥，但在处于地势低洼之地，地下水位接近地表的情况下，漏水漏肥的现象就轻，水肥不易损失。

（4）水地、旱地的差别。水地与旱地不同，水地是带水耕作，不存在黏结性、黏着性和可塑性的问题，表层质地中壤、重壤较好，过砂、过黏的质地都不适宜。过砂容易淀浆板结，难以插秧；过黏又容易泥烂成浆，造成漂秧。

（5）土体构型，特别是黏土层的厚薄与层位，对土壤水盐运动也有重要影响。研究表明，毛管水在有黏土夹层的土壤中的上升速度均比砂质土和黏质土低，其上升速度随黏土夹层厚度的增加而减慢，相同厚度时，毛管水上升速度随黏土层位的升高而减慢。从表土积盐情况看，若黏土夹层厚度相同，则层位越高，即距地下水面越远，离地表越近，其隔盐作用越大；若黏土夹层层位相同，则厚度越大，隔盐效果越明显。

综上所述，判断土壤质地好坏，要根据作物的要求、环境条件、土体构型、砂黏层次排列、有无障碍层次等综合分析，才能得出客观正确的评价。

（三）土层厚度与土地利用管理

土层厚度关系到植物的扎根条件，深厚的土层不但为植物扎根提供了良好的立地条件，而且对养分和水分的保蓄能力强，对农林、牧业利用均有利，而薄层土壤对深根性植物的生长就有限制。例如，谷子是须根作物，只要有 20 ~ 30 cm 厚的土壤就可生长，而洋槐是直根系的树木，需要有较厚的土壤才可立地生长，至少要 50 cm 厚的土层。利用土地时，要根据具体土层的厚度，选择农林牧业和安排对土层厚度要求不同的植物或作物品种（见表 1–13）。

表 1–13　主要作物对土层厚度与土壤质地的要求

作物	土层厚度/cm		土壤质地	
	适宜范围	忍耐范围	适宜范围	忍耐范围
木本植物	>150	75 ~ 150	砂壤—轻壤	砂土—中壤
小麦、玉米	>50	35 ~ 50	中壤—重壤	砂壤—黏土
谷子、高粱	>50	25 ~ 50	轻壤—中壤	砂壤—黏土
棉花、豆类	>100	75 ~ 100	轻壤—中壤	砂壤—重壤
花生	>50	25 ~ 50	砂壤—轻壤	砂土—中壤
薯类	>75	50 ~ 75	砂壤—轻壤	砂土—中壤
水稻	>100	50 ~ 75	中壤—重壤	砂壤—黏土
草地	>50	10 ~ 50	砂壤—中壤	砂土—重壤

三、土壤中可溶盐含量和 pH 与土地利用管理

（一）土壤中可溶盐对作物的危害

1. 造成作物生理干旱

农作物的生长发育是离不开水分的。当植物细胞液比土壤溶液的浓度大一倍左右时，植物才能源源不断地从土壤中吸收利用水分。但当土壤含有过量盐分时，土壤溶液渗透压增

加，便会造成植物吸水困难。当土壤中的 NaCl、$MgCl_2$、$CaCl_2$、Na_2CO_3、$NaHCO_3$、Na_2SO_4、$MgSO_4$等可溶性盐达到一定含量时，因为土壤溶液的渗透压增大，影响作物吸收水分，从而对作物生长有抑制作用。一般可溶盐总含量在 0.3% 以上时开始影响作物根系对水分的吸收而阻碍作物生长，当含量达到 0.5% 时产生明显的抑制作用，达 0.7% 时严重减产，达 1% 时，则成为难以生长植物的盐土。

种子在土壤中无法吸收到足够的水分，就难以萌动、发芽，造成缺苗断垄。即使出了苗，由于对土壤水分的利用率降低，其生长发育速度也会变得迟缓。当土壤溶液渗透压过高，乃至超过植物细胞渗透压时，作物不仅不能吸水，反而会产生反吸现象，这种现象在植物生理学上称为生理干旱，作物会因吸不到水而逐渐枯萎死亡。

2. 破坏养分均衡

由于土壤溶液浓缩，某些离子过多进入植株体内，使其他离子在体内的运行转化受阻，破坏了离子间的平衡。试验结果表明，在土壤含盐条件下生长的植株，其体内 Cl、S、Na、Mg 均大大增加，尤其 Cl 含量成倍增加，而 K 含量大大减少，Ca 次之。由于这种干扰破坏，作物的营养状况失去平衡，危害了植物的生理机制。

3. 直接毒害作用

盐渍化土壤溶液中的一些离子对作物有直接的毒害作用。例如，过量的 Cl^-可破坏正常淀粉水解活动性，使叶绿素含量减少，影响光合作用，碳水化合物总含量降低。又如，大量 Na^+的存在还会使某些作物的叶子边缘枯焦，造成“生理灼烧”现象。盐土中盐分主要有 Cl^-、SO_4^{2-}、CO_3^{2-}、HCO^{3-}等阴离子和 Na^+、K^+、Ca^{2+}、Mg^{2+}等阳离子所组成的多种盐类。这些盐类对作物的危害程度是不同的，其中碳酸钠对作物危害最大，当土壤中含 Na_2CO_3 超过 0.005% 时就会对作物产生不良影响。一般常见的盐类对作物危害大小的排列顺序：$MgCl_2>Na_2CO_3>NaHCO_3>NaCl>CaCl_2>MgSO_4>Na_2SO_4$。有人根据研究结果拟定下列比例关系，来表示不同钠盐对作物危害性的大小：

$$Na_2CO_3 : NaHCO_3 : NaCl : Na_2SO_4 = 10 : 3 : 3 : 1$$

（二）土壤 pH 对植物生长的影响

一般 pH 在 6.0～8.5 的土壤对大多数作物生长都是适宜的，但也有些喜酸性或喜碱性的作物例外。例如，茶树要在酸性（pH 为 5.0～6.0）土壤上才能生长好，板栗适宜于在微酸性（pH 为 6.0～7.0）土壤上生长。土壤的 pH 影响土壤中的某些养分元素的有效性，从而影响植物生长。在土地管理上，对于酸性土壤人们可以通过施用石灰中和酸性，对于碱性土壤要改碱洗盐；或者是选择耐酸、耐碱品种；施用肥料也要注意 pH 对养分有效性的影响。

土壤中的 Na_2CO_3、$NaHCO_3$ 这些碱性可溶盐使土壤的 pH 升高，物理性质恶化，对作物的毒害性更大。一般将土壤碱度（Exchangeable Sodium Percentage，ESP，也称土壤中的代换性钠的百分比）达到 15% 的土壤称为碱土，这类土壤一般不能生长作物。将 ESP 在 5%～15% 的土壤称为碱化土壤，对作物生长有抑制作用，只有抗碱的作物才能生长。对于盐碱土或盐化、碱化土壤，人们要采取改良措施才能种植作物。表1–14为主要作物对土壤盐分、碱度和pH的要求。

表1–14　主要作物对土壤盐分、碱度和pH的要求

作物	土壤盐分/(g·kg^{-1})		土壤碱度（ESP）		pH	
	适宜范围	忍耐范围	适宜范围	忍耐范围	适宜范围	忍耐范围
大麦、棉花、谷子	0～8	8～12	0%～30%	30%～40%	6.0～8.0	5.5～8.5
小麦、玉米	0～5	5～8（10）	0%～20%	20%～40%	6.0～8.2	5.2～8.5
甘蔗、柑橘	0～4	4～8	0%～15%	15%～25%	5.5～7.5	5.2～8.2
豆类、花生	0～3	3～6	0%～5%	5%～12%	5.5～8.0	5.2～8.2
甘薯、马铃薯	0～3	3～6	0%～5%	5%～12%	5.5～8.0	5.2～8.2
水稻、香蕉	0～2	2～4	0%～4%	4%～10%	5.5～7.5	5.0～8.2
茶、橡胶	0～1	1～2			4.5～5.5	4.0～6.5

四、土壤有机质和土壤养分与土地利用管理

（一）土壤有机质的概念

土壤有机质是指存在于土壤中所有含碳的有机物质，它包括土壤中的各种动、植残体，微生物体及其分解、合成的产物。

土壤有机质是土壤的重要组成部分之一。虽然其含量很少，但在土壤肥力、环境保护以及作物生长等方面起着极其重要的作用。

（1）土壤有机质含有植物生长所需要的各种营养元素，为土壤微生物生命活动提供能源，对土壤物理、化学和生物学性质均有着深刻的影响。

（2）土壤有机质对重金属、农药、化肥等有机、无机污染物起着明显的抑制和减轻毒害的作用。

（3）有机碳被认为是影响全球“温室效应”的主要因素，对全球碳素平衡有着重要意义。

不同土壤类型，土壤有机质含量的差异很大。例如，草原草地土壤的表层有机质含量可达5%～6%，砂质土不足1.0%，热带土壤则更小一些。我国耕地土壤表层有机质的平均含量为2.0%，华北地区土壤大多在1.0%左右，西北地区<1.0%，南方水田土壤为1.5%～3.5%，东北的黑土可高达8%～10%，有些地区的沼泽土、泥炭土，有机质含量可超过20%。在土壤学中，一般把有机质含量高达20%以上的土壤称为有机土壤，有机质含量不足20%的土壤，称为矿质土壤。耕作土壤有机质含量通常在5%以下。

（二）土壤有机质的作用

1. 提供农作物需要的养分

土壤有机质含有大量的植物营养元素，在矿化分解过程中，这些营养元素被释放出来供作物吸收利用。土壤有机质的矿化过程也是物质生物小循环的组成部分，它使土壤有限的营养元素得以重复利用，从而保持土壤肥力长盛不衰。

有机质的矿化分解产生的 CO_2 是作物碳素营养的重要来源。作物进行光合作用，固定大气中的 CO_2 合成有机物质。微生物分解有机物质和一切生物的呼吸作用放出 CO_2，使之又回到大气中，这就是自然界的碳素循环。碳素循环是地球生态平衡的基础。如果没有碳素循环，大气中的 CO_2 很快就会消耗殆尽。据估计，土壤有机质的分解、微生物和根系呼吸作用所产生的 CO_2，每年可达 1.35×10^{11} t，大致相当于陆地植物的需要量，可见土壤有机质的矿化分解产生的 CO_2 是大气中 CO_2 的重要补给源，也是植物碳素营养的主要来源。实验证明，农田作物的产量与田间 CO_2 的浓度密切相关。在光合作用高峰阶段，供给充足的 CO_2 可显著提高作物产量。在塑料大棚栽培蔬菜时，由于大棚内空气对流受到影响，在中午光合作用强烈时，往往发生 CO_2 “饥饿”现象，严重影响蔬菜的产量，所以若用酸中和碳酸盐，放出 CO_2，增加大棚内 CO_2 浓度，则可以促进光合作用，提高蔬菜产量。

一些资料证实，作物的根系也有吸收并同化 CO_2 的功能。土壤中的 CO_2 同样也是作物碳素营养的直接给源。施用大量的有机肥，对改善土壤碳素营养状况，提高作物产量是显著有效的，但土壤中 CO_2 的含量也不宜过高，若含量>5%，则作物的根系可能受到毒害。

土壤有机质还是土壤氮、磷最重要的营养库，是作物需要的速效氮、磷的主要给源，土壤全氮的92%～98%是贮藏在有机质中的氮，有机态氮主要集中在腐殖质中，一般是腐殖质含量的5%。据研究，作物吸收的氮元素有50%～70%来自土壤。但作物不能直接吸收有机态氮元素，只有经过微生物的矿化分解变成铵态氮或硝态氮以后，并且在土壤有机质碳/氮较窄的情况下，植物才能吸收，因此，土壤有机质是土壤氮元素的主要给源。在植物营养中，以氮元素的供求矛盾最尖锐。在一定条件下，土壤有机质的矿化速度较为稳定缓慢，有机质提供氮的能力在一定时间内也变化不大，但作物对氮元素的需求，不同的生长期差异很大，这就需要人为地调控氮元素的供应，如中耕可促进有机质矿化，或施用化肥补充速效氮肥，以满足作物的需要。

土壤有机质中也含有大量的有机态磷，一般占土壤全磷的20%～50%。磷在土壤中的行为非常复杂，由于矿化态磷的有效范围很窄，土壤对磷的固定作用非常普遍。大多数固定态的无机磷分解释放比较困难。相对而言，有机态磷是暂时固定在有机质中，随着有机质的分解又可较迅速释放出来变成速效磷，这比固定态难溶性磷转化为有效磷盐类要快得多。因此，有机质也是土壤速效磷的重要来源之一。此外，有机质在转化过程中，可以形成一些有机酸，包括腐殖酸，可以增加矿化态磷的溶解度，从而提高磷的活性。

有机质中的其他营养元素，如K、Na、Ca、Mg、S、Fe、Si等几乎包括植物和微生物所需要的其他各种营养元素，经过微生物的分解，都可以转化为简单的无机态的形式被作物吸收利用。腐殖酸尤其是富里酸以及其他的有机酸类，与土壤中的金属元素相络合或螯合，可防止重金属元素（如Cu、Zn等）生成沉淀，提高其有效性。另外，有机酸还可促进土壤矿物的风化，溶解出一部分矿物态养分。

2. 增强土壤的保肥性和缓冲性

腐殖酸的酸性功能团解离，使腐殖质成为净电荷的有机胶体，可吸附土壤溶液中的交换性阳离子，避免其随水流失，又能被其他阳离子交换下来，供植物吸收利用。土壤腐殖质的含量与矿物质相比，虽然不多，但由于腐殖质的代换量比黏粒等矿质胶体大几倍至十几倍，因此，增加土壤腐殖质含量，将大大增强土壤保蓄养分的能力。

腐殖酸本身是一种弱酸，腐殖酸和其腐殖酸盐类组成缓冲体系，它可以缓冲土壤溶液中的H^+和其他养分离子浓度的变化，为作物生长创造一个良好的生长环境。土壤缓冲能力的大小还与其他因素有关，其中有机质对土壤缓冲性的影响力最大，土壤有机质的含量越高，其交换量越大，则土壤缓冲的能力也越强。

3. 促进团粒结构体形成，改善土壤物理性状

（1）促进良好结构的形成。土壤肥力的高低不仅取决于土壤中养分的丰缺程度，更大程度上取决于土壤结构性的好坏。腐殖质在土壤肥力上的一个重要作用就是能促进土壤良好结构的形成。腐殖质以游离态形式存在的很少，多和矿质土粒相互结合，包被于土粒表面，形成有机—无机复合体。单纯由黏粒形成的团聚体比较紧密，小孔隙多，大孔隙少，对水、气、热、养分的协调能力差，且遇水分散，品质不良，而由有机质胶结形成的团聚体，大小孔隙分配合理，具有水稳性，是品质良好的结构体。有机质丰富的黑土表层土壤含有大量的团粒结构体，这与黑土有机质含量高有密切关系。总之，土壤腐殖质是土壤形成良好结构体所必不可少的胶结物质，一些结构不良的土壤可以通过增施有机肥，逐渐改善其结构状况。

（2）降低土壤黏性和改善土壤耕性。土壤黏性（黏着力、黏结力）和土壤黏粒的含量密切相关，在一定水分条件下，土壤黏粒含量越高，则黏性越强，而土壤耕性的好坏与土壤的黏性和塑性关系最大。土壤的黏性太强，会使土壤耕性不良。腐殖质的黏性比黏粒小，腐殖质覆盖在黏粒的表面，可以减弱黏粒间的接触，降低黏粒间的黏结力。有机质多次胶结可形成较大的团聚体，进一步降低黏粒间的接触面，使土壤的黏性大大降低，土壤耕性及通透性等得以改善。因此，给黏质土壤施大量的有机肥，可以改变黏性太强和耕性不良的状况。同时，有机质还能通过改善黏性，降低土壤的胀缩性，减轻土壤干旱时出现大的裂隙。在陶瓷工艺上，人们也常向陶土中加入适量的腐殖酸，以改善其塑性，防止模坯开裂变形，提高成品率。

（3）降低土壤砂性，增强保水性能。土壤腐殖质的黏性低于黏粒，却高于砂粒，土壤有机质可以降低砂粒的分散性。由于土壤腐殖质是亲水胶体，富有小孔隙，吸水性极强，所以给砂土增施有机肥，既可降低砂性土通透性过强的缺点，又可增强保蓄水分的能力。

（4）对土壤热性质的影响。土壤有机质含有大量的潜能，其中大部分易转化成其他形态的能或放出热量。在保护地蔬菜栽培或早春育秧时，施用大量的有机肥，并添加热性物

质，如半腐熟的马粪等，就是利用有机质分解释放出的热量以提高地温，促进作物生长或秧苗早发快长。

另外，腐殖质本身是黑色物质，它包被土粒后，使土壤颜色变暗，从而增加了土壤吸收热量的能力。同时，腐殖质热容量比空气、矿物质大，比水小，导热性质居中，因此，有机质含量较多，可使土温相对较高，且较稳定，利于保温，对冬作和春作防冻有利。

4. 其他方面的作用

（1）在一定浓度下，腐殖酸能促进微生物和植物的生理活性。腐殖酸盐的稀溶液能促进植物体内的糖类代谢和还原糖的积累，提高细胞渗透压，从而增强作物的抗旱能力。腐殖酸钠还是某些抗旱剂的主要成分。有实验表明，用富里酸钠喷施西瓜，能显著提高西瓜的甜度。农民在瓜田施用农家粪可提高西瓜的产量和品质，也是这个道理。胡敏酸的稀溶液能促进过氧化物酶的活性，加速种子发芽和养分的吸收过程，从而加快生长速度。几百万分之一到几十万分之一的胡敏酸溶液，还能加强植物的呼吸作用，增加细胞膜的透性，提高对养分的吸收能力，并加速细胞的分裂，促进根系的发育。

（2）减少土壤中农药的残留量和重金属的毒害。腐殖质特别是褐腐酸可使残留在土壤中的某些农药（如三氮杂苯等）的溶解度增大，加速其淋出土体，减少对农作物污染。腐殖质也可吸附某些农药，降低其活性。腐殖质与重金属络合或螯合，促使其排出土体，降低重金属的毒害作用。

腐殖质在分解时也可能产生一些不利于作物的毒害物质，在嫌气条件下可产生一些有机酸及还原性气体，如 H_2S、CH_4，当达到一定浓度时会对植物产生毒害作用。

土壤有机质不仅是植物养分供给的源泉之一，而且是保持土壤良好的物理性质的物质。因此，土壤有机质含量的高低可作为土壤综合肥力的一项重要标志。一般温带地区的耕地，土壤有机质含量在 4%～6% 为上等耕地；暖温带地区的耕地，土壤有机质含量在 2%～3% 为上等耕地；而热带地区的耕地，土壤有机质含量达 2% 就是上等耕地了。因此，人们必须通过施用有机肥或秸秆还田等措施，保持土壤有机质的平衡。土地开垦后，如果归还到土壤中的有机物少于土壤有机质的减少量，土壤肥力就会下降，土壤结构也会变差；反之，土壤肥力会上升，土壤结构也会变好。施用有机肥或通过施用化肥，再通过根茬或秸秆等形式归还到土壤中去，都可能提高土壤有机质含量。

（三）土壤养分的作用

植物从土壤中获得 N、P、K 三大营养元素。同时，也从土壤中获取 Zn、Mn、Cu、Fe、B 等微量营养因素。因此，土壤中这些速效养分的含量影响着植物生长，是土壤肥力水平或质量水平的重要指标，也是评价耕地生产力的指标。但速效养分的变化大，受耕作施肥的影响大，在土地评价中，只能作为土地分级的指标，而不能作为土地分等的标准。

在农业生产上，人们通过施肥，特别是化肥来调节土壤中的速效养分含量。在土地管理中，要根据养分归还和平衡原理，适当施肥，避免掠夺式经营；在施肥品种上，要根据最小养分规律，追施作物最需要的肥料。

第七节　中国土地的地域分布规律

通过本章第一至六节分析各土地组成要素对土地特性的影响，我们可以看到，不但热量、地质、地形、水分、土壤等这些自然条件对土地特性有着各自的影响，而且它们相互联系、相互作用、相互制约，综合地作用于土地，使土地呈一定的规律 ，出现于地球表面，表现出了土地类型的地域分布特点。

一、土地的地带性分布规律

（一）土地的纬向地带性规律

土地的纬向地带性是指土地资源特征大致沿纬向方向延伸成一定宽度的地带，呈有规律的南北更替的变化规律。土地的纬向地带性的表现决定于地球表面不同纬度带接受的太阳辐射量不同而引起的热量差异。由于太阳辐射能在地表呈自南而北逐渐减少（南半球相反）的带状分布，其引起气候、植被和土壤等地带性因素的带状分布，从而造成土地类型或土地特性的纬向地带性。

纬向地带性是在全球范围内的土地分布规律，它特别在地形平坦的宏观区域内表现得最为明显。

（二）土地的经向地带性规律

土地的经向地带性是指土地距离海洋的远近不同，降水或大气湿度由海岸向内陆逐渐减少，造成的气候、植被、土壤等地带性因素和土地类型呈一定宽幅的沿经向变化的分布规律。

（三）土地的垂直地带性规律

由于海拔高度的变化，引起热量和水分的垂直分异，从而造成的气候、植被、土壤和土地类型的垂直变化的规律，称为土地的垂直地带性规律。

二、中国土地的自然组成要素的分布规律

认识中国土地资源，对其科学合理地进行利用、开发、保护和改造，应当认清中国土地形成的背景，掌握中国地理环境各要素的地域分异规律，以及它们与土地类型特性和分布规律的关系。

（一）水热条件的地域分异

我国水热条件的分布和空间分异主要取决于纬度位置（它决定着气温的南北差异）、距海远近（引起气候湿润程度的差异）和地形（造成水热再分配，出现垂直差异）。这几个因素对水热条件的分布是综合起作用的，但在不同的地区，三者彼此的作用强度有很大的差异。一般认为，东部季风区以纬向地带性为主，西北干旱区以经向地带性为主，青藏高原区以垂直地带性为主。

我国大部分地区降水的水汽来自太平洋，因而东南多雨，西北干旱。北冰洋的水汽和随着西风而来的大西洋水汽，对新疆降水有显著影响，因此新疆降水西部多于东部，北部多于

南部。总的来说，全国降水量的地域分布是东南多于西北，南方多于北方。

按照温度条件我国可以划分寒温带、温带、暖温带、亚热带、热带等温度带。其中，以温带和亚热带占面积最大，共约占全国面积的 59%。按年均干燥度，我国可分为湿润、半湿润、半干旱、干旱等干湿地区。其中，湿润区面积最大，占全国陆地面积的 35%。

（二）中国植被与土壤的分布规律

我国植被、土壤的分布主要取决于水热条件，遵循着自然环境地域分异规律。

我国受季风气候的强烈影响，降水量一般自东南向西北递减，东南半部（大兴安岭—吕梁山—六盘山—青藏高原东缘一线以东）是森林区，西北半部是草原和荒漠区。我国的气温分布由北向南递增，表现为寒温带—温带—暖温带—亚热带—热带气候。植被分布自北向南依次为针叶林、针叶和落叶阔叶混交林、落叶阔叶林、落叶阔叶与常绿阔叶混交林、常绿阔叶林、季雨林与雨林。与此相适应的土壤分布，依次是棕色针叶林土、暗棕壤、棕壤、黄棕壤、红壤与黄壤、砖红壤。由于海陆分布的地理位置所引起的水分差异，在昆仑山—秦岭、淮河一线以北的广大温带和暖温带地区由东向西，即从沿海的湿润区，经半湿润区到内陆的半干旱区、干旱区，表现出明显的植被类型的经度方向更替顺序，出现森林带、森林草原带、草原带和荒漠带。在温带，土壤的演替顺序为从东北东部的暗棕壤经东北平原的黑土、黑钙土，向西出现栗钙土以至棕钙土、灰漠土、灰棕漠土；暖温带则由东部的棕壤向西依次为褐土、黑垆土、灰钙土、棕漠土（见图 1–8）。

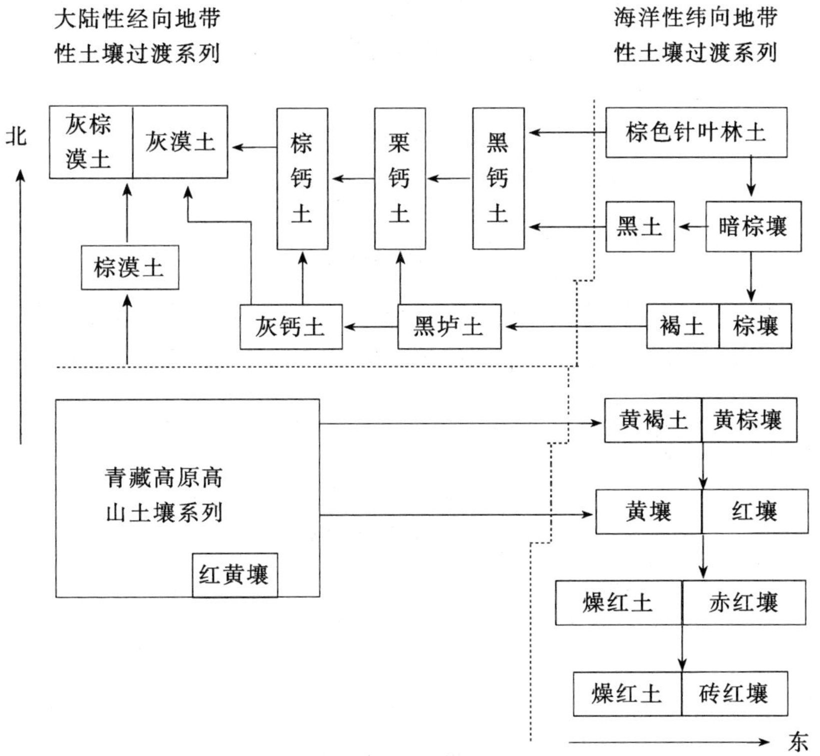

图 1–8　中国土壤水平地带分布模式

（三）地形地貌对于水热条件、植被、土壤分布的影响

在年降水量自东南向西北递减的总趋势中，地形条件也显示了应有的影响。我国年等雨量线在东部是东—西或东北—西南走向，一方面受气旋、台风路径的影响，另一方面受山脉走向的影响。山地降水一般多于附近低地，特别是山地迎风坡，往往是多雨中心。例如，川西山地，太行山，长白山，东南沿海山地，台湾、海南岛等山地，以及西北干旱地区的阿尔泰山、祁连山、天山等都是相对的多雨区。而盆地、河谷受高山阻挡，往往是降水减少的地区。例如，塔里木、柴达木、四川、两湖盆地等都是本区域相对少雨区。这种因地形所产生的降水增减作用，增强了我国降水量分布的不均匀性。

我国是一个多山的国家，山地植被和土壤类型十分丰富。随着山地海拔高度的增加，出现了类似于水平地带的垂直带谱。由于我国东部季风区域和西北干旱区域气候条件，尤其是水分差异明显，山地垂直带谱也有很大的不同，东部为海洋性山地垂直带谱，西部则为大陆性山地垂直带谱。青藏高原地势特别，高原面植被和土壤是在垂直地带性的基础上又出现水平分布的规律。在青藏高原面上，其植被和土壤以高原中部的冈底斯山、念青唐古拉山为界分为南北两带。青藏高原北带自东向西，由高原边缘到高原内部，依次出现山地森林草原、高山草甸、高山草原、高山寒荒漠植被类型，与它对应的土壤为山地灰褐土、亚高山草原土、高山草甸土、高山草原土和高山漠境土。青藏高原南带，自东而西分布着沟谷森林灌丛、亚高山草甸、亚高山草原等植被类型，与其相应的土壤为山地暗棕壤、亚高山草甸土、山地草原土。

（四）区域性因素与隐地带性植被与土壤

我国在不同的水平地带内还有非地带性的植被和土壤分布，它们主要是草甸植被和草甸土、盐生植被和盐渍土、石灰岩植被和石灰岩土、沙丘植被和砂土等。它们的地理分布主要受到地下水、岩性、地表组成物质等区域性因素的影响，通常在水平方向和垂直方向上没有明显的递变性，但其形成发展过程中仍然不能脱离地带性因素的影响，在一定程度上带有地带性的烙印。例如，草甸土在东北地区具有很高的有机质含量（5%～10%），黑土层厚（100～180 cm），无碳酸盐淀积；华北平原的浅色草甸土有机质含量低（2%～3%），一般都含有碳酸盐，略有盐渍化。石灰岩土是含有碳酸钙的土壤，以广西、云南和贵州最为集中，成土过程在一定程度上仍受地带性生物气候的影响，并反映在石灰岩土的不同发育阶段上，因而有黑色石灰岩土、棕色石灰岩土和红色石灰岩土之分。由于受岩性影响，地表干旱，所以石灰岩土地区的植物也有旱生特性，一般叶小，有刺而矮小。该土壤上还会生长一些特殊的喜钙植物，如圆柏、石栎等。

三、中国土地类型的分布规律

土地是一个非常复杂的连续的自然地理综合体，如果不对其分类将无法研究。选择一些土地的性质作为分类标准，按照相似性或共同性将土地划分为一个个性质相对均一的单元，即土地类型。划分土地类型是为了认识土地的发生特征和分布规律，因地制宜地开发利用土地，保护土地资源的生产潜力，提高土地的生产力。

我国土地类型研究有益于认识我国土地地域分异规律，是土地评价和土地规划、整理的基础。土地类型划分后，首先要说明各种土地类型的特征，其次要进行土地类型制图。土地类型制图是编制一整套不同地区范围、不同比例尺的土地类型图，如 1∶1000 000 全国土地类型图，土地面积 5 万～100 万 km^2 的省区 1∶200 000 土地类型图，典型地区 1∶50 000 或 1∶10 000 的大比例尺土地类型图。

中国土地类型的形成受到了上述大的地域环境分异规律的影响。一方面，地带性水分和温度条件及相应的地带性植被和土壤，决定了不同自然地带（或亚地带）的地带性土地类型的形成；另一方面，受非地带性因素的影响，非地带性土地类型也有地带性的烙印，从而也影响非地带性土地类型的形成和性状。它们提供了土地类型划分的基础。在《中国 1∶100 万土地类型图制图规范》中指出，由于我国自然条件复杂，形成土地类型千差万别，首先按照水热条件的组合类型分为 12 个高级土地类型（土地纲）。划分的 12 个土地纲有：A. 湿润赤道带；B. 湿润热带；C. 湿润南亚热带；D. 湿润中亚热带；E. 湿润北亚热带；F. 湿润半湿润暖温带；G. 湿润半湿润温带；H. 湿润寒温带；I. 黄土高原；J. 半干旱温带草原；K. 干旱温带暖温带荒漠；L. 青藏高原。这种划分反映了自然地区主要农业自然条件与气候生产潜力的相对一致性，以及土壤与植被地域分异的地带性。

土地类型的形成不但受大区域的水热条件的影响，还受地方性地域分异规律的作用。地方气候、垂直地带、地貌、岩性是土地类型形成与分异的直接因素。

地方性气候的形成取决于中地貌的组合及水域对气候的调节作用。例如，山谷与山间盆地，有的冷空气易进难排，冷空气停滞谷底，形成逆温；有的则冷空气难进易排，气温高于周围地区。大的水域对冬季气温的影响可形成局部冬暖区。垂直地带的形成是气温随海拔高度升高而降低的结果。中地貌的分异是指山地或平原等大地貌单元内部的差异，因其相对位置、相对高度、成因与组成物质的差别，而产生自然条件的不同。我国一些地区这种中尺度的地域分异，其形成的土地类型差异，是影响农业生产布局的重要因素，称为土地的中域分布。在山地，自然环境的垂直差异导致了农业的垂直地带分布。在平原，由于地形、地表组成物质与土壤的差异，农业布局也存在着地域分异。例如，在江淮下游平原，串场河以西的里下河地区地势周高中低，中部为长方形低洼地，两侧地面高程 3～5 m，排水条件较好，土壤为潴育型水稻土，稻麦棉轮作为主。中部低洼地的水网圩田，地下水位高，土壤为潜育型水稻土，油菜面积较大，以稻麦油菜轮作为主；水面、滩地占较大比例，多种经营以水产为主。串场河以东是近一二百年来逐步围垦的滨海平原，土壤普遍含盐，作物布局以棉花为中心，粮棉并举，土壤分布自西向东由潮土至盐化潮土，棉田的比例由西向东增加。

自然环境小尺度的分异则以地表组成物质、地貌部位、土壤和植被种类不同而引起。由于这种分异作用形成的土地类型，其自然景观不同，农业利用方式也不一样。例如，云南西双版纳大勐龙盆地自谷底至低山依次为：

（1）低河漫滩：经常积水，为热带沼泽景观，排水深耕后可辟为水田。

（2）河漫滩平原：雨季受河流泛滥，植被为热带低湿型季雨林等，农业利用为水田。

（3）阶地及低丘：排水良好，植被为热带干性季雨林等，土地利用类型为旱地或热带作物园。

（4）低山：排水良好，植被为过渡性热带混交林，土地利用类型为热带作物园或茶园。这是土地类型的微域分布。

应当指出，在土地类型的形成过程中，人类活动有重要的影响，但他们的影响仍然脱离不了各种自然因素的制约。土地类型的具体表现是通过地貌面、土壤、植被三者结合显示出来的，它们是土地类型在具体地段的真实反映。

四、土地利用类型

人类为了自身的生产生活需要，开发利用土地，形成土地利用类型。划分研究土地利用类型，可以调查和量算各类用地面积、土地利用结构和分布，为分析土地利用中存在的问题，调整土地利用结构和土地利用规划服务。

2017 年 11 月发布的《土地利用现状分类》（GB/T 21010—2017），用来统一全国的土地利用现状调查。其按照土地的利用现状，对全国的土地进行了两级分类，统一编码排列，划分出一级类型 12 个，二级类型 73 个。按其规定的土地利用现状类型分别叙述其含义及划分标准，见表 1–15。

表 1–15　土地利用现状分类及含义

一级类型		二级类型		含义
编号	名称	编号	名称	
1	耕地			指种植农作物的土地，包括熟地，新开发、复垦、整理地，休闲地（含轮歇地、休耕地）；以种植农作物（含蔬菜）为主，间有零星果树、桑树或其他树木的土地；平均每年能保证收获一季的已垦滩地和海涂，耕地中包括南方宽度<1.0 m，北方宽度<2.0 m 固定的沟、渠、路和地坎（埂）；临时种植药材，草皮、花卉、苗木等的耕地，临时种植果树、茶树和林木且耕作层未破坏的耕地，以及其他临时改变用途的耕地
		0101	水田	指用于种植水稻、莲藕等水生农作物的耕地，包括实行水生、旱生农作物轮种的耕地
		0102	水浇地	指有水源保证和灌溉设施，在一般年景能正常灌溉，种植旱生农作物（含蔬菜）的耕地，包括种植蔬菜的非工厂化的大棚用地
		0103	旱地	指无灌溉设施，主要靠天然降水种植旱生农作物的耕地，包括没有灌溉设施，仅靠引洪淤灌的耕地

续表

一级类型		二级类型		含义
编号	名称	编号	名称	
2	园地			指种植以采集果、叶、根、茎、汁等为主的集约经营的多年生木本和草本作物，覆盖度大于54%或每亩株数大于合理株数70%的土地，包括用于育苗的土地
		0201	果园	指种植果树的园地
		0202	茶园	指种植茶树的园地
		0203	橡胶园	指种植橡胶树的园地
		0204	其他园地	指种植桑树、可可、咖啡、油棕、胡椒、药材等其他多年生作物的园地
3	林地			指生长乔木、竹类、灌木的土地，及沿海生长红树林的土地。包括迹地，不包括城镇、村庄范围内的绿化林木用地，铁路、公路征地范围内的林木，以及河流、沟渠的护堤林
		0301	乔木林地	指乔木郁闭度≥0.2的林地，不包括森林沼泽
		0302	竹林地	指生长竹类植物，郁闭度≥0.2的林地
		0303	红树林地	指沿海生长红树植物的林地
		0304	森林沼泽	以乔木森林植物为优势群落的淡水沼泽
		0305	灌木林地	指灌木覆盖度≥40%的林地，不包括灌丛沼泽
		0306	灌丛沼泽	以灌丛植物为优势群落的淡水沼泽
		0307	其他林地	包括疏林地（0.1≤树林郁闭度<0.2的林地）、未成林地、迹地、苗圃等林地
4	草地			指生长草本植物为主的土地
		0401	天然牧草地	指以天然草本植物为主，用于放牧成割草的草地，包括实施禁牧措施的草地，不包括沼泽草地
		0402	沼泽草地	指以天然草本植物为主的沼泽化的低地草甸、高寒草甸
		0403	人工牧草地	指人工种植牧草的草地
		0404	其他草地	指树木郁闭度<0.1，表层为土质，不用于放牧的草地

续表

一级类型		二级类型		含义
编号	名称	编号	名称	
5	商服用地			指主要用于商业、服务业的土地
		0501	零售商业用地	以零售功能为主的商铺商场、超市、市场和加油加气、充换电站等的用地
		0502	批发市场用地	以批发功能为主的市场用地
		0503	餐饮用地	饭店、餐厅、酒吧等用地
		0504	旅馆用地	宾馆、旅馆、招待所、服务型公寓、度假村等用地
		0505	商务金融用地	指商务服务用地，以及经营性的办公场所用地。包括写字楼、商业性办公场所、金融活动场所和企业厂区外独立的办公场所；信息网络服务、信息技术服务、电子商务服务、广告传媒等用地
		0506	娱乐用地	指剧院、音乐厅、电影院、歌舞厅、网吧、影视城、仿古城以及绿地率小于65%的大型游乐等设施用地
		0507	其他商服用地	指零售商业、批发市场、餐饮、旅馆、商务金融、娱乐用地以外的其他商业、服务业用地。包括洗车场、洗染店、照相馆、理发美容店、洗浴场所、赛马场、高尔夫球场、废旧物资回收站、机动车和电子产品及日用产品修理网点、物流营业网点、居住小区及小区级以下的配套的服务设施等用地
6	工矿仓储用地			指主要用于工业生产、物资存放场所的土地
		0601	工业用地	指工业生产、产品加工制造、机械和设备修理及直接为工业生产等服务的附属设施用地
		0602	采矿用地	指采矿、采石、采砂（沙）场，砖瓦窑等地面生产用地，排土（石）及尾矿堆放地
		0603	盐田	指用于生产盐的土地，包括晒盐场所、盐池及附属设施用地
		0604	仓储用地	指用于物资储备、中转的场所用地，包括物流仓储设施、配送中心、转运中心等
7	住宅用地			指主要用于人们生活居住的房基地及其附属设施的土地
		0701	城镇住宅用地	指城镇用于生活居住的各类房用地及其附属设施用地，不含配套的商业服务设施等用地
		0702	农村宅基地	指农村用于生活居住的宅基地

续表

一级类型		二级类型		含义
编号	名称	编号	名称	
8	公共管理与公共服务用地			指用于机关团体、新闻出版、科教文卫、公用设施等的土地
		0801	机关团体用地	指用于党政机关、社会团体，群众自治组织等的用地
		0802	新闻出版用地	指用于广播电台、电视台、电影厂、报社、杂志社、通讯社、出版社等的用地
		0803	教育用地	指用于各类教育用地，包括高等院校、中等专业学校、中学、小学、幼儿园及其附属设施用地，聋、哑、盲人学校及工读学校用地，以及为学校配建的独立地段的学生生活用地
		0804	科研用地	指独立的科研、勘察、研发、设计、检验检测、技术推广、环境评估与监测、科普等科研事业单位及其附属设施用地
		0805	医疗卫生用地	指医疗、保健、卫生、防疫、康复和急救设施等用地。包括综合医院、专科医院、社区卫生服务中心等用地；卫生防疫站、专科防治所、检验中心和动物检疫站等用地；对环境有特殊要求的传染病、精神病等专科医院用地；急救中心、血库等用地
		0806	社会福利用地	指为社会提供福利和慈善服务的设施及其附属设施用地，包括福利院、养老院、孤儿院等用地
		0807	文化设施用地	指图书、展览等公共文化活动设施用地。包括公共图书馆、博物馆、档案馆、科技馆、纪念馆、美术馆和展览馆等设施用地；综合文化活动中心、文化馆、青少年宫、儿童活动中心、老年活动中心等设施用地
		0808	体育用地	指体育场馆和体育训练基地等用地，包括室内外体育运动用地，如体育场馆、游泳场馆、各类球场及其附属的业余体校等用地，溜冰场、跳伞场、摩托车场、射击场、水上运动的陆域部分等用地，以及为体育运动专设的训练基地用地，不包括学校等机构的体育设施用地
		0809	公用设施用地	指用于城乡基础设施的用地。包括供水、排水、污水处理、供电、供热、供气、邮政、电信、消防、环卫、公用设施维修等用地
		08010	公园与绿地	指城镇、村庄范围内的公园、动物园、植物园、街心花园、广场和用于休憩、美化环境及防护的绿化用地

续表

一级类型		二级类型		含义
编号	名称	编号	名称	
9	特殊用地			指用于军事设施、涉外、宗教、监教、殡葬、风景名胜等的土地
		0901	军事设施用地	指直接用于军事目的的设施用地
		0902	使领馆用地	指用于外国政府及国际组织驻华使领馆、办事处等的用地
		0903	监教场所用地	指用于监狱、看守所、劳改场、戒毒所等的建筑用地
		0904	宗教用地	指专门用于宗教活动的庙宇、寺院、道观、教堂等宗教自用地
		0905	殡葬用地	指陵园、墓地、殡葬场所用地
		0906	风景名胜设施用地	指风景名胜点（包括名胜古迹、旅游景点、革命遗址、自然保护区、森林公园、地质公园、湿地公园等）的管理机构，以及旅游服务设施的建筑用地。景区内的其他用地按现状归入相应地类
10	交通运输用地			指用于运输通行的地面线路、场站等的土地。包括民用机场、汽车客货运场站、港口、码头、地面运输管道和各种道路以及轨道交通用地
		1001	铁路用地	指用于铁道线路及场站的用地。包括征地范围内的路堤、路堑、道沟、桥梁、林木等用地
		1002	轨道交通用地	指用于轻轨、现代有轨电车、单轨等轨道交通用地，以及场站的用地
		1003	公路用地	指用于国道、省道、县道和乡道的用地，包括征地范围内的路堤、路堑、道沟、桥梁、汽车停靠站、林木及直接为其服务的附属用地
		1004	城镇村道路用地	指城镇、村庄范围内公用道路及行道树用地，包括快速路、主干路、次干路、支路、专用人行道和非机动车道，及其交叉口等
		1005	交通服务场站用地	指城镇、村庄范围内交通服务设施用地，包括公交枢纽及其附属设施用地、公路长途客运站、公共交通场站、公共停车场（含设有充电桩的停车场）、停车楼、教练场等用地，不包括交通指挥中心、交通队用地
		1006	农村道路	在农村范围内（南方宽度大于1.0 m，小于8 m；北方宽度大于2.0 m，小于8 m），用于村间、田间交通运输，并在国家公路网络体系之外，以服务于农村农业生产为主要用途的道路（含机耕道）
		1007	机场用地	指用于民用机场、军民合用机场的用地
		1008	港口码头用地	指用于人工修建的客运、货运、捕捞及工程、工作船舶停靠的场所及其附属建筑物的用地，不包括常水位以下部分
		1009	管道运输用地	指用于运输煤炭、矿石、石油、天然气等管道及其相应附属设施的地上部分用地

续表

一级类型		二级类型		含义
编号	名称	编号	名称	
11	水域及水利设施用地			指陆地水域，滩涂、沟渠、沼泽、水工建筑物等用地。不包括滞洪区和已垦滩涂中的耕地、园地、林地、城镇、村庄、道路等用地
		1101	河流水面	指天然形成或人工开挖河流常水位岸线之间的水面，不包括被堤坝拦截后形成的水库区段水面
		1102	湖泊水面	指天然形成的积水区常水位岸线所围成的水面
		1103	水库水面	指人工拦截汇集而成的总设计库容≥10 万 m^3 的水库正常蓄水位岸线所围成的水面
		1104	坑塘水面	指人工开挖或天然形成的蓄水量<10 万 m^3 的坑塘常水位岸线所围成的水面
		1105	沿海滩涂	指沿海大潮高潮位与低潮位之间的潮浸地带，包括海岛的沿海滩涂，不包括已利用的滩涂
		1106	内陆滩涂	指河流、湖泊常水位至洪水位间的滩地；时令湖、河洪水位以下的滩地；水库、坑塘的正常蓄水位与洪水位间的滩地。包括海岛的内陆滩地，不包括已利用的滩地
		1107	沟渠	指人工修建，南方宽度≥1.0 m、北方宽度≥2.0 m，用于引、排、灌的渠道，包括渠槽、渠堤、护堤林及小型泵站
		1108	沼泽地	指经常积水或渍水，一般生长湿生植物的土地。包括草本沼泽、苔藓沼泽、内陆盐沼等，不包括森林沼泽、灌丛沼泽和沼泽草地
		1109	水工建筑用地	指人工修建的闸、坝、堤路林、水电厂房、扬水站等常水位岸线以上的建（构）筑物用地
		1110	冰川及永久积雪	指表层被冰雪常年覆盖的土地
12	其他土地			指上述土地类以外的其他类型的土地
		1201	空闲地	指城镇村庄、工矿范围内尚未使用的土地。包括尚未确定用途的土地
		1202	设施农用地	指直接用于经营性畜禽养殖生产设施及附属设施用地；直接用于作物栽培或水产养殖等农产品生产的设施及附属设施用地；直接用于设施农业项目辅助生产的设施用地；晾晒场、粮食果品烘干设施、粮食和农资临时存放场所、大型农机具临时存放场所等规模化粮食生产所必需的配套设施用地

续表

一级类型		二级类型		含义
编号	名称	编号	名称	
12	其他土地	1203	田坎	指梯田及梯状坡地耕地中，主要用于拦蓄水和护坡，南方宽度≥1.0 m、北方宽度≥2.0 m的地坎
		1204	盐碱地	指表层盐碱聚集，生长天然耐盐植物的土地
		1205	沙地	指表层为沙覆盖、基本无植被的土地。不包括滩涂中的沙地
		1206	裸土地	指表层为土质，基本无植被覆盖的土地
		1207	裸岩石砾地	指表层为岩石或石砾，其覆盖面积≥70%的土地

学习要求

1. 了解土地的各个自然组成要素的特点和它们对土地特性的影响，包括气候要素、土壤要素、地形地貌要素、地质要素、水文要素等。

2. 掌握土地与土地组成要素之间的关系，包括气候条件对土地特性的影响，地形地貌对土地类型的控制，岩石和矿物组成对土地特性的影响，水文条件对土地特性的影响。同时，掌握与此有关的一些基本概念，包括光照、热量、降水、地形与地貌、岩石与矿物、地表水与地下水、水资源量与质、土壤质地与肥力、土地利用类型、土地的地带性分布规律、土地的中域分布、土地的微域分布。

3. 重点掌握土地特性与气候和地形地貌的关系、土地类型的分布规律以及土地特性分析方法。

思考题

1. 影响土地特性的气候因素有什么？它们是如何影响的？
2. 影响土地特性的地形要素有什么？它们是如何影响的？
3. 各种地貌类型是如何影响土地特性的？
4. 影响土地特性的岩石、矿物类型有什么？它们分别是如何影响土地特性的？
5. 影响土地特性的水资源三要素有什么？它们分别是如何影响土地特性的？
6. 分别论述各种地下水对土地特性的影响。
7. 影响土地特性的土壤因素有什么？它们分别是如何影响土地特性的？
8. 试述土地地带性分布规律。

第二章 土地利用总体规划

土地利用总体规划是在社会各生产部门之间合理分配土地资源，保证可持续发展的综合性用地规划，是控制和监督各业用地活动的基本依据。土地利用总体规划有一定的编制和审批程序。为了使土地利用总体规划建立在科学的基础上，人们必须采取科学的土地评价方法和规划方法。

随着社会经济的发展和技术手段的进步，国家对土地资源利用也不断地提出更高的规划要求。《中共中央国务院关于建立国土空间规划体系并监督实施的若干意见》（中发〔2019〕18 号）和《自然资源部关于全面开展国土空间规划工作的通知》（自然资发〔2019〕87 号）等相关文件的颁布，标志着我国正经历着由多部门各自规划，向着多规合一思想转变的“转轨”时期。

第一节 土地利用规划与国土空间规划

一、我国土地利用规划的发展历程

回顾我国土地利用规划的发展历程，其是伴随着改革开放的步伐，从无到有建立而成的。从编制背景、规划内容、审批特征、规划管理等角度，其发展历程可以划分为三个阶段。

第一阶段，1986 年 2 月国务院第 100 次常务会议决定成立国家土地管理局作为国务院的直属机构，负责全国土地、城乡地政的统一管理工作，主要职责是：贯彻执行国家关于土地的法律、法规和政策；主管全国土地的调查、登记和统计工作，组织有关部门编制土地利用总体规划。同年 3 月 21 日中共中央、国务院《关于加强土地管理、制止乱占耕地的通知》（中发〔1986〕7 号），首次提出十分珍惜和合理利用每寸土地，切实保护耕地，是我国必须长期坚持的一项基本国策。同年 6 月 25 日第六届全国人民代表大会常委会第十六次会议通过《中华人民共和国土地管理法》中规定，各级人民政府必须贯彻执行十分珍惜和合理利用土地的方针，全面规划，加强管理，保护、开发土地资源，制止乱占耕地和滥用土地的行为。各级人民政府编制土地利用总体规划，地方人民政府的土地利用的总体规划经上级人民政府批准执行。第一轮规划土地利用总体规划按行政区划分为全国、省级（自治区、直辖市）、市县级三个基本层次。1993 年 2 月 15 日，国务院批准《全国土地利用总体规划纲要（草案）（1985—2000 年）》。规划以 1985 年为基期，规划期为 2000 年，展望到 2020 年和 2050 年。

第二阶段规划的背景是 1997 年发布的《中共中央国务院关于进一步加强土地管理切实

保护耕地的通知》（中发〔1997〕11号）和始于1984年5月的第一次全国土地调查。第九届全国人民代表大会常务委员会第四次会议审议通过的《中华人民共和国土地管理法》修订方案中，“土地利用总体规划”成为《中华人民共和国土地管理法》的专章。其中，第十七条规定，各级人民政府应当依据国民经济和社会发展规划、国土整治和资源环境保护的要求、土地供给能力以及各项建设对土地的需求，组织编制土地利用总体规划。第十九条规定了土地利用总体规划编制的五条原则。1999年4月，国务院批准《全国土地利用总体规划纲要(1997—2010年)》。该规划以1996年为基期，2010年为规划期，并展望到2030年。《全国土地利用总体规划纲要(1997—2010年)》确定的全国土地利用的总目标是：在保护生态环境前提下，保持耕地总量动态平衡，土地利用方式由粗放向集约转变，土地利用结构与布局明显改善，土地产出率和综合利用效益有比较显著的提高，为国民经济持续、快速、健康发展提供土地保障。

第三阶段，2005年6月4日，《国务院办公厅转发国土资源部关于做好土地利用总体规划修编前期工作意见的通知》（国办发〔2005〕32号）发布。2008年10月，国务院批准实施《全国土地利用总体规划纲要（2006—2020年)》，规划以2005年为基期，以2020年为规划期末年。《全国土地利用总体规划纲要（2006—2020年)》规划目标：根据全面建设小康社会的总体要求和“十一五”经济社会发展的目标任务，规划期内努力实现土地利用目标。2010年1月5日，《国土资源部关于加快推进土地利用规划数据库建设的通知》（国土资发〔2011〕3号）发布。土地利用总体规划迫切需要抓住时机，加快规划数据库建设，为实施土地用途管制奠定良好基础，第二次全国土地调查数据库建设基本完成，亟待在此基础上叠加土地利用规划数据，完善国土资源“一张图”。2012年2月22日，《国土资源部关于严格土地利用总体规划实施管理的通知》（国土资发〔2012〕2号）。2014年11月26日，《国土资源部办公厅关于印发土地利用总体规划调整完善工作方案的通知》（国土资厅函〔2014〕1237号）发布。2016年6月22日，《国土资源部关于印发全国土地利用总体规划纲要（2006—2020年）调整方案的通知》（国土资发〔2016〕67号）发布。

回顾三个阶段的土地利用规划编制和管理工作，便于我们认清土地资源在国民经济和社会发展中的重要作用，明晰在自然资源部负责建立空间规划体系并监督实施的职能背景下，新时代国土空间规划实现主体功能区规划、国土规划、城乡规划、土地利用规划等空间类规划“多规合一”的必然趋势。

二、国土空间规划的缘起与定位

随着《深化党和国家机构改革方案》决定组建自然资源部，并赋予其建立国土空间规划体系并监督实施的重要职责，达数年之久的“多规合一”最终定于一体化规划——国土空间规划。

（一）国土空间规划的缘起

一直以来，我国国土空间规划领域的具体工作主要由土地利用规划和城乡规划两部分构成。从《中华人民共和国国民经济和社会发展第十一个五年规划纲要》（以下简称“十一五”规划）开始，在有关部门主导下，我国先是将五年计划改为五年规划，其后又在五年规划中不断增加空间内容，交通网络、港口设施、环境生态、空间布局等区域性内容和空间性内容，越来越成为政府规划的重点，经济社会发展的行为和布局问题，必须和空间问题结合起来，也就是说经济社会发展规划必须“落地”。但发展规划“落地”不可避免地遇到与已有土地利用规划和城乡规划的关系问题，主体功能分区作为空间管控的基本手段在土地利用规划、城乡规划中并不鲜见，因此，推动“多规合一”就摆上了重要日程。

2013 年 12 月，中央城镇化工作会议提出，积极推进市、县规划体制改革，探索能够实现“多规合一”的方式方法。《中华人民共和国国民经济和社会发展第十三个五年规划纲要》（以下简称“十三五”规划）提出，建立国家空间规划体系，以主体功能区规划为基础统筹各类空间性规划，推进“多规合一”。2014 年 3 月，《国家新型城镇化规划（2014—2020 年）》要求，推动有条件地区的经济社会发展总体规划、城市规划、土地利用规划等“多规合一”。2014 年 8 月，国家发展改革委员会、国土资源部、环境保护部、住房和城乡建设部联合下发《关于开展市县“多规合一”试点工作的通知》，部署在全国 28 个市县开展“多规合一”试点。

当时，国家文件除重申推进“多规合一”外，还有一些不太为人注意但重要的变化，如“多规合一”由市县级逐步扩大到国家和省级，在经济社会发展规划中更强调了主体功能区规划的基础地位和统筹作用。这表明，相关管理部门已经有意识地将空间规划与发展规划相区隔，空间规划在宏观层面要更多地担负起促进生态文明建设的功能。

2019 年 5 月 9 日中共中央、国务院印发了《中共中央国务院关于建立国土空间规划体系并监督实施的若干意见》（以下简称《意见》）。《意见》中明确了，国土空间规划是国家空间发展的指南、可持续发展的空间蓝图，是各类开发保护建设活动的基本依据。建立国土空间规划体系并监督实施，将主体功能区规划、土地利用规划、城乡规划等空间规划融合为统一的国土空间规划，实现“多规合一”，强化国土空间规划对各专项规划的指导约束作用，是党中央、国务院作出的重大部署。至此，国土空间规划作为我国空间规划的主导性规划地位正式确立。

（二）国土空间规划的新使命

不可否认，过去施行的各级各类空间规划在支撑城镇化快速发展、促进国土空间合理利用和有效保护方面发挥了积极作用，但也存在规划类型过多，内容重叠冲突，审批流程复杂、周期过长，地方规划朝令夕改等问题。因此，建立全国统一、责权清晰、科学高效的国土空间规划体系，整体谋划新时代国土空间开发保护格局，综合考虑自然资源禀赋、人口分布、经济布局、国土利用等因素，科学布局生产空间、生活空间、生态空间，对加快形成绿色生产方式和生活方式、推进生态文明建设、建设美丽中国意义重大。国土空间规划的功能和使命可以概括如下：

（1）战略引领，统筹陆海、区域、城乡空间发展，优化国土空间开发格局。

（2）开发布局，协调生产、生活、生态空间，形成合理的城镇、农业和生态空间。

（3）底线管控，划定生态红线、基本农田保护红线、城乡开发边界，并严格管理。

（4）资源利用，统筹配置各类自然资源，控制开发强度。

（5）公益保障，合理配置基础和公益设施空间。

（6）国土整治，科学安排城乡土地综合整治和生态修复。

此外，国土空间规划还要制定实施差别化资源、环境、生态管控措施，以及相关的财税、投资、人口政策。

国土空间规划是与经济社会发展规划相对应、具有较强空间属性的一类规划的总称。但规划成果没有必要也不太可能统称为“国土空间规划”。任何空间规划最终都要“落地”，因此空间规划的核心成果就是土地利用规划，也可以说土地利用规划是空间规划在土地上的“投影”。虽然根据国家相关要求，各地区已经启动或即将启动编制国土空间规划，可以不再编制土地利用总体规划和城市规划。但是我们认为，在“国土空间规划时代”仍然有必要了解、学习土地利用规划。

第二节　土地利用总体规划的性质和内容

一、土地利用总体规划的概念

土地利用总体规划是各级人民政府从全局和长远利益出发，依法组织对辖区内全部土地的利用以及土地开发、整治、保护所作的综合部署和统筹安排。它通过优化土地资源在国民经济各部门的配置，促进土地的可持续利用，并最终保证社会经济的可持续发展。土地利用总体规划的定义：土地利用总体规划，是在一定区域内，根据国家社会经济可持续发展的要求和当地自然、经济、社会条件，对土地的开发、利用、整治、保护在空间上、时间上所作的总体安排和布局。2019年修订后的《中华人民共和国土地管理法》（以下简称《土地管理法》）中要求，各级人民政府应当依据国民经济和社会发展规划、国土整治和资源环境保护的要求、土地供给能力以及各项建设对土地的需求，组织编制土地利用总体规划。

从定义可看出，土地利用总体规划是对一定区域内全部土地的开发、利用、整治和保护进行综合平衡和统筹安排，其目的在于“加强对土地利用的宏观控制和计划管理，合理利用土地资源，促进国民经济协调发展”。因此，土地利用总体规划是土地管理的重要内容，是土地管理科学化、法制化的基础，同时也为实行用地分区和用地审批相结合的土地管理制度提供依据。它具有战略性、地域性、政策性、综合性、动态性的特点，也兼有近期实施的可操作性。它既是调整产业结构，合理安排生产力布局，保障人民生活基本需求和促进国民经济快速、健康、协调发展的蓝皮书，又是编制土地利用年度计划及审批各项用地的重要依据。

土地利用总体规划是法定的最权威的土地利用规划，是土地利用的总纲，对城市规划、基本农田保护区规划等专业、专项规划的规模和布局起控制和指导作用，是国土空间规划的重要组成部分。《土地管理法》规定，地方各级人民政府编制的土地利用总体规划中的建设用地总量不得超过上一级土地利用总体规划确定的控制指标，耕地保有量不得低于上一级土地利用总体规划确定的控制指标。城市建设用地规模应当符合国家规定的标准，充分利用现有建设用地，不占或者尽量少占农用地。城市总体规划、村庄和集镇规划，应当与土地利用总体规划相衔接，城市总体规划、村庄和集镇规划中建设用地规模不得超过土地利用总体规划确定的城市、村庄和集镇建设用地规模。在城市规划区内、村庄和集镇规划区内，城市、村庄和集镇建设用地应当符合城市规划、村庄和集镇规划。省、自治区、直辖市人民政府编制的土地利用总体规划，应当确保本行政区域内耕地总量不减少。以上可见土地利用总体规划的权威性及其控制其他专业规划的法律地位。目前，我国虽然已经进入“多规合一”之后的国土空间规划阶段，但实际上，土地利用总体规划是最接近统一的国土空间规划的空间规划。因为国土空间基本上还是土地空间，国土空间规划还考虑了海洋和矿产。但是在没有海洋与矿产的地区，国土空间规划实质上还是土地利用规划。

二、土地利用总体规划的性质

（一）土地利用总体规划是土地资源配置的战略性规划

土地利用总体规划是根据国民经济和社会发展中长期计划，根据社会各生产部门的用地需求和土地自身的特性，合理统筹、协调土地资源在国民经济各部门之间的配置的战略性规划。

（1）规划的出发点是研究未来土地利用的发展方向、目标、规模和布局等宏观的、全局性的、关键性的重大问题，而不是局部的、近期的、零碎的问题。

（2）规划的重点是解决和协调各部门、各产业用地之间的矛盾，它在本质上具有超越本部门利益、参与社会发展总体决策的性质。规划的发展方向和目标是否合理，总体布局方案是否正确，将对区域发展产生重大影响。

（3）规划要有长远的观点。土地利用总体规划的规划期一般为 10 ~ 15 年，因此，必须以长远的土地利用方针制定土地利用战略目标为基础。规划须综合近期利益与长远利益，注意保护资源，改善与保护生态环境。

（二）土地利用总体规划是社会总体利益的要求

有人错误或片面地认为，土地利用总体规划的主要目标是保护耕地。实际上，土地利用总体规划的目标相当综合，它是根据“一要吃饭，二要建设，三要保生态环境”的多重目标，通过与所涉及的土地所有者、土地使用者、政府部门等进行协商，解决各业用地需求矛盾，优化配置利用土地资源，以便达到最佳的社会经济和资源环境各方面的综合效益。

与部门专项规划相比，土地利用总体规划要解决的是各项建设在地域内的总体布局，规划涉及自然、技术、经济、社会各种因素，因此，必须站在全局的高度，全面考虑多因素的相互制约关系与多部门的利益，综合研究编制规划，不能单方面作出结论。

土地利用总体规划是土地资源利用的超市场目标的社会目标。各国的土地利用总体规划都是旨在促进土地资源的有序开发，尽量减少由于土地利用而出现的某些问题和冲突，鼓励土地资源的最佳开发，以便使社会整体利益最大。以全社会整体利益为目标的土地利用总体规划可以达到比个人或部门土地开发目标要高得多的近于最优的土地资源开发水平。

土地利用总体规划应综合运用土地管理法、城市规划法、水土保持法、森林法、草原法、环境保护法等法律法规，达到既可保护土地所有者或使用者的利益又可保护社会公共利益的土地资源开发目标。

（三）土地利用总体规划强调自上而下逐级控制

我国土地利用总体规划按行政区域分为国家、省级、市（地区）级、县级和乡（镇）共五级。各级规划自上而下逐级控制，组成一个完整的土地利用总体规划体系。根据《土地管理法》，各级人民政府组织编制土地利用总体规划，下级土地利用总体规划应当依据上一级土地利用总体规划编制。

就各级土地利用总体规划而言，全国规划、省级规划和市（地区）级规划中的市域土地利用总体规划总体上属于战略性规划，主要起宏观调控作用，是制定下一级土地利用总体规划的依据，同时在规划实施中也发挥着一定的“直接控制”作用，其规划目标和主要用地指标、重点用地项目安排是制订土地利用年度计划、预审和审批大型用地项目的依据。市（地区）级规划中的中心城区土地利用总体规划和县级、乡（镇）级规划总体上属于管理性和实施性规划，是预审建设项目用地、审批农用地转用和土地征用、审查土地整理复垦开发项目、划定基本农田保护区的依据。

（四）土地利用总体规划的作用是因地制宜，合理配置土地资源

土地利用总体规划根据区域内的土地资源特点及国民经济各部门经济发展的客观要求，从当地的实际情况出发，突出重点，扬长避短，发挥区域经济及自然资源优势，合理配置土地资源，达到可持续利用土地资源和整个社会经济全面可持续发展的目的。各地区现有经济发展水平与特点和经济地理位置不同，生产的集约化、专业化程度不同，对土地的需求关系也不同，最终反映为土地利用总体规划的差异。

土地利用总体规划就是根据国民经济和社会发展中长期计划，根据全社会所有生产部门的用地需求和土地自身的特性，经过土地适宜性评价，合理统筹、协调土地资源在国民经济各部门之间的配置，保证全社会经济可持续发展的战略性规划。

三、土地利用总体规划的内容

土地利用总体规划是政府从全局的长远利益出发，以区域内全部土地为对象，以利用为中心，对土地开发、利用、整治、保护等方面在时间上和空间上作出的统筹安排和长远规划。

由于不同层级政府的职能有所不同，以及地域空间尺度不同，各级政府负责编制和实施本级土地利用总体规划的任务和内容也不尽相同。总的来看，国家、省、市、县、乡五级规划体系中，自上而下，规划任务和内容由宏观逐渐向中观，进而向微观转变。

（一）全国土地利用总体规划纲要的主要内容

国家和省级土地利用总体规划属于高层次的政策性规划，主要起宏观调控作用。

（1）根据全国土地资源利用现状、国土整治和资源环境保护的要求以及各项建设对土地的需求，确定对全国有指导意义的土地开发、利用、整治、保护的目标和方针。

（2）根据土地利用的自然、社会、经济条件和经济布局进行地域分区，确定各区域的土地利用发展方向和管理措施。

（3）从区域资源配置、人口增长、经济布局和环境整治的要求出发，综合研究提出各类用地供需总量平衡指标。

（4）协调全局性的重大用地关系，确定土地开发、整治和保护的重点地区，并将耕地等重要土地资源的控制指标分解到各省、自治区、直辖市。

（5）提出土地利用宏观调控和用途管制的政策意见，制定实施规划的措施。

（二）省级土地利用总体规划的主要内容

省级土地利用总体规划是以全国土地利用总体规划纲要作为规划依据的。

（1）根据《全国土地利用总体规划纲要》的要求，结合本省（市、自治区）土地资源的特点，确定本省土地利用目标和方向。

（2）根据本省（市、自治区）土地利用的自然、社会、经济条件和经济布局进行地域分区，确定不同类型地区土地利用的方向、目标、政策和管理措施。

（3）从全省（市、自治区）资源配置、人口增长、经济布局和环境整治的要求出发，综合研究提出本省（市、自治区）土地利用结构与布局调整。

（4）确定本省重点建设项目及土地开发、整治和保护的重点地区，并将耕地等重要土地资源的控制指标分解到各市（地区）。

（5）制定实施规划的政策措施。

（三）市（地区）级土地利用总体规划的主要内容

市（地区）级规划是由省级规划向县级规划过渡的中间层次，其中，市域土地利用总体规划仍属于政策性规划的范畴，中心城区土地利用总体规划则属于管理性规划。

（1）根据省级土地利用总体规划的要求，结合市（地区）土地资源及社会经济发展的情况，确定本市（地区）土地利用目标和方向。

（2）根据本地区土地利用的自然、社会、经济条件和经济布局进行地域分区，确定各地域土地利用方向和管理措施。

（3）研究分析土地的供需情况，综合研究进行本市（地区）土地利用结构与布局调整。

（4）确定本市（地区）与周边地区在中心城市职能、产业结构、重大基础设施项目建设上的分工与协作关系，确定中心城市建设用地规模和范围，处理好土地开发、利用、保护、整治的关系，确定基本农田保护、土地开发整理和生态环境保护建设的重点地区，确定重点建设项目及土地开发、整治和保护的重点地区，并将耕地等重要土地资源的控制指标分解到县政府。

（5）制定实施规划的政策措施。

（四）县级土地利用总体规划的主要内容

县级土地利用总体规划属于管理性规划，是土地利用管理的重要依据，也是保证省级和全国土地利用总体规划实施的关键。

（1）根据市级土地利用总体规划所规定的土地利用方向、重点基础设施的布局，结合本县的土地资源特点，确定县内的土地利用方向、各类用地的规模和布局，重点确定耕地、土地开发整理和城镇建设用地控制指标和布局，并把指标分解到乡（镇）。

（2）进行土地利用分区，编制各分区用途管制规则。

（3）制定实施土地利用总体规划的措施。

（五）乡（镇）级土地利用总体规划的主要内容

乡（镇）级土地利用总体规划处于土地利用总体规划体系的最低层，属实施性规划。乡（镇）级规划重在定位落实，要以规划图为主，提高规划的可操作性。

（1）根据县级规划的要求和本乡（镇）自然社会经济条件，确定本乡（镇）土地利用的目标、发展方向和各类用地指标，重点安排好耕地、生态环境用地及其他基础产业、基础设施用地，确定村镇建设用地和土地整理、复垦、开发的规模和范围。

（2）进行土地用途分区，落实每块土地的具体用途和限制条件。

（3）制定实施规划的政策措施。

（六）土地利用总体规划报告的内容

土地利用总体规划报告包括以下几部分内容。

1. 前言

前言一般简述编制规划的目的、任务、依据和规划期限，还可包括编制规划的简要过程、基础数据来源和其他需要说明的问题。

2. 行政区内自然和社会经济概况

行政区内自然和社会经济概况概略地描述本行政区内的地理位置、气候、地形地貌、地质、土壤、植被和水文条件、人口状况、工农商各业发展状况、社会经济发展状况等。

3. 土地资源及利用现状分析

土地资源及利用现状分析包括各类土地数量、质量和分布状况，土地利用结构和布局分析，土地利用动态变化分析，土地开发利用程度分析，土地利用经济效果分析，土地利用生态环境效应分析，土地后备资源及其生产潜力分析，土地利用中存在的问题和对策等。

4. 土地适宜性评价

土地适宜性评价通过对土地资源的自然和社会经济属性的综合分析，评价其对农、林、牧、建设等各业用地的适宜性和适宜程度。该部分有评价方法和评价对象的说明，以及概略的土地利用分区建议。

5. 土地供给和需求分析

土地供给和需求分析包括分析现有各类土地资源的供给能力、生产潜力，进行人口发展预测，预测农业用地、林业用地、建设用地等各业用地需求。供给能力分析和预测结果关系到用地结构调整和用地方案制定的正确与否。预测部分有预测采用的基础数据和预测方法的说明。

6. 土地利用总体规划方案和用地平衡

土地利用总体规划方案和用地平衡是在土地利用现状分析、土地适宜性评价、土地供给能力分析和各业用地需求预测的基础上，根据国民经济社会发展计划，制定土地利用总体规划方案，即规划耕地、林地、牧草地、居住用地、交通用地、水域用地等各业用地的面积，在部门间合理分配土地资源。不同的规划目标会有不同的规划方案。土地利用总体规划要统筹考虑“吃饭”“建设”和“生态环境”，即保证粮食生产的耕地，经济建设所需求的各种建设用地，以及大生态环境的林业用地等。但是，土地总面积是固定的，任何一项用地的增加，必然相应地导致其他用地的减少，这就要进行用地结构调整和用地平衡。

土地利用总体规划要有多个方案，并在规划方案说明中对各个方案的利弊加以分析，以供决策选择。

为了最有效地和持续地利用土地资源，相关管理部门需要对各种方案进行比较，并根据土地的适宜性、土地供需平衡和保持生物多样性与可持续发展的要求，来确定土地利用总体规划方案。大多数土地利用决策是由土地使用者根据他们自身的需要和目的以及他们的社会和经济环境特点作出的。

7. 土地利用分区

土地利用分区包括土地利用地域分区和用地分区两种不同性质的分区。地域分区主要是在省、市（地区）级土地利用总体规划中，根据土地的自然和社会经济条件、土地利用结构、土地利用限制因素、土地开发利用方向和改良措施等差异性，并保持行政区划的完整性所作的分区。其作用是指导下一层次规划的用地布局和结构调整，从宏观上控制区域土地利用。用地分区主要是在县级土地利用总体规划中，依据土地规划的基本用途和土地保护、利用、开发、整治措施的不同所作的分区。它一般以一种用途或措施为主导，其他用途处于服从和辅助地位，如农业用地区、园林用地区、林业用地区、牧业用地区、城乡建设用地区等。

8. 土地利用总体规划图

土地利用总体规划方案最终要体现在图面上，即将其空间位置和面积大小以比例尺绘制在图纸上。因此，同土地利用总体规划报告（送审稿）一起上报的还有土地利用总体规划图。

9. 规划说明

为了便于政府审议和上级政府审批以及审批后实施，同土地利用总体规划报告（送审稿）和土地利用总体规划图上报的还有规划说明。规划说明包括如下内容：

（1）编制规划的时间、背景及简要过程。

（2）编制规划的目的、原则及依据。

（3）规划编制中有关数据来源、专题研究结论、规划方案评价及其可行性和实施规划的必要的政策和措施。

一般，土地利用现状分析、土地适宜性评价、土地供需分析、非农建设占用耕地指标分解和各类非农建设用地规模控制指标等要形成专题研究报告。

10. 规划实施措施

规划实施措施包括为了实现规划所应采取的行政措施、法律措施、经济措施、技术措施和监督措施。

第三节　土地利用总体规划的编制与审批

土地利用总体规划是为满足社会经济发展而制定的一项战略性用地规划，必须按照一定的程序，采用科学的技术手段，有组织地认真编制，严格审批。

一、土地利用总体规划的编制过程

土地利用总体规划工作一般可分为准备、编制、审批三个阶段。

（一）组织与技术准备阶段

组织与技术准备阶段包括成立规划领导小组和规划办公室，拟订工作方案和工作计划，并报同级人民政府批准，落实规划经费和人员，广泛收集已有的现状和规划资料等。其具体包括如下内容。

1. 组织准备

土地利用总体规划是一项综合协调工作，涉及许多部门，因此土地利用总体规划应由当地政府来领导，成立由主管县长任组长、有关部门领导为成员的总体规划领导小组，规划办公室设在土地管理部门，负责日常工作。规划办公室是具体编制规划的工作班子，应包括主要学科的科技人员，但更重要的是有适合做综合工作的专家。

2. 制订工作计划

明确土地利用规划任务，确定工作内容，确定所需收集的资料及其来源、人员配备、工作经费、时间进度等。

3. 制定技术方案

明确土地利用规划的范围、时间期限、指导思想、目的、参与规划的部门、技术路线、成果要求等。

（二）编制规划阶段

编制规划阶段主要是在准备阶段的基础上，搞好用地分区，拟定用地指标，编制规划供选方案并组织人员论证，完成规划初稿、规划说明和总体规划图。

1. 调查研究与资料收集整理

调查研究与资料收集整理应在实地调查基础上，收集、整理和分析有关资料数据：土地资源的自然构成要素，如气候、地形、土壤、水文地质等方面的图件与资料数据；土地资源的社会经济属性方面的要素，如土地利用现状、土地权属、各业用地规模和土地产出率；社会经济数据资料，如国民生产总值和各业产值，交通运输状况，城镇与人口状况，工、矿、商业和社会经济发展目标等。另外，对已有资料不足部分或不准确部分，应进行必要的补查和核实。

2. 资料数据的分析与处理

资料数据的分析与处理应通过分析已有的资料与数据，把分散无序的数据转化成有用的信息，找出规律。某些分析模型常用在土地利用规划中。例如，优化模型用来发现在什么样的投入组合（土地利用方式、土地管理）情况下会产生最优产出；模拟模型用来预测在没有投资的情况下执行规划或不执行规划会发生什么结果，它对于多方案设计很有帮助。其他的数学分析模型还有聚类分析、线性规划、多元分析、主因素分析等。目前，地理信息系统（Geographic Information System，GIS）被广泛用于土地利用规划中。

在资料数据分析阶段，应着重分析以下几点：

（1）土地评价。这个过程是制定规划的前奏，是各项分析的核心。它将土地资源信息、社会信息和经济信息结合在一起，提出各种土地利用选择，为土地利用决策形成一个框架。土地评价要回答有关规划区内土地利用的许多基本问题。例如，在目前的利用方式下，可以进行哪些管理措施方面的改进；目前的土地是如何管理的，如果目前的管理方法不变，会发生什么结果；还有哪些土地利用方式在自然条件上是可行的，社会经济方面是合宜的；什么土地利用可带来持续生产或其他利益；各种土地利用可能带来的自然、经济和社会的不利影响；要达到设计的产量和使负效应最小，需要投入什么等。

（2）经济分析。在土地利用规划方案设计中，经济分析是相当重要的。它一般通过比较各种土地利用的投入和产出来度量，同时要考虑利率。

（3）社会分析。社会分析是一项非常复杂的综合的过程，主要分析规划地区现存的社会条件，预测各种土地利用所造成的社会变化与影响。

（4）环境分析。环境分析主要分析各种土地利用方式可能造成的自然环境方面的效应。

通过上述工作，规划人员对全区域土地利用状况、土地资源的优势和潜力、各部门土地需求量作出确切的估量，完成与之相关的专题研究，并找出土地利用上存在的主要问题及应采取的方针对策，为编制土地利用总体规划提供可靠依据。

3. 土地利用战略研究

土地利用战略研究是在准备阶段调研和资料收集的基础上，进一步探索如何解决土地利用的问题，实现规划目标和完成规划任务的途径与步骤，即进行土地利用战略研究。

规划人员应在找准问题、提出合理的战略后，编写《土地利用战略研究报告》，作为土地利用总体规划的中间成果，提交有关部门、地方政府和有关专家审议，并作为规划编制方案的依据。

4. 编制规划供选方案

规划人员在确定土地利用战略后，应根据土地利用现状分析、土地利用潜力研究和土地需求量预测结果，调整土地利用的结构和布局，综合协调各业用地矛盾，编制土地利用结构调整规划表、土地供需平衡表等，确定用地规划指标。

规划人员在编制规划方案时，根据土地利用中存在问题及解决途径的不同、土地利用目标的不同等，编制不同的规划方案，然后根据土地利用存在的主要问题和规划目标、任务，对各个供选方案进行评价和比较，从中选出较好的方案。

评价规划方案应从以下几方面考虑：

（1）规划实施对当地人民的影响，如社会接受性，是否对提高人民生活水平有利等。

（2）规划的土地利用方式的适宜性，包括自然的和经济的。

（3）规划实施对土地资源和环境的影响，如是否会造成对土壤的侵蚀，水质是否恶化，土壤肥力有无减退，野生植物和动物是否受到威胁，景观结构是否发生变化等。

（4）规划实施对社会经济方面的影响，如就业率、进出口、收入水平、土地所有关系和使用权等方面的变化。

（5）规划实施对政府的影响，如投资、行政开支、财政收入和管理等方面的情况。

5. 土地利用总体规划报告与论证

规划方案确定以后，即可编写规划报告（草稿）。

规划拿出后，要召开有关部门、地方政府和专家等人参加的评审会，对报告草案进行审议，根据审议意见修改后形成送审稿。

（三）规划审批和公布实施阶段

1. 规划成果验收

为了保证规划成果质量，上级土地管理部门应组织规划成果验收小组对规划进行检查验收。规划成果应该具备以下标准：

（1）规划采用的基础资料可靠。

（2）专题（土地利用现状分析、土地适宜性评价、用地需求预测、用地分区）研究技术路线正确，方法恰当。

（3）规划方案有依据，有评价说明和方案比较。

（4）用地结构调整依据充分，调整后的各业用地平衡。

（5）用地分区合理，分区结果与用地指标协调一致。

（6）规划图件内容恰当，图面清晰。

规划验收小组要由各行各业的专家和各行政业务部门的业务主管组成，要具有广泛的代表性。

2. 土地利用总体规划的审批

总体规划报告编制完成以后，要履行审批手续，形成一个规范性文件。根据审批程序，规划（送审稿）必须经各级人民政府审议同意后，提请同级人民代表大会审批。审批后的规划报上一级人民政府审批，并报上一级土地管理部门备案。

（1）全国土地利用总体规划由自然资源部会同有关部门编制，报国务院批准。

（2）省、自治区、直辖市土地利用总体规划，由省、自治区、直辖市人民政府土地行政主管部门会同有关部门编制，经同级人民政府审查同意后，报国务院批准。

（3）省会城市及人口在100万以上的城市及国务院指定城市的土地利用总体规划，由该市土地管理部门编制，经省级人民政府审查同意后，报国务院批准。

（4）上述规定以外的土地利用总体规划，由当地土地管理部门编制后，逐级上报省级人民政府批准。

规划经批准后，由同级人民政府组织实施，该级土地管理部门为规划实施主管部门。

经过批准的土地利用总体规划报告便成为具有法律约束力的正式规划，它既是各个部门利用土地的准则，又是各级土地管理部门编制中期和年度土地利用计划，及审批、监督土地使用的依据。经过批准的规划应向群众公布并广为宣传，取得人民的广泛支持，有利于规划的监督实施。

二、编制土地利用总体规划的基本原则

（一）综合分析与可持续发展的原则

土地既有其自然属性的一面，又有其社会经济属性的一面，制定土地利用总体规划时要充分考虑到它的综合性和复杂性，全面地考虑土地的各个构成因素。从土地的自然性方面出发，要考虑因地制宜，发挥土地的自然生产潜力；从土地的经济属性出发，要考虑如何使土地利用获得最大的经济效益；从土地的社会性出发，要妥善处理好个人、集体和国家的利益，妥善安排好生产用地和生活用地；从土地是生态环境的组成成分的角度，要注重土地开发与保护相结合，促使土地利用向着良性生态循环的方向发展。总而言之，要使规划达到土地资源和环境及社会经济可持续发展的目标。

（二）系统性原则

系统性的含义是不同层次的土地利用总体规划之间的互相关联。土地利用总体规划有不同的比例尺或不同行政级别，即层次高低不同。一般来说，高层次的土地利用总体规划比较概括，它可为低层次的土地利用总体规划提供依据和要求，或者说高层次的土地利用总体规划可控制低层次的土地利用总体规划。低层次的土地利用总体规划又是实施高层次的土地利用总体规划方案的具体操作，同时也可为高层次的土地利用总体规划提供反馈信息。

（三）灵活性与动态性原则

虽然土地利用总体规划具有法律效力，但由于人非圣贤，加之诸多不可定因素，因而土地利用总体规划并非完美无缺。因此，土地利用总体规划要有多方案设计和具有一定的弹性，使之在实施过程中能够适应不确定因素的干扰，具有较好的应变和调整能力。

由于影响土地利用的因素很多，而且这些因素也在随着时间的推移不断发生可预见或不可预见的变化。因此，要完成一个任何时候都适用的土地利用总体规划是不可能的。任何规

划都有一定的时代或时段局限性，要使规划能跟上时代的步伐，规划方案就要根据变化着的情况不断调整或补充修改。当然，规划也要保持一定的稳定性，否则就失去了它的法律效力，无法控制和引导土地利用。

（四）珍惜土地，保护耕地的原则

我国人多地少，特别是人均耕地少，经济高速发展，各项建设事业用地需求对耕地的压力也很大，耕地形势十分严峻，要把保护耕地作为保证粮食生产、保障人民吃饭、保证社会长治久安的大政方针贯穿到土地利用总体规划工作中。

（五）统筹兼顾，全面安排的原则

土地利用总体规划是一项综合规划，要全面考虑国民经济发展各部门对土地的需求，统筹兼顾，从社会整体利益出发，合理分配土地资源，优化总体功能。

（六）因地制宜，切实可行的原则

规划要结合当地的社会经济和土地资源的实际，进行土地的适宜性评价，作出切合实际的用地选择和用地安排，以便使规划具有可行性。

（七）部门和公众参与的原则

土地利用总体规划的综合性要求政府和各业务部门共同参与，以便使规划具有权威性和广泛的接受性。规划队伍要由具有各方面专业知识和管理经验的专业技术人员和行政管理人员组成，集思广益，使规划达到社会、经济和生态环境的多重目标。

规划制定后，要请当地土地所有者、土地使用者、不同行业的专家和行政人员以及群众代表进行论证。

（八）以供给能力调控用地需求的原则

国民经济生产部门都有本部门的生产发展规划和计划而要求一定的用地保障。如果土地资源丰富，可以全部满足各部门用地需求最好。但往往是土地资源有限，这些部门的用地需求汇总起来，很可能超过土地资源的总供给能力。因此，土地利用总体规划要“看米下锅”，而不是“量体裁衣”，应根据供给能力调控各部门用地，选择各方面都能接受的保证社会经济与资源环境可持续发展的最优方案。

三、土地利用总体规划的技术手段

土地利用总体规划涉及大量有关土地资源与环境、经济与社会的数据和图件的处理、运算及分析。由于信息量大，涉及的因素多而复杂，所以过去手工制定一项土地利用规划耗时多，而且所制定出来的规划的定量化、灵活性与动态性都较差。

地理信息系统（GIS）是一种以空间二维（或三维）信息结合一维属性信息的计算机处理系统，它把空间信息转换成数字信息，使这些信息可以进行显示、编辑、制图，并可以建立模型和进行空间分析，完成多种形式的运算和输出。GIS 为土地利用规划提供了强有力的技术手段。

各类 GIS 系统，如广泛应用的 ARC/INFO 软件，对于计算机自动化土地评价和土地利用规划提供了相当强大的空间和数据分析能力。在这样强大完备的软件支持下，土地评价和土地利用规划工作简便快速。这些特点是用常规的手工操作所不可能达到的。

（1）规划的定量化和科学化。GIS 系统支持对任意几何形状评价单元的各种空间分析，即计算评价单元的各种相关属性，如坡度、坡向、单元内的公路网长度、各类用地面积的测算等，将所有参加评价因素的评价值加权汇总，使评价和规划定量化，更具科学性。

（2）评价过程和规划过程的“可视化”。GIS 系统为土地评价和土地利用规划提供了一个“可视化”的环境，即它不但可以显示图件的两维空间分布，而且可以通过图形叠加和属性查询功能，透视某一区域、某一点的任何图件及其相应的属性。

（3）动态规划功能。对于 GIS 支持下的评价或规划，由于时间或数据变化或其他原因需要调整时，只要修改相应的数据库或规划目标或相应的评价规划模型即可，不必全部重来，这样不仅可节省大量人力物力，而且可实现了动态规划和信息资料数据的可持续利用。

四、土地利用总体规划的监督执行

（一）土地利用总体规划的监督

1. 监督的作用

在很多情况下，土地规划者只注重规划的制定。似乎规划方案一旦制定出来并被决策者选定就算大功告成，他们往往会忽视规划的监督。当然，监督不是规划的过程，但它是完成规划的必需步骤。监督有助于评价规划的有用性和评价规划的执行情况。决策者利用从这个步骤得到的信息，可改变执行规划的方法或规划本身，或者这两者都可予以改变。在前面编制土地利用总体规划的基本原则中已经提到规划要有灵活性，这是监督改变的前提。

监督所要回答的问题：规划所依据的假设是否正确；规划的目标是否实现；是否遵循了土地利用标准；土地管理方法是否是规划所要求的；土地利用问题是否解决；实施规划所产生的效应是否是所预期的；实施规划的花费是否是所预计的。

2. 监督机构

如果规划制定了，却得不到执行，那就是浪费时间、劳动力和金钱。为了保证规划得到执行，建议设立各级监督执行土地利用规划的机构。

（1）土地规划委员会。它是跨部门、跨行业的技术委员会，由政府各部门涉及土地利用的业务领导、土地资源管理专家和群众代表组成。它的职能是根据土地资源的供给和需求量，安排优先次序，分配土地资源，制定或批准土地利用总体规划，并监督执行。委员会的决议应该以建议的形式向政府和人民代表大会（以下简称人大）提出。

（2）自然资源保护委员会。它是一个负责严格执行有关保护和合理管理自然资源法律和政策的独立的法律实体，它有权在需要的时候建议制定新的法律和政策，并监测土地资源、植被和动物资源以及环境条件，如大气污染、水体污染。为了使规划得到实施，国家必须赋予这个部门超越政府权力的土地利用规划和管理的监督执法权。

（二）土地利用总体规划的实施措施

为了保证规划得到执行，要制定土地利用总体规划的实施措施。土地利用总体规划的实施措施包括以下内容。

1. 法律措施

土地利用总体规划经同级人大常委会审议通过后，报上级批准，作为地方性法规，由人大监督执行，使规划的实施纳入法制轨道。

2. 行政措施

土地利用总体规划要纳入国民经济和社会发展计划，并由政府制定配套的土地利用总体规划实施条例，对有关问题作出具体规定，贯彻执行。土地利用总体规划的实施要纳入政府工作的议事日程，实行政府领导任期目标责任制，认真组织实施。

3. 经济措施

土地利用规划要积极推行土地使用制度改革，依照土地所有权和使用权分离的原则，理顺土地产权关系；实行土地有偿使用，启动和发展土地市场，在科学的土地利用总体规划的基础上，以土地的出让、转让、租赁等市场手段和以土地的租、税、费等经济手段促使土地利用总体规划的实施。

4. 技术措施

土地利用规划要根据土地利用总体规划制订中期和年度土地利用计划，逐年落实土地利用总体规划的各项控制指标，开展土地利用动态监测，监督保证土地利用总体规划的实施。

（三）土地利用总体规划的修订

《土地利用总体规划编制审批暂行办法》第十八条规定，经批准的规划在实施过程中，可根据实际需要和客观情况的变化作适当调整和变动。涉及重大原则性问题的修改，须经原批准机关批准。因此，土地利用总体规划在实施过程中，可以根据需要对规划内容进行修订。

一般五年或十年修订一次，以便与国民经济和社会发展五年计划或十年规划同步。规划的修改方案由当地土地管理部门编制后，逐级上报省级人民政府批准，同时报上级土地管理部门备案。

但是必须指出，土地利用总体规划具有严肃的法律地位，一般情况下，规划一旦审批通过，不准随意修改。

第四节　土地利用总体规划与其他专项规划的关系

其他专项规划是土地利用总体规划的深入与补充，是土地利用总体规划的有机组成部分。土地利用专项规划并非仅仅指部门行业用地内部规划，也可以是为了特定目标所进行的土地利用规划。土地利用专项规划也可不划分行政范围，如为了流域的水土保持而进行的流域治理规划；为了改良培肥土壤而进行的土壤改良规划；为了防风固沙而进行的绿化规划。土地利用专项规划是实现土地利用总体规划的重要技术措施。

一、土地利用总体规划与基本农田保护规划的关系

国务院在1998年颁发了《基本农田保护条例》，随后全国开展了基本农田保护区规划工作。基本农田保护区规划的目的是保护耕地，它相对于土地利用总体规划来说是专项规划。

（一）基本农田的概念

基本农田是耕地的一部分。“基本农田”一词的最初提出是在1963年11月举行的黄河中下游水土保持工作会议上，即通过水土保持，逐步建立旱涝保收、产量较高的基本农田。之后，虽然在不同的文章或文件中有不同的提法，但基本农田的中心内容没有变化，基本农田是高产稳产田，强调了基本农田与一般耕地之间的质量差异，反映的是土地的内在肥力和生产特征。

《土地利用现状调查技术规程》中耕地的定义：种植农作物的土地，包括新开荒地，休闲地，轮歇地，草田轮作地，以种植农作物为主间有零星果树、桑树或其他树木的土地，耕种三年以上的滩地和海涂。耕地中包括宽小于1.0 m（南方）或2.0 m（北方）的沟、渠、路、田埂。从定义中可以看出，耕地的概念侧重于利用现状，即只要是用于耕种栽培农作物的土地就是耕地，而不管它的质量如何。

《基本农田保护条例》中基本农田定义：根据一定时期人口和国民经济对农产品的需求以及对建设用地预测而确定的长期不得占用的和基本农田保护区规划期内不得占用的耕地。1999年后，基本农田的定义为：按照一定时期人口和社会经济发展对农产品的需求，依据土地利用总体规划确定的不得占用的耕地。该条例第十二条指出原则上将下列耕地划入基本农田保护区：

① 国务院有关主管部门和县级以上地方人民政府批准确定的粮、棉、油和名、优、特、新农产品基地；

② 高产稳产田和有良好的水利水土保持设施的耕地以及经过治理、改造和正在实施改造计划中的中低产田；

③ 大中城市蔬菜生产基地；

④ 科研教学试验田。

这实质上也是强调基本农田保护是保护高产稳产田。

至于在基本农田保护区划定工作中出现将城郊肥沃的高产稳产田划作建设预留地的情况，是当地出于区位的考虑，并非基本农田保护区划定工作的初衷。

为了强调基本农田的保护，2008年在中共十七届三中全会通过的《关于推进农村改革发展若干重大问题的决定》中首次提出永久基本农田的概念，显示了党中央国务院保护基本农田的决心，并且布置了永久基本农田划定工作。但是（永久）基本农田的概念与内涵以及保护工作原则并没有变。

（二）耕地保护与基本农田保护

早在20世纪50年代，我国就有了保护良田免受非农建设占用的法规。1953年12月5日公布的《关于国家建设征用土地办法》，就强调国家建设征用土地，有荒地、空地可资利

用的，就不征用或少征用耕地良田。1958年1月，第一届全国人大常委会第90次会议通过《国家建设征用土地办法》，强调国家建设尽量不占用良田。

20世纪80年代初，中国实行改革开放政策，促使全国的经济腾飞。经济发展带动了非农建设占用耕地量剧增。1981—1985年，全国耕地减少583.5万hm^2，引起了党和政府对保护耕地的重视。1982年1月，中共中央、国务院转发了《关于切实解决滥占耕地建房问题的报告》。1986年3月，中共中央、国务院再次发出《关于加强土地管理，制止滥占耕地的通知》。1986年6月25日，全国人大常委会通过了《中华人民共和国土地管理法》，提出十分珍惜和合理利用土地，切实保护耕地的土地管理国策，并对占用耕地的审批权限作出了明确的规定。1987年4月，国务院公布《中华人民共和国耕地占用税条例》。1992年，针对全国的开发区热，国务院相继发布了《国务院关于严格制止乱占、滥用耕地的紧急通知》和《国务院办公厅关于严禁开发区和城镇建设占用耕地撂荒的通知》。1998年，国务院又颁发了《基本农田保护条例》，对高产良田进行特别保护。

（三）基本农田保护规划的内容

基本农田保护规划的核心是对基本保护区内农田实行特殊保护。因此，基本农田保护规划应包括如下内容。

1. 基本农田保护方案制定和保护区划定

基本农田保护方案制定和保护区划定的工作程序是在土地类型和土地利用现状的调查分析的基础上，进行耕地分等定级，并根据人口发展预测，计算粮食需求，确定耕地保护面积，在土地评价的基础上划分基本农田保护区。基本农田保护区分为一级保护区和二级保护区。一级保护区内的耕地是生产条件好，产量高，需要长期保护的农田。二级保护区内的耕地是生产条件较好，产量较高，在规划期内不得占用的农田。在划定基本农田保护区的同时，要确定建设预留地。

2. 落实规划方案

将规划方案逐级分解下达到乡、村，并落实到地块，并在田间设立保护标志。保护标志分为基本农田保护区牌（图）和基本农田地块保护牌。基本农田保护区牌（图）有乡（镇）和村两级，内容包括保护区图、保护面积、保护区负责人和保护措施等。基本农田地块保护牌内容有村名、地块编号、面积和四至、保护负责人、保护期限、立牌日期等。

3. 制定保护措施

制定保护措施包括：规定占用基本农田的审批手续和权限；建立基本农田登记制度、损失补偿制度、地力保养和环境保护制度、基本农田保护区监督检查制度；确立政府在基本农田保护中的责任，逐级签订基本农田保护责任书直到村委会。

（四）基本农田保护规划与土地利用总体规划的关系

基本农田保护规划是针对耕地被占特别是基本农田被占问题而进行的专项规划。对应于划定基本农田保护区，基本农田保护规划中也划出了建设用地区和建设用地预留区。而基本农田保护规划工作并没有要求将全部土地资源在社会生产各部门进行统筹安排，即它可以不考虑林地、草地、水域等用地的布局安排。因此，相对于统筹协调规划耕地、林地、牧草地、居住用地、交通用地、水域用地，合理安排土地资源在国民经济各部门之间的配置的综合性规划（土地利用总体规划）来说，基本农田保护规划是专项规划。

基本农田保护规划不能代替土地利用总体规划。但是，在制定土地利用总体规划工作中，要充分消化吸收基本农田保护规划的成果。如果在编制土地利用总体规划前已经制定了基本农田保护规划和划定了基本农田保护区，则要把基本农田保护规划的内容纳入土地利用总体规划的目标、用地指标分解和用地分区中。未进行基本农田保护规划工作，在编制土地利用总体规划时，要把基本农田保护区与土地利用总体规划中的农业用地区结合起来。反过来，土地利用总体规划也不能代替基本农田保护规划，因为基本农田保护规划有设立田间保护标志的要求。

（五）基本农田保护与耕地总量动态平衡

划定基本农田保护区是为了将划入基本农田保护区的耕地进行特殊保护，即对高产稳产田进行特殊保护。《基本农田保护条例》规定，基本农田保护区一经划定，任何单位和个人不得擅自改变或者占用。但是，它同时规定，经过法律程序审批，还是可以占用基本农田保护区内耕地的，即划入基本农田保护区的耕地必须占全部耕地的一定比例，允许建设用地和建设预留地占用部分耕地。《基本农田保护条例》也没有明确提出耕地总量动态平衡的要求，它只是原则上要求占用基本农田保护区内的耕地，要“占多少，垦多少”。对于“没有条件开垦或者开垦的耕地不符合要求”的，应缴纳“耕地开垦费”。更没有提出占用基本农田保护区之外的耕地是否需要补偿。因此，我国虽然开展了基本农田保护区划定工作，但耕地面积仍然不断减少。从真正全额保护耕地的意义来说，耕地总量动态平衡的新思路比《基本农田保护条例》又是一大进步。

（六）耕地总量动态平衡下的土地利用总体规划

耕地总量动态平衡的新思路和举措对当时土地利用总体规划提出了新的要求。

1. 传统的土地利用总体规划不符合耕地总量动态平衡的指导思想

纵观以往各级政府和各个地区所制定的土地利用总体规划，一个通病是以牺牲耕地来满足各项建设用地需求，在规划中很少考虑如何在现状建设用地中挖掘潜力，满足新建项目用地要求；虽然也进行耕地适宜性评价，但在土地利用结构或现状调整中，不考虑或基本不考虑如何将其他用地调整为耕地而补充因建设用地占用造成的耕地减少，规划结果总是耕地面积减少。之所以出现这样的问题，倒不是土地利用总体规划的技术路线和方法上有多大的问题。问题出现的关键是土地利用总体规划目标的制定。在没有保证耕地总量动态平衡的要求下，受目前经济发展目标的驱使，土地利用总体规划必然会出现将耕地调整为建设用地的这种单一方向流动的情况。

2. 耕地总量动态平衡的真正内涵

保持耕地总量动态平衡的两条内涵，一是耕地数量上的平衡，二是耕地质量上的平衡，两者缺一不可。耕地总量动态平衡应该是在保证耕地质量前提下的平衡。如果是将优质耕地占用了，用新开劣等耕地充抵，这样的耕地总量动态平衡是无意义的。

我国农业农村部一直在抓农田基本建设，改造中低产田，实施“沃土计划”；林业部在抓小流域治理工作。这些工作对于建设高产稳产基本农田，提高单位面积上的产量起到了有力的作用。土地管理部门在抓保护耕地，在保持耕地总量动态平衡的工作的同时，也应强调农田基本建设，特别要利用自己掌握开发复垦基金的便利条件，实行地力补偿制度。在占用耕地后再造耕地过程中，强调耕地质量，实现真正意义上的耕地总量动态平衡。我国只有保持具有一定质量的耕地面积平衡，才能有效地保障食物供给，实现土地可持续发展目标。

要谨防偷换耕地总量动态平衡的概念，占用基本农田而用新开劣地充抵。如果是那样，耕地总量动态平衡就是从基本农田保护上的倒退。尽管基本农田保护区划定工作中，没有提出耕地总量动态平衡的要求，但是《基本农田保护条例》原则上规定将高产良田划入基本农田保护区，即它强调的是保护高产稳产田。在基本农田保护区划定工作中，出现的将优质农田划入建设用地或建设预留地的情况，属于未按规程办事。

3. 耕地总量动态平衡下土地利用总体规划的技术路线

耕地总量动态平衡下的土地利用总体规划的技术路线，基本上与过去我们进行土地利用总体规划所采取的技术路线相同，只是要在规划过程中遵循耕地总量动态平衡这一指导思想，在几个关键步骤中充分注意对利用现状和后备土地资源的分析与评价，采取“开源节流”的技术措施，使用地调整或规划结果满足耕地总量动态平衡的要求。概括起来，其技术路线如下：

（1）调查分析土地资源特点和社会经济状况。

（2）调查分析国民经济各部门的发展规划和国民经济社会发展纲要。

（3）进行各部门发展用地预测。重点是分析建设用地的现状，包括人均用地、单位面积产出率、建设存量土地的潜力、未来建设用地需求。

（4）进行土地资源评价。重点是对后备土地资源的耕地进行适宜性评价和分等定级。

（5）确定土地利用总体规划目标。这个总体目标不同于以往的“一要吃饭，二要建设，三保生态环境”的目标，而是在保证耕地总量动态平衡的前提下，再协调安排其他各部门用地要求的土地利用总体规划目标。

（6）调整土地利用现状，根据土地资源供需情况统筹平衡、配置各业用地。这一步要充分挖掘存量建设用地，在不得已而必须将部分耕地转化为建设用地的情况下，要保证从后备土地资源中划出待开垦的耕地，特别是通过土地整理开辟耕地，以达到耕地总量动态平衡的目标。

二、土地利用总体规划与村镇规划、城市规划的关系

（一）村镇规划的任务和内容

村镇规划的任务是根据一定时期村镇的经济和社会发展目标，确定村镇性质、规模和发

展方向，合理利用村镇土地，协调村镇空间功能布局及进行各项建设的综合部署和全面安排。

村镇规划工作的基本内容是依据村镇的经济社会发展目标，充分研究村镇的自然、经济、社会和区域发展条件，确定村镇性质，预测村镇发展规模，选择村镇用地发展方向，按照工程技术和环境的要求，综合安排村镇各项工程设施，并对村镇内部的用地结构与功能分区进行总体安排与布局。它包括居住区规划、工业和商业用地规划、公共活动中心建筑群规划、道路和管线工程规划、绿地园林系统规划以及村镇总体艺术布局等。

（二）村镇规划与土地利用总体规划的关系

村镇规划和土地利用总体规划是点和面、局部和整体的关系。相对于土地利用总体规划来说，村镇规划是专项规划，而土地利用总体规划是综合性规划。

土地利用总体规划要对规划区域内的有关村镇体系布局、各项建设占地指标、用地规模、用地范围等作出具体规定。这些也应当符合土地利用总体规划的控制要求。即使村镇规划先于土地利用总体规划完成，在进行土地利用总体规划时，也要重新审定村镇规划所确定的用地规模和用地指标等是否符合实际，是否与其他部门用地规划相协调，是否有利于整个国民经济和社会的可持续发展。如果不是，就要修改村镇规划所确定的用地规模和用地指标。

（三）土地利用总体规划对城市规划的控制作用

城市规划是为了实现一定时期内城市的经济和社会发展目标，确定城市性质、规模和发展方向，协调城市空间布局和进行各项建设的综合部署和全面安排。城市规划是建设城市和管理城市的基本依据，是确保城市空间资源的有效配置和土地合理利用的前提和基础，是实现城市经济和社会发展目标的重要手段之一。在我国，城市规划根据其详细程度的不同，又进一步分为城市总体规划、分区规划、详细规划。

土地利用总体规划的规划范围是整个地域，它要对包括城市用地在内的全部土地作出统筹安排。因此，在土地利用上，城市规划和土地利用总体规划的关系是点与面、局部与整体的关系，局部应当服从整体。在土地利用总体规划和城市规划的编制和实施管理中，要依法搞好两种规划的协调和衔接。土地利用总体规划主要在城市或村镇发展用地的规模、方向和范围上进行协调，确定城市或村镇建设用地的界线。在规划执行上，土地利用总体规划一经批准，城市规划在建设用地规模上就应当服从土地利用总体规划。

从法律上讲，土地利用总体规划具有控制各专业用地规划的法律地位。各部门土地利用规划，包括村镇建设用地规划，工矿、交通、水利建设用地规划，农、林、牧业用地规划等都要服从土地利用总体规划。

《中华人民共和国城市规划法》第七条规定，城市总体规划应当和国土规划、区域规划、江河流域规划、土地利用总体规划相协调。1993 年 6 月 29 日发布的《村庄和集镇规划建设管理条例》第十条规定，村庄、集镇规划的编制，应当以县域规划、农业规划、土地利用总体规划为依据，并同有关部门的专业规划相协调。因此，我们不但要制定好土地利用总体规划，而且一定要维护土地利用总体规划的权威性，任何部门和领导不经法律程序不得改变其对各部门用地指标和用地范围的控制。

1997年5月18日中共中央、国务院发出的《中共中央、国务院关于进一步加强土地管理切实保护耕地的通知》中再次强调，城市建设总体规划要与土地利用总体规划相衔接，用地规模不得突破土地利用总体规划。

1998年通过的新修订的《土地管理法》进一步明确了土地利用总体规划控制其他专项规划，包括城市建设规划的法律地位。

三、土地利用总体规划与国民经济与发展规划的关系

国民经济与发展规划是国家和地方政府对社会生产、经济建设、科技进步等各项内容的综合安排，它涉及自然资源的开发利用，物质的调拨与分配，经济建设项目的布局与安排，财政收入与支出的估算与分配，科技与教育的发展方向及阶段安排等。

土地利用总体规划仅涉及土地资源的分配、空间协调和综合平衡问题，因此它仅是国民经济与发展规划的一部分，两者是局部与整体的关系。国民经济与发展规划是土地利用总体规划的依据，土地利用总体规划也为前者提供有关土地利用的反馈信息。在一定条件（如人多地少、各业争地矛盾尖锐）下，土地利用总体规划将成为国民经济与发展规划的重要制约因素。

四、土地利用总体规划与土地用途管制

所谓的“土地用途管制”，是指依据土地利用总体规划，划定土地用途分区，确定用途限制内容，实行用途变更许可制，对土地用途采取行政、经济和法律手段进行控制。任何国家，不管它实行什么样的土地制度，都有土地用途管制。土地用途管制的主要目的是保护耕地。土地虽然具有多用途性，但耕地对于土地的要求最高，一般其他土地很难转变为耕地。因此，有必要严格耕地用途管制。

保护耕地是为了社会整体的长远利益，绝非限制经济建设。因为没有一定面积和质量的耕地，人民的吃饭问题就不能得到保证，社会就会出现动乱，最终导致整个社会经济发展的停滞甚至破坏。

土地用途管制实际上就是土地利用规划控制。在我国，土地利用总体规划具有土地用途管制的法律地位。土地利用总体规划所确定的土地用途、各业用地指标、用地面积和平面分布，未经法律程序不得改变。

建立土地用途管制制度，是当前土地利用规划管理工作的重要任务。土地用途管制的核心工作主要体现在三方面：一是以土地利用总体规划确定的土地利用分区为基础；二是以严格的土地用途转变审批制度为手段；三是以相应配套的法律和行政规章为保障。在土地利用总体规划的制定和修编过程中，要特别将耕地总量和建设用地占用耕地的控制指标与用途管制区的划定衔接起来。

第五节　编制土地利用总体规划专题

一、土地利用现状分析

土地利用现状分析是对规划区域内现时土地资源的特点、利用结构与布局、利用程度、利用效果及存在问题的分析。一般分析内容包括土地资源数量分析、质量分析、开发利用程度分析、土地利用结构分析和土地利用效益分析等。

（一）影响土地利用的自然与社会经济条件分析

对气候、地貌、土壤、水文、植被、矿藏、景观、灾害等自然条件和自然资源，以及人口、城镇化、经济发展水平、产业结构、主要农产品产量与商品化程度、基础设施建设等社会经济条件进行分析、比较，以明确本县土地利用的有利条件与不利因素。

（二）土地资源数量与质量分析

土地资源均以一定量存在于地表空间。土地资源数量分析，首先分析已利用土地，如耕地、园地、林地、牧草地、居民点及工矿用地、交通用地、水域和未利用土地的数量及其所占区域土地总面积的比例；其次分析相对量，即人均拥有量，如人均耕地数量、人均宅基地数量、人均宜林地面积等。

在单项分析的基础上，可采用纵向对比和横向对比方法展开分析。纵向对比是将土地资源形成的历史过程，选取多年或有代表性的年份说明土地资源数量及其变化的特点；横向对比是对同类地域、不同地域或不同级别地域的土地资源进行数量上的对比，确定某一资源数量上的优劣势、地位和丰度。

土地资源质量分析则要掌握各种地貌类型、土壤类型和不同坡度等自然状况下的土地资源的数量，分析各类用地质量状况。

（三）土地利用结构分析

土地利用结构是指在一定地域内各种用地的组成比例及在各处的分布状况，可与自然条件相同地区比较其用地结构的差异及优劣。下面按八大类土地利用类型进行具体分析。

（1）耕地：耕地的组成比例，包括灌溉水田、望天田、水浇地、旱地以及菜地等各占面积及比例，高、中、低产田比例及分布，有无灌溉条件及水资源保证情况，人均耕地，耕地利用方式和种植制度等。

（2）园地：园地面积及其组成比例，包括果园、桑园、茶园、橡胶园和其他园地面积所占比例和分布情况，人均园地面积和占有量，果品销售情况和产值。

（3）林地：林地面积及各种林地组成比例，包括有林地、灌木林、未成林造林地、迹地、苗圃等面积所占比例和分布情况。根据当地情况，必要时还应进一步分析有林地中的用材林、经济林、各种防护林、薪炭林等的组成、比例以及分布情况，计算森林覆盖率（森林覆盖率=有林地面积/土地总面积×100%）。

（4）牧草地：牧草地面积及其各种草地的组成比例，包括天然草地、人工改良草地和栽培草地的比例和分布情况，各种草地的产量、载畜量，草地水源和交通条件等。

（5）居民点及工矿用地：居民点及工矿的数量，居民点体系，工矿用地的组成比例、分布形式，人均占有面积和人均宅基地面积等。

（6）交通用地：交通用地的比例，包括铁路、公路、码头、机场、农村道路等，交通网的走向与衔接，是否与交通量相适应，分布地域差异等。

（7）水域：各种水域的组成比例，包括河流、湖泊、水库、坑塘、苇塘、滩涂、沟渠、水工建筑物、冰川及永久性积雪的分布特点和利用状况。

（8）未利用土地：未利用土地（荒草地、盐碱地、沼泽地、沙地、裸土地、石砾地、田坎等）的面积和分布，拟利用的制约因素和开发利用的难易程度。

（四）土地利用动态变化分析

土地利用动态变化分析是利用多年的土地利用统计资料，系统地分析土地面积、用地结构和布局的变化；分析土地变化与人口增加、经济发展、政策因素等的变化规律，从动态变化中分析土地利用的经验、成就和问题及问题出现的原因，如水土流失、土地沙化、盐碱地、草原退化、非农建设用地超限、人地矛盾等问题；分析用地结构变化与经济结构、产业结构变化的关系。

（五）土地利用程度分析

常用指标计算方法如下：

$$\text{土地开发利用率}=\frac{\text{土地总面积}-\text{未利用土地面积}}{\text{土地总面积}}\times 100\% \tag{2-1}$$

$$\text{土地复垦率}=\frac{\text{废弃土地复垦利用面积}}{\text{废弃土地总面积}}\times 100\% \tag{2-2}$$

$$\text{某类土地实际利用率}=\frac{\text{该类土地实际利用面积}}{\text{该类土地面积}}\times 100\% \tag{2-3}$$

或

$$\text{某类土地实际利用率}=\frac{\text{该类土地面积}-\text{该类土地撂荒（闲置）面积}}{\text{该类土地面积}}\times 100\% \tag{2-4}$$

$$\text{土地垦殖率}=\frac{\text{耕地面积}}{\text{土地总面积}}\times 100\% \tag{2-5}$$

$$\text{耕地复种指数}=\frac{\text{全年农作物播种面积}}{\text{耕地面积}}\times 100\% \tag{2-6}$$

$$\text{建筑密度}=\frac{\text{建筑物基底面积}}{\text{用地总面积}}\times 100\% \tag{2-7}$$

$$\text{建筑容积率}=\frac{\text{建筑总面积}}{\text{用地总面积}}\times 100\% \tag{2-8}$$

$$\text{人均用地面积}=\frac{\text{用地总面积}}{\text{人口总数}}\times 100\% \tag{2-9}$$

（六）土地利用集约度和土地利用效益分析

1. 土地利用集约度

土地利用集约度是指单位土地的投入量。一般来说单位土地投入多，产出也多。而单位土地产量高，土地生产率高，但是土地利用的效益不一定好，因此要合理投入。土地利用集约度可由每亩耕地的功率表示机械化水平，有效灌溉面积表示水利化程度，亩施化肥、农药和用电量表示农业化学和电器化水平，亩耕地用工表明劳动集约的程度等。常用指标计算方法如下：

$$\text{单位耕地功率}=\frac{\text{拖拉机年平均在册功率}}{\text{耕地面积}} \tag{2-10}$$

$$\text{耕地灌溉率}=\frac{\text{有效灌溉面积}}{\text{耕地面积}}\times100\% \tag{2-11}$$

$$\text{交通密度}=\frac{\text{交通线总长度}}{\text{土地总面积}} \tag{2-12}$$

$$\text{城市化水平}=\frac{\text{城镇人口总数}}{\text{人口总数}}\times100\% \tag{2-13}$$

2. 土地利用效益

土地利用效益包括经济效益、社会效益和生态效益。这三方面既要分别分析，又要综合分析。

（1）土地利用经济效益：衡量单位土地收益多少或以较少的投入取得较大的收益。其指标一般有土地生产率、亩产量、亩产值、亩净产值、亩纯收入、产投比等。

（2）土地利用社会效益：其指标包括人均商品量、商品率、人均税金、人均资源量、人均耕地、人均可利用面积、人均林地、人均草地、人均绿地等。为社会提供满足需求的资源量越多，说明土地开发利用越好。

（3）土地利用生态效益：指土地利用过程中对生态系统的生态平衡造成某种影响的效应。可对比同一自然环境下，人工生态系统与自然生态系统的生产能力的大小，其可说明自然条件是否得到充分的利用；对比在一定地域内人工生态系统的结构和自然生态系统的结构状态，可说明土地利用是否改善了环境条件。衡量指标如下：

$$\text{绿色植物覆盖率}=\frac{\text{林地面积+草地面积+种植面积}}{\text{土地总面积}}\times100\% \tag{2-14}$$

$$\text{土地退化面积比例}=\frac{\text{退化面积}}{\text{土地总面积}}\times100\% \tag{2-15}$$

此外，水土流失面积、土地沼泽化面积、土地沙化面积、土地潜育化面积、土地盐碱化面积、土地受灾面积（旱、涝、风、雹等）等比例，也是常用的表征土地退化程度的指标。

通过对上述土地利用的各种分析，进行土地利用现状评述，总结土地利用的变化规律、利用特点、成功的经验、土地利用存在的问题和生产的原因，并提出合理利用土地的设想。

二、土地评价

为了编制好土地利用总体规划，合理利用土地，必须进行土地评价。

（一）土地评价的目的

1. 为土地管理服务

科学的土地管理可以使土地资源达到最好的配置，使土地资源的开发和利用合理、高效、持续。而要做到科学地管理土地，必须进行土地评价，了解土地的适宜性，趋利避弊。当前土地管理的主要任务之一是保护耕地，要实现耕地总量动态平衡的目标，就必须对现有耕地和后备耕地资源进行评价。

2. 为土地利用规划服务

土地利用规划的目的是在空间和时间上合理配置土地资源，以最大限度地满足国民经济发展各方面的用地需求。土地评价的作用之一就是分析研究土地利用方式与土地特性或土地条件之间的关系，为确定土地利用规划方案提供科学依据。确定耕地面积、耕地质量和耕地的时空分布是土地利用规划的核心内容之一，而要达到这个目的就必须了解耕地对土地条件的要求，或了解一定的土地类型是否可以满足耕地用途，将两者协调起来。

3. 为土地估价服务

随着市场经济的发展，土地的出让、转让、出租、作价入股等土地交易行为日趋活跃。对土地的不同用途的适宜性评价，对其分等定级，可以为评估土地使用价格提供基础。土地估价又可进一步指导土地税收、土地承包经营费和征地补偿费等。

（二）土地适宜性评价

要做到因地制宜，可持续利用土地，首要的是进行土地适宜性评价，包括对耕地以及城市建设用地的适宜性评价。所谓土地适宜性，是指土地对一系列不同的土地利用方式的相对适宜性。因为不同区域的土地适宜不同的利用方式，具有不同的生产潜力和对退化不同的敏感性。

土地适宜性评价不仅要考虑自然因素，也要考虑社会因素和经济因素。自然因素包括气候、地形、土壤、水文等土地构成要素，社会因素和经济因素包括土地权属、经济区位、交通条件等。评价土地的适宜性首先需要鉴定土地类型，确定土地类型在气候、地形、土壤和社会经济方面的特性，然后将各种土地利用方式和生产体系对土地条件的要求与土地类型的特性相比较或匹配，确定对土地类型适宜的土地利用方式或生产体系。

1. 土地适宜性评价的原则

（1）土地适宜性评价以一定的利用方式为前提。不同的土地利用对于土地条件的要求是不同的。例如，适宜种植水稻的土地不一定适宜种植棉花，因为水稻可忍受排水条件不太好的土壤，而小麦必须种植在通气良好的农田上；牧草可在土层浅薄、多岩石露头的山地丘陵上生长，这样的土地上也可修建房屋，而要在这样的土地上种植需耕作的作物就不合适；沼泽地经过一定的改造可开辟为稻田或鱼塘，而若在其上筑路盖楼则一定要深处理，打好地基。

（2）土地评价的多宜性原则。土地适宜性评价是双向的，其不但要评价不同的土地类型对同一土地利用的适宜性，即土地利用方式的多选择评价，而且要评价同一土地类型对不同土地利用的适宜性，即土地类型的多宜性评价，以便发掘土地的最优用途。

就一种土地类型可以有多种用途来说，华北平原的土壤既可种植农作物，也可栽植树木，更可种植牧草。就一种土地利用方式可以满足多种土地类型来说，树木既可在山地栽植，也可在平原栽植；牧草可以在内蒙古高原生长，当然在水热条件更好的华北平原生长得更好。但土地资源有限，从合理安排各类用地角度，华北平原水热条件好，地形平坦，最好种植关系到人民温饱问题的农作物，而树木可以栽植在山地丘陵，牧草可以安排在内蒙古高原。这就是合理规划安排土地资源的例子。

（3）土地适宜性评价的综合性。土地适宜性评价涉及多学科知识，包括地学、农学、工程学、经济学和社会学等各方面的知识。进行土地适宜性评价时，要从多学科角度，综合全面地考虑土地特性，包括其自然属性和社会经济属性，不可偏颇。只有这样，评价结果才能为大众所接受，才有实际操作意义。

2. 土地自然适宜性评价

（1）土地自然适宜性评价的内容。气候、地形、土壤、水文等自然条件是影响土地特性的形成要素，不同的土地类型在气候、地形、土壤、水文等自然条件是不同的，即土地在自然特性方面是有差异的。植物生长或土地利用方式对土地的自然特性有一定的要求。土地自然适宜性评价就是评价某种植物或土地利用方式对土地自然特性的适宜程度，或者是评价某一土地类型对不同的植物或土地利用方式的适宜程度。

（2）土地的限制性。大多数土地自然适宜性评价是通过分析土地的限制性进行的。所谓土地的限制性，是指土地类型对植物或土地利用方式的限制程度，是土地质量不能满足植物生长的生理、生态要求或不能满足土地利用方式对土地条件的要求造成的。土地的限制性有大有小，它是确定土地自然适宜性等级的基础。土地的限制性因素可以分为可改变限制因素和不可改变限制因素。当然，可改变与不可改变是相对的。例如，气候条件相对于土壤养分对土地利用来说是不可改变限制因素，而土壤养分就是可改变限制因素。

（3）土地自然适宜性分类。土地自然适宜性分类就是根据一定的标准，确定土地对某种土地利用的适宜性和适宜程度，可根据土地的特性和质量定义描述土地。为了确定土地适宜性等级，潜在土地利用方式的要求需用相同的术语描述。例如，一个重要的土地特性可能就是水分的有效性，那么潜在的土地利用方式就根据它们对水分的要求来确定。根据适宜性分级，可以进行定量的快速土地评价。使用数学模型进行定量评价越来越多。

3. 土地经济适宜性评价

（1）土地的经济特性。土地既是资源，又是资产。土地是三大生产要素（土地、资本和劳动力）之一，是一切财富的源泉。土地的生产性决定了它具有使用价值。土地资源的面积有限性和稀缺性决定了它具有价格，土地市场必须遵循等价交换的原则。但是，土地资源不同于一般的商品。土地的价值和价格是由两方面组成的，一是土地的自然特性赋予它的，如土地自然肥力的不同使其在相同的管理条件下获得不等量的产品；二是人类对土地的劳动投入赋予它的，如通过基础设施的建设和修筑道路等，使土地的使用价值和价格升高。土地位置的固定性还决定了土地这个特殊商品不能移动或运输。

（2）土地经济评价指标。无论土地用于什么用途，以下三项是土地经济评价必不可少的指标：

① 单位面积土地的产量和产值。

② 单位面积土地的物质投入和生产成本。

③ 成本效益系数，包括净产值、纯收益、成本偿还率等。

（3）土地经济适宜性评价方法。土地经济适宜性评价就是从经济角度来研究土地自然适宜性评价结果的社会经济可行性。土地区位理论是进行土地经济适宜性评价的基础。土地经济评价通过成本/收益分析来评价不同的土地类型在一定的土地利用方式下的经济效益，或评价同一土地在不同的用途下的经济效益。因此，经济效益比较是土地经济适宜性评价的基础，投入/产出或成本/收益是土地经济适宜性评价的方法。土地的经济适宜性评价要考虑随时间变化的土地投入和产品的价格因素，也要考虑不同利用方式下的边际效益。

（三）土地资源质量评价

1. 土地资源质量的概念

土地资源的质量是土地可利用程度的标志，它是土地多种属性的综合体现，是评定土地适宜性、适宜等级的基础。质量较好的土地与质量较差的土地之间，在使用价值、适宜性、生产力等方面存在很大的差别。

2. 土地资源的质量特性

土地资源的质量特性主要表现在两方面：其一，土地资源质量具综合特性，它是自然特性和社会经济特性的总和，所以土地资源的质量既取决于组成土地的各种自然因素，又涉及人类社会活动的有关要素，它们之中任何因素的变化，都会直接或间接地影响土地质量的变化；其二，土地资源的质量具有可更新的特点，这就是说土地资源的质量是可以改变的，在自然因素作用下它们的质量在不断地变化着，如风化作用使土层变厚，侵蚀作用使土层变薄，动植物残体可改变养分状况，人类的参与更会造成土地资源质量的剧变。

3. 构成土地资源质量的因素

构成土地资源质量的因素很多，而且其随着土地利用的目的要求不同而变化，一般有以下几方面：

（1）环境因素。它是指环绕土地周围的各种环境因素的总和，就其范围而言，这些环境因素既有全球性的环境，也有地域性的环境，还有具体地块的立地环境，包括大气圈、水圈和岩石圈等。

（2）原生因素。原生因素是指较人为活动而言相对稳定的因素。其主要包括两方面：其一，立地条件，包括地形、经纬度、海拔高度等地理条件；其二，矿物质因素，包括岩石和矿物种类。

(3) 可更生因素。可更生因素主要是指对土地资源质量改变影响较大的因素。这些因素主要包括生态因素、工程因素（如公路、铁路、水利工程、造田工程等）、工业化因素（如机械化、化学化）、经营管理因素等。

4. 衡量土地资源质量的标准

土地资源质量的差别通常由土地的自然级别和经济级别的差异来表现。土地资源质量以前常用土地生产率来衡量。但是在现代大生产的条件下，同样生产率的两块土地，它们的产物价值虽然相同，但它们的经济效益、社会效益、生态效益不一定相同，所以单凭土地的生产率一项指标还难以完全反映土地资源的质量。衡量土地资源质量，一般有以下四项标准：

(1) 肥沃度标准。土地的肥沃度是土地资源质量的自然特性标准。土地的肥沃度是土地高产的基础，是可利用程度的标志。土地的肥沃度不仅包括土壤的养分状况，也包括了地形和水、热等气候条件的优越程度。

(2) 适宜性标准。土地的适宜性是指土地对指定用途的适合程度。不同的土地对不同的作物或不同的利用适宜性不同。对某些作物能获得高产的土地对另一些作物未必也能获得高产，对农业生产不适宜的土地可能是很好的工业用地。有些土地的适宜性较广，能适合多种用途的需要，有些土地的适宜性则较窄。因此，土地的适宜性将会直接影响土地的利用范围。在生产中适应性很广的土地，有更广的使用价值。

(3) 经济标准。对于肥沃度和适宜性相同的土地，因经济地理条件和交通条件的差别，其会产生不同的级差土地收入，使土地的经济效益产生差别，形成土地的质量差。因此，在评定土地资源质量时，必须考虑土地在经营中的经济特性。

(4) 潜在性标准。对不同的土地进行不同的投入会产生不同的经济效益。有些土地存在的障碍因素较小，只要进行少量的投入，土地的质量就可以发生飞跃性的提高；而另一些土地，即使进行大量的投入，土地质量也难以有很大的提高。认识土地质量的这种潜在性因素，对于合理开发土地资源、保护和提高土地质量非常重要。

(四) 土地承载力评价

1. 土地承载力的概念

土地承载力又称为土地资源的人口承载潜力，也就是说在可预见的时期内在一定生产条件下土地资源的生产潜力及在一定生活水平下承载的人口数量。

随着地球上人口的不断增长，资源、人口、环境这三者之间的矛盾正变得日益突出，“人口爆炸”是否会来临，我们居住的星球究竟可养活多少人口，土地的承载力是否有可能提高，如何提高等已成为普遍关注的问题。土地承载力的研究也日益为各国政府和科学家所重视。

2. 土地承载力研究的原理

土地承载力的研究是一个评价、规划与预测一体化的综合性研究。它以土地评价为基础，以土地生产潜力和开发前景为核心，以系统分析和动态分析为手段，以人口、资源和环境协调发展为目标。

（1）土地评价是土地资源人口承载力研究的基础。在计算土地资源人口承载力时，必须了解土地资源的数量和质量，而土地资源的数量和质量是通过土地评价过程获得的，因此，土地评价是土地资源人口承载力研究的基础。

（2）土地生产潜力是土地承载力研究的核心。一定区域内的土地资源究竟能承载多少人口，取决于两方面：一是土地的生产潜力，二是居民的生活水准或消费水准。土地的生产潜力越大，土地承载力也越大。相同土地生产潜力下，所需生活水准越高，土地承载力越低。因此，研究土地承载力的实质就是估算土地生产潜力，确定居民生活水准，而其中土地生产潜力的研究是土地承载力研究的核心。

（3）土地生态环境保护是土地承载力研究的先决条件。土地承载力是在保持良好的土地生态环境下的承载量，绝不能以牺牲生态环境为代价而提高土地承载力。因此，在研究土地承载力时，一定要处理好经济效益和生态效益之间的关系，充分考虑土地开发利用对生态环境的影响。

（4）科学技术和社会经济条件也是土地承载力研究中必须考虑的因素。社会经济条件的进步必然影响土地资源开发利用的深度和广度，可使土地的生物产量发生较大的变化，它可使得不同时期土地的承载力有较大的差异。因此，在估算不同时期土地资源、不同量级的土地承载力时必须考虑科学技术和社会经济条件的变化。

3. 影响土地承载力的因素

影响土地承载力水平的因素很多，主要有以下几方面：

（1）所研究地区的土地资源的数量和质量。

（2）所研究地区的气候资源及水资源状况。

（3）所研究地区的技术、经济条件。

（4）所研究地区由社会、文化状况制约的物质生活水平的平均需要。

（5）所要计算的土地承载力的时间段（因土地承载力随时间而变）。

4. 土地资源的生产潜力分析

土地承载力涉及资源、环境、人口、时间，受到多种因素的影响。但某一时期的土地承载力主要取决于土地资源的生产潜力。土地资源的生产潜力是指土地用于种植业、林业和牧业等，所具有的能够持续生产人类所需的生物产品的潜力或经济潜在产量。其主要是通过综合分析影响土地生产力的自然属性、社会经济条件和土地利用现状，估算出土地在不同管理和投入水平下，能够达到的最高产量。它是一个具有绝对数值的概念。

5. 联合国的农业生态区土地生产潜力评价方法

（1）发展历史。1976 年，联合国粮食及农业组织（Food and Agriculture Organization of the United Nations，FAO）发表了《土地评价大纲》。大纲中，根据土地的特性，如坡度、土壤质地、降雨、温度状况及水分有效性等确定土地单元，然后将这些土地单元与可能的土地利用方式匹配起来，最后根据土地单元对这些利用方式的适宜性进行评级。《土地评价大纲》及以后发表的《旱地农业土地评价指南》和《灌溉农业土地评价指南》提供了相当完整的土地特性及与其匹配的土地利用方式，是土地适宜性评价发展历史的里程碑。

在《土地评价大纲》所确定的土地适宜性评价方法的基础上，结合1974年世界粮食大会提出的人口与粮食问题，FAO利用现代计算机技术，以“农业生态区”（Agro-Ecological Zones，AEZ）方法，开展了土地人口承载力的研究。这个研究是在1978—1982年进行的，它对117个发展中国家（覆盖了非洲、亚洲和南美洲，不包括东亚的发展中国家）的土地资源的人口承载力作了分析，并在1983年11月得到了一些初步结果：

① 到2000年，如果发展中国家采用低投入水平耕作的话（不使用肥料、农药，不采取保护措施，即自然经济农业），其全部潜在可耕地（相当于现有耕地的3倍），也只能养活预计的人口；

② 为了养活未来人口，必须提高投入，加强土地利用，扩大耕地面积，对有些国家还需进行援助；

③ 人口增加最快的国家，也是本国土地资源最不能满足粮食需要的地区；

④ 到2000年，无法靠本国土地资源养活预计人口的国家将不少于64个，其中有38个国家将只能养活它们不到一半的人口。

AEZ方法被精心设计，以包括广泛的作物、树木和草品种以及动物生产类型，用于不同的生产系统。其对每个土地利用类型和生产系统组合，设计了预测土壤侵蚀的模型；根据不同的食物保障方案和投入水平，计算了土地的人口承载力。AEZ方法已与“农业计划和政策分析计算机系统”联结起来。

FAO又为大面积基本未受扰动的、保留了原始状态植被的地区，如巴西的亚马孙地区，开发了以AEZ方法为基础的另一个方法，叫作“生态经济区”。这个方法更加注重植被的环境价值。

FAO的专家们在1993年还研制成功了不同作物（2 100种）和土壤气候条件匹配要求的计算机查询系统，称为“生态作物系统”。

所有以上列举的各个时期的土地生产力评价系统，阶段性地代表了越来越系统化地预测在不同的作物和生产系统下，不同的土地单元或类型对土地利用或管理的反应，或计算在不同的土地利用和管理方案下潜在的土地生产力。

（2）方法原理。首先，AEZ方法准备数字化的土壤资源图（包括土壤类型、土壤质地、土壤坡度等信息）；其次，在其上叠加气候信息，特别是水分、温度和生长期长度等数据，这样就产生了“农业生态区”单元，每个“农业生态区”单元在土壤和气候特性上是均匀的；再次，在鉴定了“农业生态区”单元的基础上，根据作物依靠太阳光照吸收土壤中的水分和养分进行生物量生产的原理，计算每个“农业生态区”单元在不同的投入水平下的各种作物的产量；最后，按照不同的营养水平计算一定行政区内的土地人口承载力。AEZ方法是定量的土地生产力评价方法。

（3）计算方法与步骤。第一步是计算“农业生态区”单元的光温生产力，即假设在土壤没有任何限制因子、管理水平最佳、养分和水分充分满足作物生长要求情况下的作物生产潜力，实际上是计算理想状态下的作物最大光合产量（由叶面积、光照强度和光照时间决定），这一般也是水田或水浇地的最大理想产量。第二步是计算光温水生产力。这是指土壤条件无限制、养分充分满足的情况下，仅仅是由于水分供应不足而使作物的光温生产力下降所得到的作物生产力。可用作物相对蒸散量的不足程度（作物的最大蒸散量是在充足水分供应下，单位时间作物的耗水量）来计算由于水分不足而造成的产量降低，这一生产力是旱地作物（无灌溉）产量的上限。第三步是计算作物的光温土生产力或光温水土生产力。第二步是在第一步计算的基础上，考虑到土壤的限制而使光温生产力下降得到的作物生产力；第三步是在第二步计算的基础上，考虑到土壤的限制而使光温水生产力下降得到的作物生产力。这两项计算都考虑到了土壤的限制因子及其限制程度，用土壤适宜性评级的方法给予土壤适宜性修正值。第四步是计算在不同投入水平下的主要作物的产量，即在第三步计算的基础上，考虑耕作制度（作物组合）、田间管理技术、劳动投入与物化劳动投入等社会经济因素的组合，分别计算不同投入水平下的作物生产力。其计算结果是在一定的经营管理水平下，某一农业生态区单元的某种作物（八大作物）的潜在产量。第五步是计算人口承载力。将第四步计算出的作物产量折算为热量和蛋白质，按每人每天需要的热量和蛋白质数量标准，计算某一地区的人口承载力。这一计算要考虑人口结构和营养水平的差别，因此得出的结果应是某一国家或地区不同时期、不同营养水平下的人口承载力。

（五）农用地分等定级

农用地分等定级就是依据一定的标准与方法，将具有不同质量或生产力水平的农用地分为不同的等与级，以反映它们的差别。农用地分等定级实际上是土地评价的具体化，与土地适宜性评价、土地生产力评价等有许多相似之处。2003 年，国土资源部发布了行业标准《农用地分等规程》《农用地定级规程》，用来指导全国的农用地分等定级工作。

1. 农用地分等定级的概念

农用地等别是依据构成土地质量稳定的自然条件和经济条件，在全国范围内进行的农用地质量综合评定。农用地等别划分侧重于反映农用地潜在的（或理论的）区域自然质量、平均利用水平和平均效益水平不同而造成的农用地生产力水平差异。农用地分等成果在全国范围内具有可比性。

农用地级别是依据构成土地质量的自然因素和社会经济因素，根据地方土地管理工作的需要，在行政区（省或县）内进行的农用地质量综合评定。农用地级别划分侧重于反映因农用地现实的（或实际可能的）区域自然质量、利用水平和效益水平不同，而造成的农用地生产力水平差异。农用地定级成果在县级行政区内具有可比性。

2. 农用地分等定级的主要目的

（1）贯彻落实《土地管理法》。

（2）科学量化农用地质量及其分布。

（3）为实施区域耕地占补平衡制度和科学核算农用地生产潜力提供依据。

3. 农用地分等定级的原则

（1）综合分析原则。农用地质量是各种自然因素、经济因素综合作用的结果，农用地分等定级应以对造成等级差异的各种因素进行综合分析为基础。

（2）分层控制原则。农用地分等定级以建立不同行政区内的统一等级序列为目的。在实际操作上，农用地分等在国家、省、县三个层次上展开，农用地定级主要是由县级进行的。不同层次的评价成果都必须兼顾区域内总体可比性和局部差异性两方面的要求。在标准条件下，建立分等定级评价体系，进行综合分析，将具有类似特征的土地划入同一土地等或土地级。

（3）主导因素原则。农用地分等定级应根据影响因素因子的种类及作用的差异，重点分析对土地质量及土地生产力水平具有重要作用的主导因素的影响，突出主导因素对土地分等定级结果的作用。

（4）土地收益差异原则。农用地分等定级既要反映出土地自然质量条件、土地利用水平和社会经济水平的差异及其对不同地区土地生产力水平的影响，又要反映出不同投入水平对不同地域土地生产力水平和收益水平的影响。

（5）定量分析与定性分析相结合原则。农用地分等定级应尽量把定性的、经验的分析进行量化，以定量计算为主。对现阶段难以定量的自然因素、社会经济因素采用必要的定性分析，将定性分析的结果运用于农用地分等定级成果的调整和确定阶段的工作中，提高农用地分等定级成果的精度。

三、人口与土地需求量预测

经济发展、人口增长是影响土地需求，从而引起土地利用变化较为活跃的因素。人口增长导致居住用地的增加和人类吃穿等消费品的增加，从而要求扩大土地利用系统中相应土地利用类型的面积，造成土地利用结构的改变。而经济发展水平则决定了居民的购买力和消费水平，如食物结构中肉、鱼、蛋、奶的增加，必将造成土地需求结构的转变。国内外贸易市场也是基本影响因素之一。

预测是指预先或事先的预测或估计，是人们利用已经掌握的知识和手段，预先推知和判断事物的未来或未知状况。对人口及土地利用的科学预测是土地利用总体规划的基础，也是规划的科学工具。

（一）预测方法

当前各类预测方法大致可以概括为以下四类：

（1）直观型。直观型主要靠人的经验、知识和综合分析能力进行预测，如特尔菲法、头脑风暴法等。

（2）探索型。探索型对未来环境作具体假定，假定未来仍然按照过去的趋向发展，从而可以在现有知识的基础上探索未来发展的可能性，如趋势外推法、生长曲线法、历史类比法、分析模型法等。

（3）规范型。规范型根据需要和预想的目标来估测实现目标的时间、途径和可能的条件，如关联树法、网络技术及模拟方法等。

（4）反馈型。反馈型是探索型预测和规范型预测相互补充，并使它们处在一个不断反馈的系统之中。

其中，探索型与规范型预测的关系是辩证的：探索型是从现实可能出发，从现在推向未来；规范型则是从未来需要出发，从未来追溯到现在。在这四类预测中，直观型预测是最简单易行的，又是最基础的方法，不但在无法运用其他类型方法时必须用它，而且在运用其他类型方法的过程中有许多环节时也需要运用它。

（二）人口预测

规划期总人口的预测分为人口自然增长预测和人口机械增长预测。预测采用的总人口基数与政府正式公布的人口数一致。

（三）土地需求预测

耕地及园、林、牧、渔等各种农业生产性用地需求量取决于产品自给性需求量、商品量、生产周期和单位土地产量。产品自给性需求量应根据预测的人口规模和计划达到的人均自给产品占有量确定；调出、调入的商品量应由县内外市场需求情况确定；生产周期和单位土地产量宜参照当地平均水平，根据农业投入、科技和管理水平的发展确定。

建设项目的用地标准应采用已批准的行业用地定额标准，或平均先进的土地产出率指标，应区分居民点内的建设项目和居民点外的建设项目，用地需求量中应不包括居民点内的建设项目。建设用地发展规模确定以后，应根据建设项目具体场址条件，确定占用耕地和非耕地的比例。独立工矿、交通、水利等用地应按照已列入国民经济和社会发展规划的建设项目预测，未列入国民经济和社会发展规划的建设项目一般不包含其中。

各部门应根据预测要求，测算规划期间的人口和用地数量、类型，提出用地布局要求；土地利用总体规划班子对部门用地预测结果进行初步审核，凡不符合预测基本要求的，由有关部门修改或重新进行预测。

四、土地利用总体规划的环境影响评价

土地利用总体规划的环境影响评价是指规划实施后对可能造成的环境影响进行分析、预测和评价，提出预防或者减轻不良环境影响的对策和措施，进行跟踪监测的方法和制度，其可看作战略环境影响评价的一种。

（一）环境影响评价的原则

1. 因地制宜原则

土地利用总体规划的环境影响评价主要是针对土地利用总体规划可能导致的生态环境问题而评价的，如土地退化问题、水环境问题、生态系统的规划问题等。因此，应根据区域的实际情况，有针对性地选择相应的内容，建立与此相对应的评价指标体系和方法。

2. 层次性原则

我国现行的土地利用总体规划体系可分为全国、省（自治区、直辖市）、市（地区）、县、乡（镇）五个层次。不同层次规划对应的规划范围不同，产生的生态环境因子的时空范围、性质、程度等也各不相同，因此对应的环境影响评价在时间尺度、空间范围、详细程度及定量化水平上也有所不同。

3. 主导性原则

土地利用总体规划重点考虑直接或潜在的由土地利用总体规划（结构和布局的变化，以及土地开发利用和保护的重大工程等）导致的土地生态环境问题，主要包括地表水环境影响评价、土壤环境影响评价等。由土地利用总体规划引起的大气、噪声、污染环境等影响评价，或者是土地利用变化长期作用的结果，或者是更多地与人类利用土地的具体方式有关，因此不作为土地利用总体规划环境影响评价的重点。

（二）环境影响评价的主要内容

环境影响评价的主要内容是指土地利用规划的土地利用结构和布局，以及重大的工程对各种环境因素及其所构成的生态系统可能造成的影响。可能的环境影响主要体现在以下几方面：

（1）对土壤的影响。其主要体现在农业土地利用活动（如后备资源开发、农业结构调整等）导致的土地退化问题，包括水土流失、荒漠化、盐碱化等。

（2）对水环境的影响。土地利用与水的关系密不可分，对水资源的影响包括水量、水质和空间分布的变化。其主要表现在城市土地扩张对水量的影响和农业土地利用结构调整后灌溉用水增加导致的水资源数量供需平衡问题，也体现在对河道、湖泊天然形状的改变上。

（3）对生态系统的影响。土地生态系统由农田生态系统、草地生态系统、林地生态系统、湿地生态系统等不同的生态系统构成。土地利用结构的变化直接体现在生态系统上的变化。因此，生态系统的变化也是环境影响评价所要考虑的重要内容。

（4）对自然灾害的影响。许多的自然灾害是自然条件和人类活动共同作用的结果。在一些特殊的地区，土地利用规划或土地利用结构和布局的调整可能导致一些自然灾害的增加和减少。例如，非农业建设用地向水滨湿地的扩展，破坏了水滨湿地的雨水储存和对水流的缓冲作用，土壤持水能力下降，使洪水调蓄能力降低或被破坏，增大了区域洪涝灾害的程度和损失，如在英国的研究实例表明，湿地的破坏使洪峰增高了1.0～1.5倍。

（三）环境影响评价的步骤

1. 生态环境现状及评价

生态环境问题产生于人类社会经济发展的过程中，尤其体现在区域土地利用上。分析区域社会经济环境现状和土地利用特点，有助于深刻认识区域的生态环境问题。对区域生态环境现状的分析包括如下内容：

① 自然保护区面积与分布；

② 水土流失面积与分布，潜在水土流失面积与分布；

③ 湿地保护区面积与分布；

④ 草地退化面积与分布；

⑤ 土地荒漠化面积与分布；

⑥ 水资源数量与分布等。在对其数量进行分析的基础上，对自然保护区、湿地保护区等的保护质量，以及对水土流失、草地退化、荒漠化等的退化程度进行评价。

2. 土地利用总体规划可能引致的环境问题的识别

土地作为人类活动的载体，人类活动干扰所产生的环境问题都直接或间接地与土地利用活动有关。土地利用总体规划的环境影响评价主要是针对规划可能影响或导致的直接或间接累积性的，区内或区外的环境质量问题。从全国的尺度而言，主要考虑土地的荒漠化问题、水土流失问题、草地退化、盐碱化问题等。对地方尺度则包括不合理的土地资源开发利用可能会引发的消极环境影响：

① 陡坡地开垦为耕地可能会引发或加剧水土流失，或引发泥石流、滑坡等地质灾害；

② 围湖造田缩小湖面面积可能会增加洪涝灾害发生概率和程度；

③ 对某些水面、荒草地的开垦可能会破坏湿地或野生动物栖息地，进而对保护生物多样性造成负面影响；

④ 在水资源紧缺的地区，增加城镇用地（生活用水和工业用水增加）、扩大耕地和园地面积（农业用水增加）可能加速水资源的耗竭；

⑤ 非农建设可能会导致高质量农地的损失；

⑥ 土地利用的空间布局不当可能会导致生物群落生境的破碎化和岛屿化；

⑦ 大面积的城市化可能会降低景观的异质化程度，从而降低景观的抗干扰能力和稳定性等。

同时，合理的土地利用总体规划也会对环境产生积极的影响：

① 土地整理复垦可以增加农地数量和植被覆盖，改善生态环境；

② 生态建设用地可以促进生态系统的保护与建设等。开展土地利用总体规划环境影响评价的意义在于为国家和各级人民政府的环境保护和经济发展综合决策提供技术支持，提高土地利用总体规划的科学性和合理性，使之成为真正的为土地可持续发展服务的规划。

3. 环境影响评价指标分析

环境影响评价指标分析是根据土地利用总体规划可能导致的环境问题，分析能够表征问题的评价指标。与项目环境评价主要考虑的水污染物、大气污染物、噪声等直接的环境影响因子不同，土地规划环境评价重点考虑与可持续性有关的累积性的影响，如水土流失程度、荒漠化程度等指标（见图2-1）。

4. 土地利用总体规划的环境影响预测与评价

土地利用总体规划的环境影响预测与评价是以土地利用总体规划可能产生的环境影响及

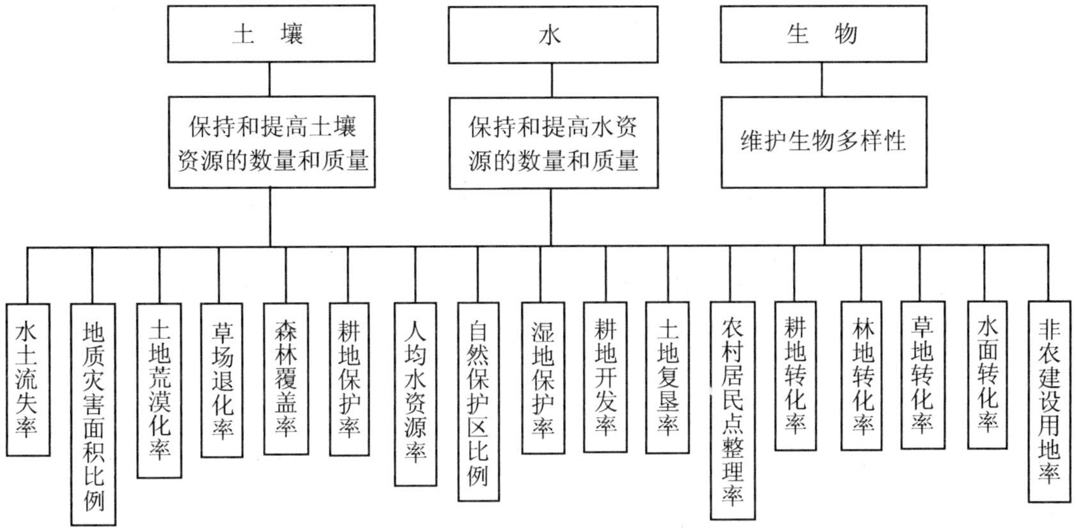

图 2-1　土地利用规划环境影响评价的指标体系

注：① 耕地开发率：开发的耕地面积/现状耕地总面积；

② 土地复垦率：非农建设用地复垦为农用地面积/现状非农建设用地面积；

③ 农村居民点整理率：农村居民点整理为农用地的面积/现状农村居民点面积；

④ 耕地转化率：耕地转化为非农建设用地面积/现状耕地总面积；

⑤ 林地转化率：林地转化为耕地及建设用地面积/现状林地总面积；

⑥ 草地转化率：草地转化为耕地及建设用地面积/现状草地总面积；

⑦ 水面转化率：水面转化为耕地及建设用地面积/现状水面总面积；

⑧ 非农建设用地率：增加的非农建设用地面积/现状非农建设用地面积。

评价指标为基础，将规划可能导致的环境效应与环境标准进行匹配，评价规划产生的环境影响程度。环境的标准包括定量和定性两种。定量的标准包括我国现行相关的环境标准（包括行业标准、自然资源保护的规定等），规划实施影响范围内的生态环境背景值或本底值，相似地区的类别标准等。来源于法律、相关的规划、相关的标准和地区的政策等的环境标准，有些是定量的，有些则是定性的。

5. 生态环境质量分区

生态环境问题具有区域性特征，不同区域的生态脆弱重点不同。为了实施重点问题重点治理与保护的策略，以及为土地利用总体规划中各类用地的布局提供依据，应根据土地生态环境问题及治理的主攻方向，进行生态环境质量分区。

6. 土地利用总体规划的建议

根据评价结果，提出土地利用结构或布局调整，重点开发、整理和保护地区设置以实施生态环境监测等建议。

第六节　县级土地利用总体规划编制

在我国五级土地利用总体规划体系中，县级土地利用总体规划是基础。县级规划属管理型规划，它既要落实全国、省、市（地区）级规划的指标和布局的要求，起总量控制作用，又直接面向基层土地管理，对全县范围内的各行业、各部门土地规划起指导和控制以及承上启下的作用。实践证明，县级规划是最重要的一级规划。

为规范县级土地利用总体规划的编制，国家土地管理局颁布了《县级土地利用总体规划编制规程》作为行业标准。以下介绍1997年10月颁布的《县级土地利用总体规划编制规程》中的主要内容。它适用于全国县级行政单位（县、市、旗，下同）土地利用总体规划的编制，城乡接合部市辖区土地利用总体规划也要参照它编制。

一、县级土地利用总体规划的任务

县级土地利用总体规划具体划分为不同功能的土地利用区域，直接控制和具体实现土地利用规划的各种需求。它也是保证省级和全国土地利用总体规划实现的关键。县级土地利用总体规划的任务如下：

（1）合理调整土地利用结构和布局，制定全县各类用地指标，确定土地整理、复垦、开发、保护分阶段任务。

（2）划定土地利用区，并确定各区土地利用管制规则。

（3）安排能源、交通、水利等重点建设项目的用地。

（4）将全县土地利用指标分解落实到各乡（镇）。

（5）拟定实施规划的措施。

县级规划期限应与国民经济和社会发展长期规划期限相适应，一般为10～15年。同时，规划应当展望长远的土地利用，展望期限为20～30年。在规划期限内，应当作出近期土地利用安排，期限一般为5年。

二、编制县级土地利用总体规划的准备工作

编制县级土地利用总体规划是一项系统工程，必须做好充分的准备工作。

（一）组织准备

县级人民政府应组建县级规划领导小组，其主要职责是：研究确定工作计划；协调各部门的关系；研究解决规划工作中的重大问题；审查规划方案。

规划领导小组下设办公室，负责规划的具体编制工作。各有关部门和各乡（镇）指定联络员，负责向办公室提供有关资料，反映用地需求和意见，参与规划方案的研究和协调。

规划工作班子确定后，首先要制订工作计划，包括规划指导思想、工作内容、工作步骤与方法、工作人员组成与分工、工作经费等；其次是制定技术方案，包括规划依据、规划内

容与方法、技术路线、成果要求等。

（二）收集资料

编制县级规划应对县域土地利用的现状、潜力和需求情况进行深入调查研究，取得可靠的基础资料。

1. 县域基础资料

（1）自然条件，包括气候、地貌、土壤、水文、自然灾害等。

（2）资源状况，包括矿产资源、生物资源、景观资源等。

（3）人口资料，包括历年总人口、人口自然增长、人口机械增长、非农业人口、流动人口、暂住人口等。

（4）经济发展资料，包括历年国内生产总值、固定资产投资、产业结构等。

（5）城乡建设及基础设施状况。

（6）主要产业发展状况。

（7）农业普查资料。

（8）生态环境状况。

（9）县域历史资料。

2. 土地资源与土地利用资料

（1）土地利用现状调查资料，包括数据、图件和报告（规划用地分类应以全国土地利用现状调查的分类为基础，根据需要可以对部分二级地类进行归并）。

（2）土地利用变更调查资料，包括数据、图件和报告（规划基期各类用地面积应采用最近一次土地利用变更调查的实有面积）。

（3）历年土地统计资料。

（4）历次非农建设用地清查资料。

（5）待开发土地资源调查及其他专项用地调查资料。

（6）土地评价、土壤分级资料。

3. 有关土地利用的规划资料

（1）国民经济和社会发展规划。

（2）上一级土地利用总体规划资料（县级规划应依据上一级土地利用总体规划对建设用地和耕地保护等指标的要求，结合实际制定）。

（3）上一次土地利用总体规划资料。

（4）国土规划、县域规划、基本农田保护规划、村镇规划、开发区规划、农业区规划、农业综合开发规划及林业、交通、水利等各专业部门涉及土地利用的规划资料。

三、土地供需分析

土地供需分析是根据土地利用现状及潜力分析、土地适宜性评价、土地需求量预测等专题研究的结果，比较土地供给量与土地需求量之间的差异，分析国民经济各部门发展对土地资源的需求和区域内土地资源对需求的可能满足程度。

（一）土地利用现状分析

（1）分析影响土地利用的自然与社会经济背景。

（2）分析土地资源数量和质量、土地利用结构和布局以及动态变化，总结土地利用的特点和变化规律，评价土地利用的经济、社会和生态效益。

（3）通过分析，明确土地利用总体规划需解决的土地利用问题，产生问题的原因及解决问题的途径。

（二）土地需求预测

（1）人口规模预测。

（2）耕地、园地、林地、牧草地等农用地需求量预测及布局发展趋势。

（3）城镇、农村居民点、独立工矿、交通、水利、特殊用地等建设用地需求预测及布局发展趋势。

（三）土地供给分析

土地利用总体规划中土地供给量分析，一是对区域内土地资源现状的数量进行分析，二是考虑各类土地未来的变化状况，如农业结构调整。此外还要对土地整理、复垦、开发等方面进行分析。

1. 土地整理、复垦、开发的远景潜力分析

（1）在分析各类农用地实际利用水平、集约利用程度的基础上，测算农地整理和集约利用，增加农地有效利用面积、提高土地单产的能力。

（2）在分析各类建设用地实际利用水平、集约利用程度的基础上，测算各类建设用地调整、改造和挖潜的能力。

（3）调查各类废弃地的面积、分布，评价废弃地适宜复垦利用方向和数量。

（4）分析未利用土地的类型、面积、分布，评价未利用土地适宜开发利用方向和数量。

2. 土地整理、复垦与开发规模预测

根据国家和地方政府有关政策要求和投资能力，通过投入产出和费用效益分析，预测规划期间土地整理、复垦、开发为各类用地的数量和预期效益。例如，计算耕地的供给量，为规划基期耕地面积与规划期间由于各种因素影响可能增加或减少的面积之和。可能增加的面积，包括上述土地整理、复垦、开发规模预测中可能变为耕地的面积，农业结构调整改变为耕地的面积。规划期间可能减少的耕地面积包括各类建设占用耕地的面积，农业结构调整需要退耕的面积以及各类灾害可能损毁的耕地面积。

（四）土地供需平衡分析

土地供需平衡是根据土地供给量对各产业用地需求量进行综合平衡，确定合理的产业需求目标，在维持土地生态系统的平衡和稳定的基础上，保证各产业的协调发展。保持各业用地供给与需求的平衡是整个社会经济协调发展的保证，因而土地供需平衡分析是土地利用总体规划的重要内容。

我国人多地少，在当前的生产力水平下，土地资源的供给总量是有限的，而各业用地需求却是无止境的。土地供给的“有限”和“稀缺”的本质，使得土地的社会需求只能部分或不完全满足，土地的社会需求必须受到土地供给的制约。

土地利用总体规划“以供给制约和引导需求”主要体现在以下两方面：

（1）数量控制。数量控制也称规模控制。例如，控制土地开发规模，即农用土地的供给量；控制建设用地规模，即非农用地供给量等。前者主要用于生态环境比较脆弱区，适宜开发的未利用地有限，过量开发将对区域的生态环境条件造成负面影响。后者则是在人地矛盾相对突出的地区，由于土地资源特别是耕地资源紧缺，必须对建设用地有条件地加以控制，搞好各用地部门的协调，以保障重要用地的供给。

（2）质量控制。质量控制主要是自然适宜性匹配。由于不同用地类型对土地的质量要求不同，而质量高的土地极其有限，因而当各产业用地不能得到全面满足时，要把有限的土地分配到社会效率、生态效率和经济效率都同步提高的项目上。在现阶段，特别应把优质的土地优先安排到对其质量要求高的耕地上，禁止陡坡开垦也是质量控制的一方面。

四、确定土地利用目标

土地利用目标是在一定期限内通过实施规划所要达到的利用土地的标准，可结合土地利用战略研究专题确定。

（一）确定规划目标的依据

（1）上一级土地利用总体规划的要求，或上级下达本县的土地利用控制指标。

（2）县国民经济与社会发展五年计划和十年规划。

（3）土地利用现状、利用潜力和各部门对土地的需求。

（4）需要解决的土地利用问题。

（二）规划目标

为保障经济社会持续、协调、健康地发展，规划期土地利用所要达到的目标，主要包括耕地保护；统筹安排各业用地；推进土地整理和复垦，适度开发宜农土地；提高土地利用率和产出率；改善土地生态环境。

为实现规划目标，还要确定近期土地利用所要达到的各项指标和要求。

五、土地利用结构与布局调整

土地利用结构与布局调整是为了实现土地利用的目标和规划任务，具体调整和确定各类用地的规模和结构，包括规划末期各类用地的规模和规划期内各类用地增减变化两方面。

土地利用结构与布局调整具有两方面的功能：一是综合平衡各个产业对土地的需求，促进社会经济可持续发展；二是为编制和实施中近期土地利用计划，加强用地指标控制提供依据。

（一）土地利用结构与布局调整的原则

（1）贯彻可持续发展战略，坚持以土地资源可持续利用为根本出发点。

（2）严格保护基本农田，控制非农业建设占用耕地。

（3）提高土地利用率。

（4）以供给制约和引导需求统筹安排各类用地，为实现社会经济发展战略目标提供用地保障。

（5）土地开发、利用、整治、保护相结合，实现土地利用三大效益的统一。

（二）土地利用调整次序

根据土地利用结构与布局调整的原则，确定土地利用调整次序如下：

（1）优先安排农业用地。

（2）农业用地内部优先安排耕地。

（3）非农业建设用地内部优先安排交通、水利、能源、原材料工业等重点建设项目用地，其他建设用地按照产业政策安排。

（4）各类用地的扩大以内涵挖潜为主，集约利用，提高土地产出率。

（5）林牧渔业用地确需扩大的，应充分利用荒山、荒坡、荒水、荒滩地，除改善生态环境的必要用地外，其他均不得占用耕地。

（6）建设用地确需扩大的，应尽量占用劣地，应特别控制占用耕地及林地。

（三）土地利用结构与布局调整的步骤和方法

土地利用结构与布局调整一般常用的方法是综合平衡法，即在土地供需状况分析的基础上，根据土地利用目标和国民经济与社会发展计划以及有关产业政策，对各业用地的需求量进行综合平衡，确定规划末期各类用地的规划指标。基本步骤如下：

（1）审核各类用地数量与布局。对土地供需预测结果应从数量和布局上进行审核，对其中存在的问题经协调解决以后予以核定。

（2）用地数量综合平衡。经核定的各类用地供给量与需求量作为用地数量综合平衡的依据，如各业用地供求数量上出现矛盾，则应以土地有效供给量为基础，根据规划原则和土地利用调整次序进行综合平衡。

（3）用地布局综合平衡。在用地数量平衡的基础上，再审查各部门要求的用地位置、范围是否存在矛盾；如存在矛盾，也根据规划原则和土地利用调整次序协调解决。

（4）部门用地需求预测在用地结构与布局平衡中未能落实的，应会同有关部门研究提出新的用地调整方案，再次参与结构与布局调整的平衡。

（5）经多次协调难以达成一致的，由规划办公室提出处理意见，交规划领导小组讨论决定。

（6）拟定全县土地利用结构调整和重点建设项目用地布局方案，划定土地利用区，确定土地整理、复垦、开发任务，并将全县各类用地指标分解至各乡（镇）。

（四）拟定全县土地利用结构调整方案

（1）在对规划期间全县土地利用结构和布局进行综合平衡和充分协调的基础上，拟定各类用地调整指标，编制全县土地利用结构调整规划表（见表2-1），表中列出了规划期和近期全部一级地类和主要控制的二级地类的面积和比例。

表 2–1　土地利用结构调整规划表

<table>
<tr><th colspan="2" rowspan="2">地类</th><th colspan="2">基期年</th><th rowspan="2">基间面积增减/hm²</th><th colspan="2">近期年</th><th rowspan="2">基间面积增减/hm²</th><th colspan="2">规划年</th></tr>
<tr><th>面积/hm²</th><th>面积百分比</th><th>面积/hm²</th><th>面积百分比</th><th>面积/hm²</th><th>面积百分比</th></tr>
<tr><td colspan="2">土地总面积</td><td></td><td></td><td></td><td></td><td></td><td></td><td></td><td></td></tr>
<tr><td colspan="2">耕地</td><td></td><td></td><td></td><td></td><td></td><td></td><td></td><td></td></tr>
<tr><td colspan="2">园地</td><td></td><td></td><td></td><td></td><td></td><td></td><td></td><td></td></tr>
<tr><td colspan="2">林地</td><td></td><td></td><td></td><td></td><td></td><td></td><td></td><td></td></tr>
<tr><td colspan="2">牧草地</td><td></td><td></td><td></td><td></td><td></td><td></td><td></td><td></td></tr>
<tr><td rowspan="6">居民点及工矿用地</td><td>小计</td><td></td><td></td><td></td><td></td><td></td><td></td><td></td><td></td></tr>
<tr><td>城镇</td><td></td><td></td><td></td><td></td><td></td><td></td><td></td><td></td></tr>
<tr><td>农村居民点</td><td></td><td></td><td></td><td></td><td></td><td></td><td></td><td></td></tr>
<tr><td>独立工矿</td><td></td><td></td><td></td><td></td><td></td><td></td><td></td><td></td></tr>
<tr><td>盐田</td><td></td><td></td><td></td><td></td><td></td><td></td><td></td><td></td></tr>
<tr><td>特殊用地</td><td></td><td></td><td></td><td></td><td></td><td></td><td></td><td></td></tr>
<tr><td rowspan="6">交通用地</td><td>小计</td><td></td><td></td><td></td><td></td><td></td><td></td><td></td><td></td></tr>
<tr><td>铁路</td><td></td><td></td><td></td><td></td><td></td><td></td><td></td><td></td></tr>
<tr><td>公路</td><td></td><td></td><td></td><td></td><td></td><td></td><td></td><td></td></tr>
<tr><td>农村道路</td><td></td><td></td><td></td><td></td><td></td><td></td><td></td><td></td></tr>
<tr><td>民用机场</td><td></td><td></td><td></td><td></td><td></td><td></td><td></td><td></td></tr>
<tr><td>港口码头</td><td></td><td></td><td></td><td></td><td></td><td></td><td></td><td></td></tr>
<tr><td rowspan="3">水域</td><td>小计</td><td></td><td></td><td></td><td></td><td></td><td></td><td></td><td></td></tr>
<tr><td>水利设施</td><td></td><td></td><td></td><td></td><td></td><td></td><td></td><td></td></tr>
<tr><td>其他</td><td></td><td></td><td></td><td></td><td></td><td></td><td></td><td></td></tr>
<tr><td></td><td>未利用土地</td><td></td><td></td><td></td><td></td><td></td><td></td><td></td><td></td></tr>
</table>

（2）根据各类用地调整指标和土地整理、复垦、开发方案，编制全县耕地规划平衡表（见表 2–2），表中列出了规划期间和规划近期、远期补充耕地，减少耕地和净增（减）耕地的面积。

表2-2　耕地规划平衡表　　单位：hm^2

期限	规划期间补充耕地			规划期间减少耕地				规划期间净增（+）、减少（-）耕地
	增加合计	整理复垦	土地开发	减少合计	建设占用	退耕	灾毁	
近期规划								
远期规划								
规划期间合计								

（3）确定非农业建设用地控制指标。为了切实保护耕地，要将非农业建设用地分解为占用耕地和占用非耕地两项，并汇总为表2-3。

表2-3　非农业建设用地控制指标表　　单位：hm^2

项目	×年至×年			×年至×年			规划期间			备注
	合计	耕地	非耕地	合计	耕地	非耕地	合计	耕地	非耕地	
一、居民点用地										
1. 城镇										
2. 农村居民点										
二、独立工矿用地										
1. 煤炭										
2. 建材										
……										
三、交通用地										
1. 铁路										
2. 公路										
3. 其他										
四、水利用地										
1. 水库										
2. 其他										
五、其他										
总计										
平均每年占地										

（五）确定重点建设项目用地布局方案

（1）重点建设项目是指对国民经济发展起重要作用的独立建设项目，包括交通、水利、能源、原材料工业等骨干性工程。

（2）根据各重点建设项目在规划期内的用地需求预测，在土地利用结构与布局综合平衡的基础上，编制重点建设项目用地指标明细表（见表2-4），表中列出了各规划建设项目的用地规模、位置、占用耕地面积，以及建设性质、年限、内容等。

表2-4 重点建设项目用地指标明细表 单位：hm^2

用地部门	项目名称	建设性质	建设年限	建设规模	用地定额	用地面积	其中		所在乡（镇）	备注
							耕地	非耕地		

（3）重点建设项目占地面积大，能按比例尺上图的，应单独划分土地利用区；面积较小，不能按比例尺上图的，在规划图上用符号表示其位置，面积计入所在土地利用区。

（六）拟定土地整理、土地复垦和土地开发方案

土地整理是指对村庄、农田和其他零星土地采取综合治理和调整措施，以增加耕地及其他农业用地的有效利用面积，提高土地生产率，改善生态环境的活动。土地复垦是指对因各种自然和人为因素造成破坏的土地采取治理措施，使其恢复到可供利用状态的活动。土地开发是指对未利用的后备土地资源采取工程和生物等措施，使其投入经营与利用的活动。

土地整理、土地复垦和土地开发方案（见表2-5），应在土地整理、土地复垦和土地开发的远景潜力分析和投资可行性分析、效益分析等基础上，结合土地利用结构与总体布局调整要求拟定，内容包括土地整理、土地复垦和土地开发的区域范围、利用方向与规模，重点项目与要求，分期实施方案，资金方案，效益分析，管理措施等。

表2-5 土地整理、复垦、开发方案

项目名称	主要内容	位置及范围	面积/hm^2	备 注

（七）拟定乡（镇）土地利用控制指标

分析各乡（镇）的自然和社会经济条件、土地资源利用现状和利用潜力、经济发展方向，按照全县土地利用结构与总体布局调整要求，在县、乡（镇）两级协调的基础上，分解、拟定各乡（镇）土地利用控制指标（见表2-6）。

表2-6　乡（镇）规划前后各类用地面积表　　单位：hm^2

项 目	时期	总计	耕地	园地	林地	牧草地	城镇、村及工矿用地	交通用地	水域	未利用土地
全县合计	现状									
	规划									
×乡	现状									
	规划									

六、土地利用分区

土地利用分区是指按照土地基本用途划定土地利用区。土地利用分区应以土地适宜性为基础，根据规划原则、土地利用调整次序和经济社会发展需要划定。

（一）分区的步骤与方案

（1）拟定土地利用分区方案，收集、整理分区所需图件和其他资料。

（2）以土地利用现状图为规划底图，根据土地利用结构和布局调整结果，在规划底图上分区划线。分区划线应尽可能利用明显的线状地物或河川、山脊等自然地物界线。

（3）统计分区总面积，分区总面积应与土地利用结构调整指标相协调，否则，应调整土地利用分区或用地指标，直至协调。

（4）整理分区结果，规定各区土地用途管制规划。

（二）因地制宜确定土地利用分区类型

一般可设立以下九种土地利用区。

1. 农业用地区

农业用地区是指为发展农业生产需要划定的土地区域。

（1）除城镇、村镇、独立工矿区近期建设规划范围内的耕地和已列入生态建设规划实施项目的退耕土地以外，其余耕地原则上均应划入农业用地区。

（2）沟渠、道路等为农业生产服务的设施用地和农田之间其他类型的零星土地一并划入农业用地区。

（3）农业用地区根据需要可进一步分为基本农田和一般农田。

下列土地原则上划为基本农田：

① 已批准的城镇总体规划的近期建设规划范围以外的农田；

② 村镇建设用地周围的农田；

③ 铁路、公路等交通沿线的农田；

④ 生产条件较好、集中连片、产量较高的农田；

⑤ 国家规定需要保护的其他农田。

下列土地可以划为一般农田：

① 规划确定为农业使用的宜农后备土地资源；

② 坡度大于25°，未列入生态建设规划实施项目的耕地；

③ 江河泄洪区内的耕地。

2. 园地区

园地区是指发展果、桑、茶、橡胶及其他多年生作物需要划定的土地区域。下列土地应划入园地区：

（1）集中连片的果园、桑园、茶园、橡胶园等种植园用地，其中已划入其他用地区的园地除外。

（2）规划确定为种植园的宜园后备土地资源。

（3）上述土地范围内其他类型的零星土地。

3. 林业用地区

林业用地区是指发展林业和改善生态环境需要划定的土地区域。下列土地应划入林业用地区：

（1）现有的有林地、灌木林地、疏林地、未成林造林地、迹地和苗圃，其中已划入其他用地区的林地除外。

（2）已列入生态建设规划的造林地。

（3）规划确定为林业使用的宜林后备土地资源。

（4）上述土地范围内其他类型的零星土地。

4. 牧业用地区

牧业用地区是指发展畜牧业需要划定的土地区域。下列土地应划入牧业用地区：

（1）现有的人工、改良和天然草地，其中已划入其他用地区的牧业用地除外。

（2）规划确定为畜牧业使用的宜牧后备土地资源。

（3）上述土地范围内其他类型的零星土地。

5. 城镇建设用地区

城镇建设用地区是指城镇建设需要划定的土地区域。下列土地宜划入城镇建设用地区：

（1）设市城市和建制镇的建成区。

（2）已批准的城镇总体规划的近期建设用地区域。

6. 村镇建设用地区

村镇建设用地区是指村镇建设需要划定的土地区域。

（1）聚居人口平原地区为200～1 000人，山区为100～500人的，原则上按居民点现有建设用地范围划定为村镇建设用地区，不再扩大。目的是逐步迁并小村庄。

（2）聚居人口平原地区大于1 000人，山区大于500人的，按已批准的村镇规划的近期建设用地范围划定；未制定村镇规划的，如村镇内现有空地不能满足未来五年人口增长需要的，可按其不足部分增划建设用地，人均村镇建设用地指标应符合《村镇规划标准》的规定。

7. 独立工矿用地区

独立工矿用地区是指独立于城镇、村镇建设用地区之外的工矿建设需要划定的土地区域。下列土地宜划入独立工矿用地区：

（1）规划期间不改变用途的独立工矿用地。

（2）已列入基本建设投资计划的规划工矿建设用地。

划定独立工矿区用地时应注意以下几个问题：

（1）经国务院与省级人民政府批准设立的独立于城镇之外的工业开发区、经济开发区等，按开发区总体规划确定的近期建设用地范围划定。

（2）占用耕地建砖瓦窑的，要限期调整、复垦，不得划入独立工矿用地区。

（3）独立工矿用地应满足建筑、交通、水源、排水、能源、环保等建设条件。

8. 自然和人文景观保护区

自然和人文景观保护区是指为保护特殊的自然、人文景观划定的土地区域。森林公园、风景名胜、文人古迹及其他具有特殊自然、人文景观价值的土地，已批准为保护区或旅游区，并有明显界线的，可划入景观保护区；已经批准但无明显界线的，应会同主管部门按照有关用地要求划定。自然和人文景观保护区与其他土地利用区重叠的，可划定为复区。

9. 其他用地区

根据实际利用需要划定的其他用地区域。

（三）制定分区土地利用管制规划

1. 农业用地区

（1）农业用地区内的土地主要用于农业生产并直接为农业生产服务。

（2）鼓励农业用地区内的其他用地转为农业生产及直接为农业生产服务的用地；按规划可保留现状用途的，不得擅自扩大用地面积。

（3）控制农业用地区内的农田转变用途。国家能源、交通、水利、国防等重点建设项目，无法避开农业用地区内基本农田的，应经法定程序修改规划，并按《基本农田保护条例》的规定严格审批用地。

（4）禁止占用农业用地区内的基本农田进行城镇、村镇、开发区和工业小区建设；禁止占用农业用地区内的基本农田建窑、建房、建坟或擅自挖沙、采石、取土、堆放固体废弃物等。

2. 园地区

（1）园地区内的土地主要用于园业生产及其服务设施建设，不得擅自转变用途。

（2）鼓励将园地区内影响园业生产的其他用地调整到适宜的用地区。

（3）控制园地区内耕地改变用途。确需改变的，必须按照有关规定严格审批。

（4）严禁各类建设占用名、特、优、新种植园用地。

3. 林业用地区

（1）林业用地区内的土地主要供林业生产和生态环境保护及其服务设施使用，不得擅自转变用途。

（2）鼓励将林业用地区内的影响林业生产的其他用地调整到适宜的用地区。

（3）控制林业用地区内耕地改变用途。除为了改善生态环境，法律规定确需退耕还林外，其他耕地不得擅自改变用途。

（4）严禁各类建设占用水土保持林、水源涵养林、防风固沙林及其他各种防护林用地。

4. 牧业用地区

（1）牧业用地区内的土地主要供畜牧业生产使用。

（2）鼓励将牧业用地区内影响畜牧业生产和现状用途不适宜的其他用地调整到适宜的用地区。

（3）保护优良草场。开垦牧草地的，必须避免造成水土流失、荒漠化、盐渍化等生态环境问题，并依照有关规定批准后方可实施。

5. 城镇建设用地区

（1）城镇建设用地区内的土地主要用于城镇建设，严格执行城镇总体规划。

（2）城镇建设应当充分利用现有建设用地和空闲地，确需扩大的，应当首先利用非耕地和劣质耕地。

（3）城镇建设用地区内的土地，在批准改变用途以前，应当按原用途使用。废弃撂荒的土地，能耕种的必须及时恢复耕种。

（4）保护和改善城镇生态环境，禁止建设占用规划确定的永久性绿地、菜地和基本农田。

6. 村镇建设用地区

（1）村镇建设用地区内的土地主要用于村镇居民住宅、乡（镇）村企业、乡（镇）村公共设施和公益事业等建设，严格执行村镇规划。

（2）鼓励通过土地整理，将其他用地区内零散分布的村庄和乡（镇）村企业，向村镇建设用地区集中。严禁在村镇建设用地区以外新增用地用于村镇建设。

（3）村镇建设应当充分利用现有建设用地和空闲地，确需扩大的，应当首先利用非耕地或劣质耕地。

（4）保护和改善村镇环境，防止水土污染。

7. 独立工矿用地区

（1）独立工矿用地区内的土地主要用于工矿生产建设并直接为工矿生产服务。

（2）生产建设过程中因挖损、塌陷、压占等造成破坏的土地应当及时复垦，宜农土地应当优先复垦为耕地。鼓励其他零散分布的工矿企业向独立工矿用地区集中。

（3）严禁擅自占用独立工矿用地区内的农田。

（4）保护和改善生态环境。

8. 自然与人文景观保护区

（1）自然与人文景观保护区的土地必须服从保护需要，严格执行保护区总体规划和有关法律法规。

（2）自然与人文景观保护区内影响自然与人文景观保护的其他用地，应按要求调整到适宜的用地区。

（3）自然与人文景观保护区内除与保护需要直接相关的建筑外，禁止其他各类建设；禁止开山炸石、取土制砖、修墓、乱砍滥伐、倾倒废物污水等破坏景观资源的行为。

9. 其他用地区

其他用地区的土地应服从特定用途需要。

土地利用分区图绘制出来以后，要分别量算各种用地区面积，土地利用分区面积统计见表2–7，并与表2–1比较。

表2–7 土地利用分区面积统计

	总计	农业用地区		园地区		林业用地区		牧业用地区		城镇建设用地区		村镇建设用地区		独立工矿用地区		自然与人文景观保护区		其他用地区	
	面积/hm^2	面积/hm^2	所占比例	面积/hm^2	所占比例	面积/hm^2	所占比例	面积/hm^2	所占比例	面积/hm^2	所占比例	面积/hm^2	所占比例	面积/hm^2	所占比例	面积/hm^2	所占比例	面积/hm^2	所占比例
××乡……																			

注：按乡镇统计。

七、供选方案的拟订与规划协调

（一）拟订规划供选方案的要求

（1）在编制土地利用结构与布局调整方案过程中，应分析土地利用的影响因素和变化趋势，根据土地利用调控措施、投入水平或保证条件的不同拟订规划供选方案。

（2）每个供选方案均需保证规划主要目标的实现。

（3）对每个供选方案实施的可行性进行分析论证、综合评价后，提出推荐方案，供领导小组审定。

（二）可行性论证

1. 技术可行性论证

技术可行性论证包括如下内容：

（1）基础资料和数据是否详实。

（2）分析、评价、预测的各项技术指标和参数是否准确可靠。

（3）土地利用指标的确定和利用分区的划定依据是否充分。

（4）规划方案对于规划目标和任务满足的程度。

2. 组织可行性论证

组织可行性论证包括如下内容：

（1）管理体制、运行机制是否有利于规划方案的实施。

（2）各种调控措施资金投入的可能性。

（3）部门和公众代表对规划方案接受的程度。

（4）实施规划的措施是否切实可行。

3. 规划实施效益论证

（1）社会效益是指土地利用对社会发展的保障和促进作用。其应从主要农产品人均占有量、商品量，城乡居住、就业条件，交通、水利等基础设施的改善，贫困地区经济发展等方面进行论证。

（2）经济效益是指土地利用的投入产出经济效果。其应从提高土地利用率、产出率、集约度的经济效果等方面进行论证。

（3）生态效益是指土地利用对生态环境的改善作用。其应从森林覆盖率、水土流失防治、土地污染治理、土地质量提高等方面进行论证。

（三）协调

规划编制过程中对部门用地需求提出调整的，应与有关部门进行协调，多次协调达不成一致意见的，应提交县级人民政府或规划领导小组决定。

土地供需矛盾较大，涉及部门较多的，应由县级人民政府组织召开有关部门、单位参加的协调会议，提出解决办法。涉及对上级下达的规划控制指标的调整，须按程序报上级人民政府和主管部门批准。

县级规划初稿和草图完成后，应送各部门、各乡（镇）征询意见，并召开领导小组会议进行审议，确定规划送审方案。

八、制定实施规划的政策措施

土地利用总体规划是否达到预期目标，关键在于实施。因此，在规划中必须提出实施规划的有关政策和重大措施，作为政府和土地管理部门实施规划的依据和措施保证。

土地利用总体规划的实施措施主要如下：

（1）政府行政管理措施。将土地利用总体规划纳入政府工作范畴，并制定配套的制度与条件等，如实行规划公告制度；实行土地用途管制制度；实行农用地转用许可与审批制度；实行占用耕地补偿制度；实行土地开发复垦专项资金制度；实行规划实施的监督检查制度等。

（2）经济措施。运用价格、税费、奖金、罚款等经济手段来进行土地利用总体规划的管理，促进规划的实施。用经济方法管理的实质，就是物质利益问题。建设和完善土地利用的内在经济机制，把积极的经济手段与政府的规划意图、社会的整体利益结合起来，有利于高效、合理地利用土地，有利于规划的实施。

（3）法律措施。土地利用总体规划一经批准，即建立与之配套的地方法规、规章强制执行。从国际经验看，法治方法是土地利用规划管理最通行、最基本的方法。

（4）技术措施。土地利用总体规划的实施还要运用科学、先进的管理方法，提高管理效率和管理水平。目前在土地利用规划管理中应用较多的现代科学技术是“3S”技术，即遥感（Remote Sensing，RS）、地理信息系统（GIS）和全球定位系统（Global Positioning System，GPS）技术。最近几年，国家应用遥感监测成果对规划实施情况进行监测，收到了很好的效果。

九、规划成果

（一）县级规划成果

县级规划成果包括规划文本、规划说明、规划图件及附件。

1. 规划文本的主要内容

（1）前言：简述规划目的、任务、依据和规划期限。

（2）土地资源利用状况：简述土地资源利用现状和潜力，阐明土地利用中存在的主要问题。

（3）规划目标与方针：阐述规划目标、近期规划任务和土地利用方针，展望远景土地利用目标。

（4）土地利用结构调整：阐述规划期各类用地调控数量、结构变化，以及各类土地利用原则、调控措施。

（5）土地利用分区：阐明各类土地利用区的面积、分布和分区土地利用管制规则。

（6）重点建设项目用地布局：简述重点建设项目用地配置情况。

（7）土地保护、整理、复垦和开发：简述土地保护、整理、复垦和开发的区域范围、利用方向和目标，重点项目概况，分期实施计划，管理措施。

（8）乡（镇）土地利用：简述各乡（镇）土地利用调控指标分解方案。

（9）实施规划的措施，阐明实施规划的行政、经济、法规和技术手段。

2. 规划说明的主要内容

（1）属修编规划的：说明上一轮规划实施情况、存在的问题及修编的必要性。

（2）编制规划的简要过程。

（3）规划的指导思想、原则和任务。

（4）规划中若干具体问题的说明，包括基础数据来源，重要规划指标和用地布局的依据，供选方案的可行性和效益评价，推荐方案的理由，上一级规划指标落实情况，部门用地协调情况，实施规划的条件等。

3. 规划图件的主要内容

规划图件包括土地利用总体规划图、土地利用现状图。比例尺为 1 ∶ 25 000 ~

1∶50 000。如辖区面积过大，可适当缩小图纸比例尺。

（1）土地利用总体规划图应以土地利用现状图为底图（基础），参照土地适宜性评价图，根据土地利用结构调整和布局方案进行编制。

（2）土地利用总体规划图的主要内容：

① 县级、乡（镇）级行政界线及占地面积大的用地单位的土地权属界线；

② 土地利用区及界线；

③ 地类界线，重要的线状地物或明显地物点，丘陵、山区的主要等高线等。

图面配置还应包括图名、图廓、图例、方位坐标、面积汇总表、邻区名称界线、规划期限、比例尺、编图单位、编图时间等内容。规划图例应符合规范。

（3）土地利用现状图应采用土地变更调查更新的土地利用现状图。

4. 规划附件的主要内容

（1）专题研究报告：调查研究和规划协调过程中形成的各种专题报告，包括土地利用现状分析、土地供需预测、土地评价、土地利用总体规划与城镇规划和基本农田保护规划的协调情况报告等。

（2）基础资料和图件：规划过程中收集的各种资料和图件，有关的文件、文稿、草图以及土地评价图等。

（3）工作报告：包括规划的组织领导、参加人员，规划编制过程，规划内容与方法，完成的主要成果，工作体会等。

（二）成果评审

为了保证县级规划成果质量，由上级土地管理部门组织规划评审小组对规划成果进行评审。

县级规划成果评审应以《土地利用总体规划编制审批规定》和相关规程的各项规定为准，规划成果应符合下列要求：

（1）贯彻耕地总量动态平衡的要求，充分体现了切实保护耕地、严格控制各类建设用地、集约利用土地的原则精神。

（2）落实了上一级规划的土地利用控制指标。

（3）规划需要解决的土地利用问题符合实际，规划目标和任务切实可行。

（4）土地利用结构调整依据充分，各业用地原则正确，调控措施切实可行。

（5）耕地占补平衡挂钩的要求得到落实。

（6）土地利用分区合理，界线明确，并结合实施制定了分区土地利用管制规划。

（7）重点建设项目安排合理，用地位置清楚。

（8）土地整理、复垦、开发的潜力分析和可行性分析比较深入，重点项目明确，分期实施计划可行。

（9）规划指标分解落实到各乡（镇），指标分解与用地布局控制紧密衔接。

（10）规划与城镇规划及其他部门规划协调较好。

（11）规划文本、说明及专题研究内容符合要求，论述清楚。

（12）规划图内容全面，编绘方法正确，图面整洁清晰。

（13）规划采用的基础资料可靠。

（三）评审结论

规划成果评审小组对被评审的规划成果应作出结论。符合上述各条规定的应评为合格。对规划成果不合格的或部分内容不合格的，评审小组应提出纠正、修改或补充的具体意见。

十、乡（镇）级土地利用总体规划

乡级土地利用总体规划的任务是根据县级土地利用总体规划的要求和本乡（镇）自然社会经济条件，综合研究和确定土地利用的目标、发展方向，统筹安排各类用地，协调各业用地矛盾，确定各类用地规模，划定土地用途区，重点安排好耕地、生态用地及其他基础产业、基础设施用地，确定村镇建设用地和土地整理、复垦、开发的规模和范围，以控制和引导城乡土地利用。

乡（镇）级土地利用总体规划处于土地利用总体规划体系的最低层，属实施型规划，因此其土地用途分区及分区管制用途（见表2-8）更加具体。规划成果也更重视定位落实，以规划图为主，图件比例尺1∶10 000，图上除保留主要基础设施及重要地物、主要风景旅游资源、文物古迹、蓄洪区、滞洪区、地质灾害易发区、等高线等土地利用现状要素外，还须划出土地用途区范围界线，城镇和村镇建设用地区近期建设用地范围界线，重点建设项目用地位置和范围，土地整理、复垦、开发项目范围等。

表2-8　土地用途分区及分区管制用途（试行稿）

土地用途	基本农田保护区	一般农地区	林业用地区	牧业用地区	城镇建设用地区	村镇建设用地区	村镇建设控制区	工矿用地区	风景旅游用地区	自然与人文景观保护区	其他用地区
耕地	√	√	△	△	○	○	√	○	△	○	
园地	△	√	√	△	○	○	√	○	√	△	
林地	△	√	√	√	○	○	√	○	√	√	
牧草地	○	√	△	√	○	○	√	○	√	△	
畜禽饲养地	○	△	△	√	○	○	√	○	△	×	
设施农业用地	△	△	△	△	○	○	√	○	△	×	
农村道路	√	√	√	√	○	○	√	○	√	√	
坑塘水面	○	√	√	√	○	○	√	○	√	√	
养殖水面	×	△	△	△	○	○	√	○	△	×	

续表

土地用途	基本农田保护区	一般农地区	林业用地区	牧业用地区	城镇建设用地区	村镇建设用地区	村镇建设控制区	工矿用地区	风景旅游用地区	自然与人文景观保护区	其他用地区
农田水利用地	√	√	√	√	○	○	√	○	√	○	
田坎	√	√	/	/	/	/	/	/	/	○	
晒谷场	○	△	/	/	/	√	√	/	/	/	
城市	×	×	×	×	√	×	×	×	×	×	
建制镇	×	×	×	×	√	×	×	×	×	×	
农村居民点	×	×	×	×	×	√	○	×	△	×	
采矿地	×	△	△	△	△	△	△	√	×	×	
其他独立建设用地	×	△	△	△	×	×	△	√	×	×	
国防、监教用地	△	△	△	△	√	√	△	△	△	△	
宗教用地	×	×	△	△	√	√	×	×	△	×	
墓葬地	×	×	○	○	×	×	×	×	○	×	
风景旅游设施用地	×	△	△	△	√	√	×	×	√	△	

注：1. 表中√表示规划期间土地用途区内允许使用的土地用途。

2. 表中△表示规划期间土地用途区内经许可允许使用的土地用途。

3. 表中○表示规划期间土地用途区内限制使用的土地用途，现状为该用途的，应调整或转至其适宜的土地用途，暂时不能调整或转用的，可保留现状用途，但不得扩大面积。

4. 表中×表示规划期间土地用途区内禁止使用的土地用途。

5. 表中/表示不存在该种用途。

6. 其他用途区中的土地用途可依各用途区实际管制需要确定。

学习要求

1. 了解土地利用现状分析、土地适宜性评价、土地生产潜力评价、土地需求分析和预测、土地利用分区的作用、土地利用总体规划的技术规程以及新技术在土地规划中的作用。

2. 掌握土地利用总体规划与国民经济和社会发展计划以及与专项土地利用规划的关系；土地规划方案编制和土地利用结构平衡的基本方法。

3. 重点掌握土地利用总体规划的任务、内容、目的、规划的原则，土地利用总体规划方案论证程序和保证实施措施；基本农田保护的内容。

思考题

1. 土地利用总体规划的任务、内容、目的、规划原则是什么？
2. 土地利用现状分析主要分析哪些内容？
3. 简述耕地需求预测的方法。
4. 简述土地利用分区的作用。
5. 简述土地利用总体规划与国民经济和社会发展计划以及与专项土地利用规划的关系。
6. 土地利用总体规划方案编制和土地利用结构平衡的基本方法是什么？
7. 保证土地利用总体规划的实施措施有哪些？
8. 土地适宜性评价的方法和步骤是什么？
9. 何谓土地质量？何谓土地生产潜力？
10. 土地承载力的计算方法与步骤是什么？
11. 耕地分等定级的目的和意义是什么？耕地等与级的区别是什么？

第三章　农用土地利用规划

本章分别介绍耕地利用规划、果园用地规划、牧草地利用规划和水产养殖用地规划，相对于土地利用总体规划来说，它们属于专业规划。

第一节　耕地利用规划

耕地利用规划是为了保证农作物栽培管理、农田基本建设、土壤水肥管理以及病虫害杂草防治等而进行的田块规划设计。耕地利用规划就是在已确定的必保耕地面积的前提下，如何合理组织耕地利用的问题。耕地利用规划的意义如下：

(1) 科学利用耕地的保证。通过耕地利用规划可以实施农作物结构优化，合理布局农作物，做到用地与养地结合，持续不断地提高农作物单产水平。

(2) 为提高劳动生产率创造良好的土地条件。通过规划，耕地上的山、水、田、林、路得以合理组织，为采用先进的农业技术和装备，有效地利用农机具和畜力，正确组织劳动和生产过程创造良好的秩序，有利于提高劳动生产率。

(3) 为提高土地生产率和土地利用率创造良好的土地条件。通过耕地利用规划可以合理地进行农田基本建设，改善种植业的生产条件，提高土地生产率。同时，山、水、田、林、路的合理配置，也可减少田间农业建设用地的数量，提高土地利用率。

耕地利用规划包括田块的规划设计、田间工程的规划设计以及耕地整理和利用组织形式。

一、耕地利用规划的基本思路

耕地利用规划要考虑山、水、田、林、路的综合协调，最大限度地开发土地生产力，方便生产，保护土地资源与环境。

所谓“山”，指的是山地丘陵的耕地规划设计，要考虑水土保持的问题，设计一些水土保持工程，如修筑梯田、鱼鳞坑、水平沟、拦沙坝，栽种林、灌、草等。另外，要根据山地丘陵地形复杂的特点，在不同的地形部位安排不同的作物种植区，如在阴、阳坡分别种植喜阴和喜阳的作物，海拔高处种植喜凉生长期较短的作物，在沟谷坡麓种植喜温生长期较长的作物。

所谓“水”，指的是农田水利工程，包括灌溉系统和排水系统。灌溉系统的设计要考虑少占耕地，节约用水，防止渗漏蒸发，方便田间作业，因地形地势减少工程量和投资。排水系统的设计要考虑：

① 最大洪涝发生时能有效地排除洪水积水；

② 根据地下水毛管上升高度，设计排水渠道的防盐渍化临界深度；

③ 少占耕地；

④ 便于田间作业。

所谓“田”，指的是田块设计要根据耕地特点（如田块的破碎度、形状、地形坡度）、耕作制度、农机具的大小等设计田块宽度和长度，使其既便于耕作、播种、收割，又有利于提高耕地利用率。

所谓“林”，指的是田间防护林设计。田间防护林应根据风向，使林带垂直于风向，同时考虑尽可能和渠道与道路的走向一致；林带间距的确定，应考虑害风风速和降低风速的指标。风速包括年平均风速、各月多年平均风速、（年、月）最大风速等；林带宽度、疏密度和树种（高度），应根据田块宽度、防护要求、当地耕地稀缺度等来选择。

所谓“路”，指的是田间道路。田间道路的设计应以方便田间作业以及农产品和农用物资（化肥、农药）运输，节省耕地为原则。

不但要做好耕地利用规划，还要加强基本农田建设，提高单位面积上的产量。我国谷物产量的增加无疑与使用高产新品种、增加肥料投入有关，但也许应归功于在提高和保持肥力，改善农田灌溉和排水系统等基本农田建设方面所作的努力。虽然，我们的高产田的产量已经达到了相当高的水平，但随着科学和技术的进步，加大施肥、灌溉等方面的投入，仍然可以继续获得可观的增产。而且中低产田的增产潜力巨大，通过基本农田建设，消除或基本消除制约这些中低产田生产能力的限制因素，培肥地力，可以大幅度地增加粮食单产和总产。

二、耕地利用单元（田块）的规划

（一）耕地利用单元的概念和设计

耕地利用单元（以下简称田块）是指由末级固定田间工程设施（如沟渠、林带、道路等）所围成的，可以进行耕作、灌排、收获等田间管理的沟渠路林等田间工程设施齐备的多种功能的综合地段。

田块的设计包括两方面内容：一是田块自身要素的规划设计，包括田块方向、边长、形状等；二是田块范围内的田间工程设施（灌水渠、排水沟、防护林带、田间道路等）的规划设计。

（二）田块的方向

在一般情况下，田块的方向就是耕作与作物种植的方向，也是固定末级排灌沟渠、林带和田间（临时）道路的走向。

确定田块的方向时要考虑以下几方面的要求：

1. 要有利于农作物的生长发育

常见的作物种植大多是实行条状种植，行距大，株距小，田块的方向通常是与作物的行向一致的。作物的行向与作物的光照要求有直接的关系，为了充分满足作物的光照要求，田块方向应以南北向为宜。

2. 要有利于田间机械作业

田块的方向通常与机械耕作方向是一致的。在地形起伏的地区，田块的方向不同，机械作业的地面坡度也就不同，而地面坡度的大小又直接影响到农业机械功率利用程度和耗油量。因此，为了降低机械作业的功率损失和燃料消耗，提高田间机械作业的质量，田块的方向应平行于等高线，这也有利于水土保持。而在平原地区，田块的方向应尽可能选择南北方向。

3. 要有利于水土保持

当耕作方向与等高线走向一致时，可以减少地面径流量和土壤侵蚀。等高种植是一种科学的种植方式，但在水分过多的低洼地区，为了顺利地排除地表水，田块的方向应垂直于等高线布置，不过其坡度仍应控制在 1.5°~2°，以避免造成严重的地表冲刷。

4. 要有利于田间灌溉

在灌溉地区，田块的方向要考虑地面灌溉的要求。田块的方向通常也就是农渠的方向。在地形平坦（<1°）地区，一般可将灌水方向沿地面最大坡度的方向布置，这样田块的方向应定为顺坡方向。而在一般条件下，田块以斜交等高线方向布置。临时渠大致垂直于等高线，以获得较好的水头灌地，但在坡度较大（>1°）的地区，田块的方向和灌水方向应垂直于坡向。

5. 要有利于降低地下水位

在需要排除地下水的地方，末级排水沟（农沟）应垂直于地下水流方向，以达到较好的排水效果。一般地下水流向通常与地面坡度相一致，因此农沟布置常垂直于等高线。

6. 要有利于防风

在风害严重的地区，根据防护林的设计要求，主林带应与主要害风风向垂直，而主林带一般设置在田块的长边上。而在一般地区，将田块设置为方田，田块的四周均有林带，可以防来自任何方向的风，因此可不考虑林带对田块方向的影响。

总之，确定田块的方向时要考虑多方面的因素，但由于地区的条件不同，在规划设计时不可能满足所有方面的情况，这就要求当地进行深入的调查研究，根据当地的情况，找出影响农业生产的主要因素，按主要因素的要求来确定田块的方向，并尽可能多地满足各方面的要求。

（三）田块的大小和形状

确定田块的大小要涉及三个问题，即长度、宽度以及形状。

1. 田块长度

田块长度通常根据机械作业、土地平整、农田灌溉和排水等的要求来确定。

从机械作业的角度出发，田块越长，机械利用率就越高。因为长度越长，机械转弯所消耗的时间就越少，因转弯而造成的地头作物损失也少，这就有利于提高机械的作业效率，降低作业成本和增加作物产量。但是并非田块越长越好，因为种子、肥料、粮食等都要在地头通过道路来运输，田块过长造成运输不便。此外，田块长度必须满足灌溉和土地平整的要求。在地形起伏大的地区，田块长度设计过长，土地平整的工程量就会增加。另外，田块过长也会使沿长边布置的灌溉农渠过长，顺坡降使流速随之增加，可能引起渠道冲刷，还会因输水距离长造成输水损失，使田块上下段土壤的水分状况不同。从排水角度看，为了控制地下水位于临界深度以下，要求沟内水位保持在设计高程以下，来水尽快送到集水沟（斗沟）或输水沟（支沟），农沟不宜过长。

总之，确定田块长度要因地制宜，以最大限制因子的条件来确定其适应的长度。一般田块长度为300～500 m。

2. 田块宽度

确定田块宽度时要考虑三方面的因素，即田间机械作业的幅宽、田间临时渠道最宜长度、末级排水沟的间距和林带防风的距离。

大型的机械化农场必须考虑机械作业的幅宽，田块宽度应该是幅宽的整数倍。

为了适应灌溉的要求，田块宽度一般以100～200 m为宜。宽度太大往往造成田块内的小地形不均匀，增加土地平整的工程量。因为末级固定渠道（农渠）沿长边布置，田块的宽度往往是临时灌水渠的长度，所以确定宽度还应该考虑田间临时渠道最宜长度。

田块宽度要考虑排水沟的间距。末级固定排水沟的间距就是田块的宽度，而间距主要依据排水地区的自然条件、土壤条件、地面坡度和作物耐淹时间而定。

在有防风要求的地区，田块宽度要与林带防风距离相一致。

3. 田块形状

为了给机械作业和田间管理创造良好条件，要力求田块形状规整，尽量做到：

（1）田块最好是长方形、方形，其次是直角梯形、平行四边形；

（2）田块的两个长边要呈平行和直线；

（3）不能把梯形和平行四边形的短边设计得过斜；

（4）不能把田块设计成形状不规整的三角形和多边形。

在不规则外形地段上划分耕地地块时，要力求田块形状规整，三角形、梯形地段的设计可参见图3-1。

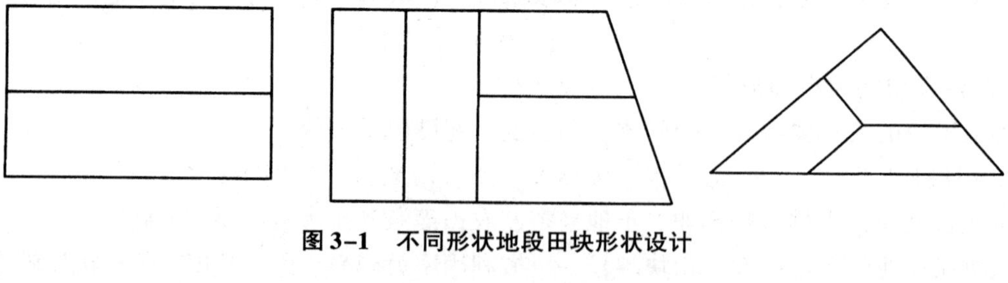

图3-1　不同形状地段田块形状设计

在自然边界（如河流、沟谷、山等）较多的地区，最好把自然边界设计成地块的短边，采用自然边界的实际曲线，这样既不影响机械作业，又不浪费土地（见图3-2）。

耕作地块的边界，要结合沟、渠、路、林及其他自然边线，不能机械划分。

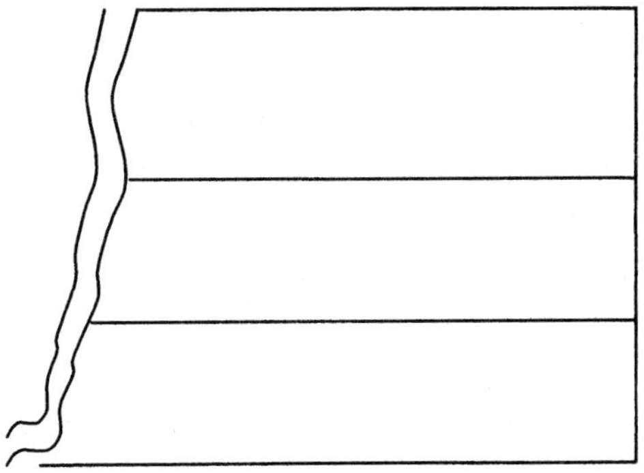

图 3-2　田块短边沿自然边界设计

三、田间工程设施的规划设计

田间工程设施应包括耕地内部的灌水渠、排水沟、道路、林带等各个基本建设项目及其附属物。

（一）田间灌排渠道的规划

灌排渠系一般分干、支、斗、农四级，较大的灌（排）区多于四级，尚有总干、分干、分支各级，较小的灌（排）区可以少于四级。干渠为直接从水源引水，并向支渠输水的渠道；支渠为从干渠引水向农渠配水的渠道；斗渠为从支渠引水向农渠配水的渠道；农渠为灌溉系统中最末一级固定渠道，是从斗渠引水向临时渠道（毛渠）配水的渠道。田间灌排渠系主要是指斗、农两级及其所围成的耕作田块内的临时渠道。

田间灌排渠系的规划要求如下：

（1）要与其他有关规划项目紧密配合。布置田间灌排渠道要结合田块、林带、道路和设计进行综合考虑，统一安排。一般将田间灌排渠道按直线配置，做到田块规整，便于耕作的灌排。

（2）应与上一级渠道的水位衔接，以利灌溉和排水。

（3）尽量利用地形条件布设，利用田间原有工程设施，以减少工程量和财力消耗。

（4）因地制宜。因各地自然条件不同，作物的要求不同，田间灌排渠系的组成和布置有很大差别，必须根据具体情况进行合理布置。

1. 固定灌排渠道的组合形式

灌排渠系的田间工程主要是指灌排渠系的斗、农两级。农渠是最后一级固定灌排渠道。根据排水沟和灌水渠的作用和相对位置的不同，在平原区一般有以下三种形式：

（1）灌排相邻布置。所谓灌排相邻布置，就是把灌溉渠道和排水沟相邻布置。这种布置形式适用于有单一坡向的地形和排水方向一致的地区（见图 3-3）。

（2）灌排相间布置。所谓灌排相间布置，就是渠道向两侧灌水，排水沟承泄两侧的排水。这种布置形式是把灌溉渠道设在高处，排水沟设在低处，在平坦或有一定起伏的地区比较适用（见图 3-4）。

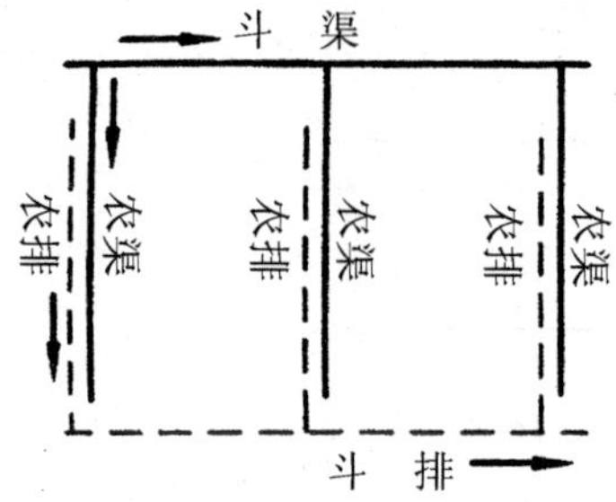

图 3-3 灌排相邻布置

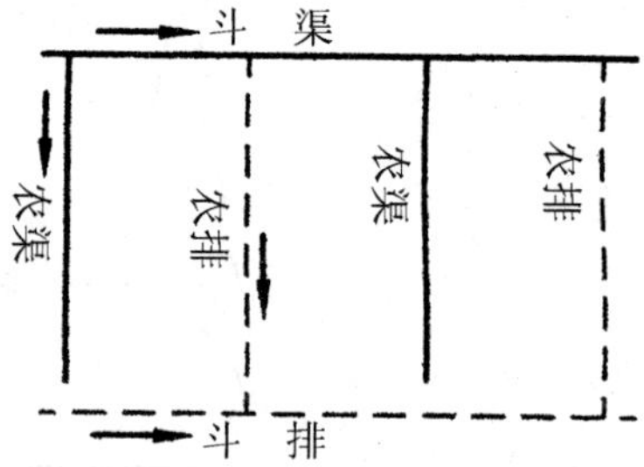

图 3-4 灌排相间布置

（3）灌排合渠。所谓灌排合渠，就是灌溉和排水同用一条渠道。这种布置形式可以节约土地，在沿江和滨湖地区用得较多，但在广大旱作区不宜采用。因为这种布置形式不利于控制地下水位，可能造成土壤次生盐渍化。

2. 临时渠道（毛渠）的布置形式

（1）横向布置［垂直布置，见图 3-5（a）］。从农渠引水到与农渠垂直的毛渠，然后由毛渠把水送到灌水沟（垄沟）或畦，这样，毛渠的方向与灌水方向垂直。这种布置形式适用于地形平坦的田块。

（2）纵向布置［平行布置，见图 3-5（b）］。灌溉水由农渠输送给毛渠，再由毛渠输送给输水沟，经输水沟再到灌水沟（垄沟）。实际上这种布置形式有毛渠和输水沟两级临时渠道，一般适用于地形不太平坦的田块。

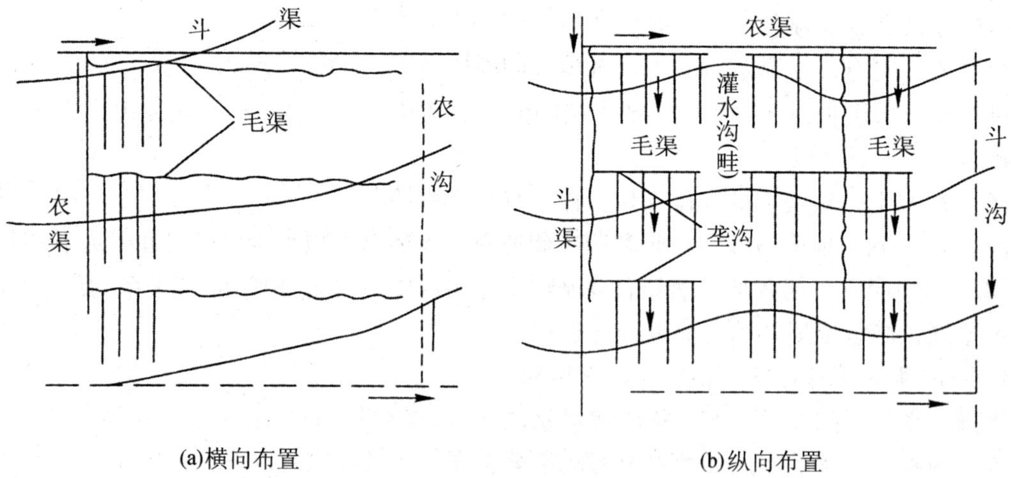

图 3-5 田间临时渠系布置形式

3. 井灌区机井布局

在地面水比较缺乏而地下水资源很丰富的地区，往往发展井灌事业。合理布局机井，要解决井数、井距和井位等问题。

（1）井数。一定范围内的井数应根据单井灌溉面积和灌溉耕地面积加以确定，单井灌溉面积大，则井数就少。

单井灌溉面积计算见式（3-1）：

$$S=\frac{Q \cdot T}{q}\times n \tag{3-1}$$

式中：S——单井灌溉面积，平方米；

Q——单井出水量，t/h；

T——每天抽水时间，h；

q——灌水定额，t/平方米；

n——轮灌期，d。

（2）井距。井距可根据单井出水量和灌溉面积来确定。在计算出单井灌溉面积后，若机井呈正方形网状分布，则可按式（3-2）计算井距：

$$R=\sqrt{667S} \tag{3-2}$$

式中：R——井距，m；

S——单井灌溉面积，平方米。

实际上影响井距的因素十分复杂，除单井灌溉面积外还必须综合考虑其他影响因素，如灌水定额、轮灌期、每天浇地时间、土地利用情况及土质等。

（3）井位。具体确定井位时，一般布置成行状的垂直于地下水流向，各行井之间前后位置应错开，呈棋盘式。井位一般设在田块地角上，靠近沟渠路林布置，并位于田块高处，以便输水和控制较大灌溉面积。在井渠结合的灌区，要使井位与灌溉渠系很好地结合，以便各井汇流，扩大灌溉效果。

4. 暗渠规划与节水灌溉

在抽水灌溉时，当渠水含沙量较小，不致发生淤塞时，可用地下渠道代替田间渠道。暗渠是将压力水从渠首送到渠尾，通过埋设在地下一定深度的输水渠道进行输水，由渠首、输水渠道、放水建筑物和泄水建筑物等部分组成。暗渠输水的优点有以下几点：

① 节约耕地，便于机耕；

② 省水，一般可节约用水量30%~40%；

③ 省工，不需要年年修整，灌水时也可节省大量人力。

但其缺点是造价较高，要求有一定的工作水头，清淤不便。

暗渠规划应注意：

（1）渠首取水建筑物应布置在灌区地势高的一侧的中部，以缩短渠线长度和降低各分水井的高度，降低造价。

（2）地下渠道要直，避免弯道和垂直起伏。弯道会增加渠道长度和连接难度，使水流阻力加大；而垂直起伏会在道道弓形处形成气泡，缩小过水断面，须加设排气阀或排气管，同时增加成本。

（3）地下渠道在布置上应注意几方面的结合：

① 渠路结合，可位于道路中心线以下或偏于一侧；

② 灌排结合，可将路、沟、渠同线布置，上灌下排；

③ 与喷灌结合，可将地下渠道作为喷灌水源；

④ 明暗渠结合，在旧灌区改建为地下渠道时，可采用明暗渠结合，由上一级暗渠接入下一级明渠引水到田。

（4）合理配置各种渠系建筑物。例如，压力池是渠道的取水建筑物，要具有一定的势能，要求池顶高程比渠首水位加高0.5 m；从一个管道向两个以下管道分水时，必须设置分水井；放水井用于向田块放水，一个放水井一般灌两块田，也可布置于四块田的交角处，即一个放水井向四块田放水等。

我国水资源长期短缺，以暗渠为水源的节水灌溉技术近些年发展很快。喷灌是利用专门的设备（动力设备、水泵、管道等）将水加压（或利用水的自然落差加压）后送到喷灌地段，通过喷洒器（喷头）将水喷射到空中，并使水分散成细小水滴后均匀地洒落在田间进行灌溉的一种灌水方法。和地面灌水方法相比，其具有节约用水30%~50%，节约劳动力，少占耕地，提高产量，对地形和土质的适应性强，保持水土等优点，因此，喷灌得到越来越广泛的应用。

目前，可供选择的节水灌溉技术有很多种，但都有一定的适用范围。我国地域辽阔，各地自然条件和经济条件差别很大。因此，必须因地制宜，选择最适合本地区发展的高效的节用水灌溉技术。例如，经济实力强、灌溉水源特缺的地区宜发展喷灌和微灌；经济实力弱的地区则可考虑采用简易的田间节水灌溉技术或采用节水灌溉制度；灌溉经济作物、果树、蔬菜等产值高的作物，可考虑采用喷灌或微灌；灌溉大田作物宜选择渠道防渗或低压管道输水等。

（二）防护林带布置

防护林带在农田中可以起到防风、改善农田小气候、保证农田稳产和高产的作用。在农田防护林建设中，要解决如下几个问题：

1. 林带方向

林带方向应根据地区的主害风风向而定。一般要求主林带垂直于当地主害风风向，因为这样才能使防风距离最大。为了便于耕作管理，主林带一般要沿田块的长边布置，副林带沿田块的短边布置。当由于某种原因主林带不能垂直于主害风风向时，夹角一般不要大于30°。在平原农区，由于田块基本是方田，林带沿田块四周布置，可以防来自任何方向的风，实际上已没有必要划分主、副林带。

2. 林带结构

所谓林带结构，就是林带的外形和内部构造。其主要是指林带的宽度、树种组成、种植密度和断面形式，一般分为紧密结构、透风结构和稀疏结构三种形式（见图 3-6）。

（1）紧密结构。其是由多行树木组成的宽林带，一般由 3 行或以上的树组成，上下枝叶稠密，好像一道挡风墙，中等速度的风几乎不能透过，风遇到林带就会改变方向，从林带的上方越过。背风林缘的风速很小，但在离开背风林缘后风速迅速增加，很快恢复到原来的风速。最小弱风区出现在背风面 1 ~ 3 h（h 为树高）处，风速减少 59.6% ~ 68.1%，相对有效防风距离为 10 h。在 30 h 范围内，风速平均降低 30.6%。这种林带防风距离小，但降低风速大。

（a）紧密结构林带

（b）透风结构林带

（c）稀疏结构林带

图 3-6　农田林带结构示意图

（2）透风结构。其是一种比较窄又没有灌木的林带，一般由单行或两行树组成，有透光的大空隙，林冠部分适度透风，树干部分大量透风，气流的主要部分经过透光空隙穿越林带。最小风速出现在背风林缘的 3 ~ 5 h 处，而且风速降低的程度不大，相对有效防风距离为 30 h 内，之后风速就很快增大，但比紧密结构的林带增加缓慢，风速平均降低 24.7%。

（3）稀疏结构。其是由 2 ~ 3 行树组成，而且乔灌结合。在乔木树冠与灌木层之间有不同的小空隙，空隙在断面上分布均匀，气流的主要部分从林带中穿过不改变其总的方向。最小风速出现在背风林缘的 3 ~ 5 h 处，风速减低 53% ~ 56%，相对防风距离为 25 h（按减低旷野风速 20% 计算），在距林缘 47 h 处风速恢复 100%。距林缘越远风速也就越大，在 30 h 范围内，风速平均降低 56.5%。这种林带在以上三种林带中是防风效果最好的。

3. 林带间距

林带间距过大，林带间的农田不能全部受到保护；林带间距太小，又会多占耕地。林带间距应依据林带的有效防护距离来确定。一般林带的有效防护距离为20～25 h，但是在15～20 h才有明显的防风效果。不同的林带结构，防风距离不同（见林带结构）。在风害严重的地区，应把林带间距缩小15%～20%。平原农区的林带间距主要由田块的边长来确定。

4. 林带宽度

防护林带的宽度应能保证树种的生物学稳定性，保证树生长更好，同时又能保证有足够的防风效果。一般来说，林带太窄，防风效果就差（见林带结构）。在平原农区，为了节约耕地，充分利用土地，一般根据沟渠路两侧可以用于植树的土地宽度来确定林带宽度。

林带宽度可按式（3-3）计算：

$$林带宽度=(植树行数-1)\times行距+2倍由田边到林缘的距离 \tag{3-3}$$

式中：行距——一般为1.5 m；

由田边至林缘的距离——一般为1～2 m。

（三）田间道路规划

按作用和标准的不同，农村道路一般分为三级。一级路为村间路，是联系村庄之间和通往附近城镇的主干道路。为了便于大型运输工具以及农业机械的通行，路面宽度一般为6～9 m。二级路为村内交通路，也叫机耕路，应伸入田间地块，连接大部分主要田间道路。为了便于农业机械往来通行，考虑调动农机具的需要，路面宽度应不小于6 m。三级路是供直接下地用的田间道路，均沿生产田块一端布置，路面宽度为4 m左右。

田间道路规划布置的基本原则：

① 道路布局要短而直，这样可以减少运输时间和运输工具的磨损；

② 道路应选在地势平坦开阔和土质坚硬的地方，避免通过易被洪水淹没的地区；

③ 道路要与排灌沟渠、田块、林带和村庄布局相结合，避免道路和沟渠成锐角相交，要综合考虑统一布置；

④ 充分利用现有的道路、桥梁、涵洞和堤坝等各种工程建筑物，以节省基建投资。

（四）沟、渠、路、林结合的布置形式

田间道路和林带一般沿斗级、农级沟渠结合布置，其优点在于道路与渠岸一侧结合，节约用地。其一般有如下几种布置形式：

1. 沟—林—渠—路

道路布置在田块的上端，位于灌溉渠道一侧。这种布置形式的优点是道路位置较高，不易受水淹；道路另一侧紧靠农田，人、畜、机械下地方便。但道路跨越下一级渠道，必须修建许多小桥或涵洞。林带布置在沟渠之间以及路渠之间，植树的行数应根据上述两者之间的宽度确定［见图3-7（a）］。

2. 路—沟—林—渠

道路布置在田块的下端，位于排水沟的一侧。这种布置形式的优点是便于人、畜、机械下地生产。但由于道路位置较低，雨季容易积水。又因为渠与沟靠近，渠道里的水容易渗入排水沟，从而引起滑坡。因此，林带应设在渠沟之间，对渠坡予以固定。同时，道路穿过下一级排水沟，需要修建较多小桥或涵洞，还要在路旁修截水沟，以防道路被淹［见图 3–7（b）］。

3. 沟—林—路—渠

道路处于灌渠和排水沟之间。这种布置形式的优点是道路与下级灌排渠系均不相交，灌排均便利。但是由于道路进入田间必须跨越渠道，要修较多小桥或涵洞。林带布置在道路的两侧［见图 3–7（c）］。

上述三种布置形式各有利弊，具体采取何种形式，要根据当地的具体情况来决定。

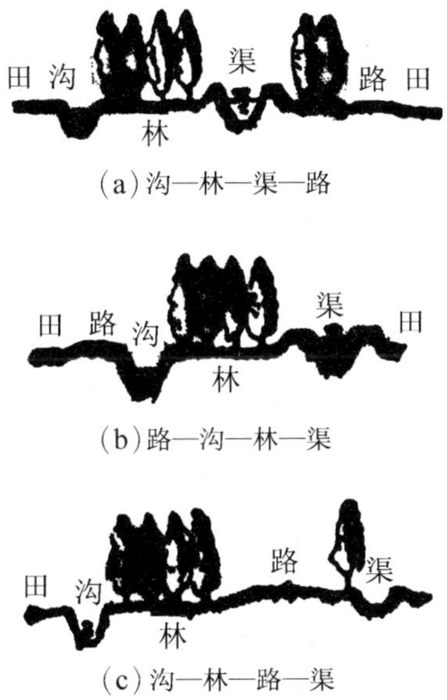

图 3–7　沟渠路结合配置方式示意图

四、耕地利用组织形式

以往我国的耕地利用组织形式基本上有轮作区组织形式和耕作田块组织形式两种。但是在实行承包经营制以后，田块零星狭小，耕地利用基本处于无组织状态，因而出现了一些问题。如何对耕地利用进行组织是一项亟待解决的问题。

（一）轮作区组织形式

轮作区组织形式又称为固定轮作或分区轮作，是指根据轮作周期将一定范围内的土地划分成若干个面积相等的轮作田区，在轮作田区之间按照一定的轮作换茬顺序，在时间和空间上轮换种植作物。

实行轮作区组织形式的地区必须具备如下条件：

（1）具备适合本地区的科学轮作制度。

（2）作物种植比例稳定，作物组成与面积变动幅度不应超过 5%～10%。

（3）单位土地经营范围稳定，土地集中连片，农田基本建设标准高。

实际上，作物组成比例和面积都是经常变化的，特别是在市场经济体制下，农民种植作物的比例随着市场的变化而不断变化，为此，在实践中，常常不把全部耕地划入轮作区，而是从中划出一定比例的耕地作为非轮作区，或者在轮作区内有意识地预留1~2个田块作为机动，以便安排一些临时性的种植计划，配置小品种作物和用以调节轮作田区面积间的差异。

（二）耕作田块组织形式

耕作田块组织形式又称为分块轮作，即根据作物生长的要求和土壤、水利等情况，划分耕作田块，轮换种植作物，但作物换茬没有一定的次序，而是根据需要和作物前后茬口，每年每季在田块上具体落实。这种组织形式的不足之处：每年甚至每季作物种植比例不稳定，作物安排比较分散，不便于管理和机械耕作。目前，我国农村主要采用这种组织形式。

（三）一些适应分户经营体制的耕地组织形式

1. 种植大户的耕地组织

在一些条件成熟的地区，为了扩大经营规模，除按人口分出口粮地外，其余土地进行承包经营，使经营规模扩大。各户在经营范围内，划分田块，分块种植，实行固定的轮作制度。

2. 统分结合的耕地组织

统分结合的耕地组织是指将土地分作若干轮作区，在每个轮作区内划分田块，分配给农户。在同一轮作区内，种植统一的作物，实行统一的轮作制度。此外，也有的地方采取大统一、小自由，规定在某一轮作田区内不得种植某种作物。例如，种植棉花，病虫害是一项必须统一防治的工作，因此规定棉花必须种植在规定的范围内，非种植范围内不得种植。

五、耕地规划的设计程序与方案评价

（一）耕地规划的设计程序

耕地规划的设计程序与规划地区的自然条件有密切关系，在不同的地形条件下，设计程序也有差别。

在平原干旱地区，耕地规划的设计主要是为了解决干旱而进行灌溉和为了方便机械作业创造条件，因此往往以渠路为骨架进行规划，程序如下：

（1）配置作物种植区和轮作区。

（2）确定与公路或居民点相连接的主要田间道路网及与干渠相连接的支、斗渠的配置。

（3）综合考虑防风林带的防风要求，向田间及时输水和排水的要求，以及作物种植方向的要求，来确定田块的配置方向。

（4）配置护田林带和田间道路网。

在地形复杂的条件下，耕地规划的设计主要是防止水土流失或减少地表径流，同时考虑机械作业，程序如下：

(1) 配置作物种植区和轮作区。

(2) 根据自然地形，划分几个田块。

(3) 确定各种水土护田林带的设置。

(4) 根据地形特点和等高线的方向，确定合理的耕作方向。

(5) 结合林带、田间渠系配置耕作田块。

(6) 配置田间道路。

(二) 耕地规划的方案评价

对耕地规划的方案评价主要有两点：

(1) 改善农业生产条件，为采用先进农业技术措施创造良好的条件，不断增强土壤肥力，保证作物高产、稳产。

(2) 为合理组织劳动力、有效使用农业机械创造条件，保证不断提高劳动生产率，降低成本。

为此可确定耕地规划的方案评价指标有以下几方面：

(1) 对耕地的保护：耕地保护率、耕地复垦率（复垦废渠、废路，拆除田间障碍，移坟，居民点适当集中或迁移等）。

(2) 沟、渠、路、林的综合配置：节约占用，减少田间交叉工程，减少基建投资、折旧费及修理费等。

(3) 合理的作物结构及轮作方式：用地养地结合、肥料平衡等。

(4) 合理组织劳动：减少空行及运输费用。

(5) 概算规划后农作物单产、人均收入、人均粮食占有量等方面的变化情况。

第二节　果园用地规划

要根据当地土地的自然条件和特性以及栽培果树的要求，选择合适的果园用地，然后进行田间工程规划设计，统筹安排道路、灌溉排水系统、防护林网以及附属建筑物等。

一、果园用地选择

果园用地选择的一个原则就是适地适树。所谓适地适树，就是使栽培的果树的生态学特性和果园用地的立地条件相适应，以充分发挥生产潜力，在当前技术经济条件下，该果树在该立地条件下达到可能的最高产量水平和品质。

适地适树中的“地”的概念包括了土壤养分水平、土壤质地、土层厚度、地下水位、气候条件，甚至包括了由地形和气候条件双重决定的小气候条件等在内的一系列的影响果树生长的立地条件。我们可以将它理解为广泛的生态学肥力，即气候肥力和土壤肥力。

达到适地适树的目的可以有三条途径：

(1) 选树适地。确定了果园用地后，选择适合当地条件的树种。

（2）选地适树。确定了某一树种后，选择适合该树种生态学特性的果园用地。

（3）改地适树。通过整地、农田建设、施肥等技术措施改变果园用地的生长环境，使之适合于选定的树种生长。

虽然各种果树有自己的生态学特性，对立地条件的要求不同，但以下7条是大多数果树对立地条件的共同要求，构成了果园用地选择的基本条件。

（1）在平原地区，应具有良好的排水条件，地下水位距地表至少1.5～2.0 m，洪涝积水和地下水位过高都会影响果树根系的生长发育，甚至造成烂根死亡；在丘陵山区，坡度不应超过30°，坡度过大也会造成水土流失，因为果园用地还是有耕作管理活动的。

（2）坡向视地区气候特点而定，在北方宜选择阳坡，以便采光增温；而在南方，坡向的影响不大。

（3）土壤质地以砂性土和轻壤土为宜，这样的土壤透气透水性好，利于根系生长；土层厚度应在1 m以上，因为果树有庞大的根系，生长发育需要充足的空间。

（4）避免风害的影响，切忌将果园选在风口，一般在向阳背风坡为好。

（5）果树虽然要求根区有良好的通气条件，但也要求有充足的水分供应，因此果园附近应有足够的水源，供灌溉之用。

（6）果品属于“鲜货”，采摘后要求迅速运走，因此果园要有便利的交通条件。

（7）除大型果树农场外，一般果园应尽量利用丘陵山坡地，或较为零散的土地或居民点周围的边角土地，尽量不占大片农田。

二、果园用地规划的内容

在果园用地选择的基础上即可进行果园规划，主要项目如下：

（1）果园内各个树种的分区配置。

（2）果园耕作小区规划。

（3）灌溉渠系、道路网、防护林网的布置与设计。

（4）果园附属设备的配置。

（5）果树的行列配置。

三、树种选择的原则

（1）即选用适合当地的乡土树种或经过引种试验并证明适生的树种，力求抗逆性强，优质高产，经济价值高，即适地适树。

（2）种植规模和树种类型要从经营性质和销售条件出发，对城郊附近的商品性果园和一般自给性果园，果树种类宜多样化，以丰富人民生活；对交通不便的商品性果园，应重点选择1～2个树种的3～5个品种为宜，有利于实行规模性经营。

（3）注意品种搭配，根据果树的生物学特性选择适当的品种，并使早、中、晚熟品种组合适当，既合理使用劳动力，又可延长水果供应期，取得市场优势。

（4）相对于大田作物来说，果树具有相当大的水土保持和防风固沙作用，因此果树的选择和搭配要与土地保护规划相结合，充分发挥果园的生态环保功能。

四、果园耕作小区规划

果园内被道路、林带分隔的耕作田块称为耕作小区。耕作小区是果园生产、管理的基本单位。果园耕作小区规划可参照耕地规划中的田块规划设计，这里仅纲领性地介绍其规划原则和规划内容。

（一）果园耕作小区规划原则

（1）尽量使道路、林带占地最少，从而使果园土地利用率最高。

（2）小区的配置结构便于生产组织管理。

（3）小区的规格与走向有利于提高整体防风效能。

（4）小区的规格与走向符合水土保持的要求。

（5）小区的形状和边长有利于机耕作业。

（6）小区的宽度至少为果树行距的 5 倍，有利于品种异花授粉。

（7）在灌溉地区，小区设计应服从灌溉渠系的设计要求。

（8）小区内土壤性质应尽量一致。

（二）果园耕作小区规划内容

果园耕作小区规划包括四项内容。

1. 小区的面积

小区的面积视果园规模、机械化水平、地形条件、田间工程规格而定，可由几十亩到几百亩。在平原地区，机械化水平高的大型果园中，小区面积宜大些；而在地形起伏的山地丘陵区，小区面积就要相对小些。

2. 小区的形状

小区的形状有长方形、正方形、棋盘形（见图 3–8）等配置，除无风平原地区以正方形为宜外，其他地区均以长方形为宜。这是由于正方形的小区有利于双向机械化作业，长方形的小区便于配置。在丘陵起伏区，也可沿等高线走向构成等宽弯曲形状。

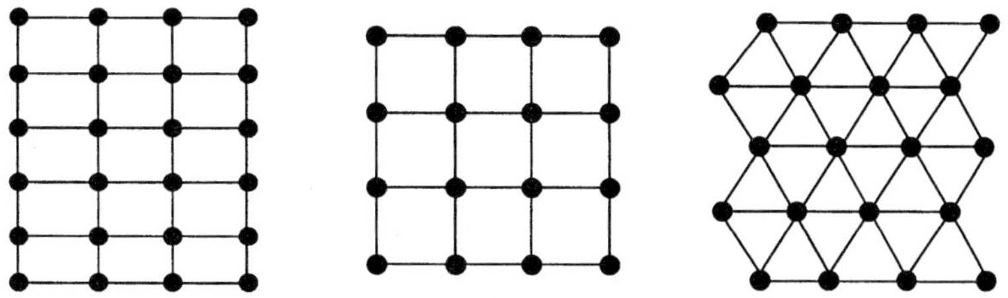

(a) 长方形配置　　(b) 正方形配置　　(c) 棋盘形配置

图 3–8　果树行列配置方式

各种配置方式定植株数计算见式（3-4）和式（3-5）。

$$长方形或正方形配置株数=\frac{栽植地面积}{行距\times株距} \tag{3-4}$$

$$棋盘形配置株数=\frac{栽植地面积}{行距\times株距\times0.866} \tag{3-5}$$

几种主要果树的适宜栽植密度及株行距如表3-1所示。

表3-1　几种主要果树的适宜栽植密度及株行距

树种	栽植方式	株行距/m	每亩株数	备注
苹果	长方形	8×8	10	
		7×7	13	
		6×6	18	
		5×5	27	
		6×8	14	
		5×7	19	
		4×6	28	
	棋盘式	-	35	
	双行式	（10+4）×4	24	
		（8+5）×5	20	
		（7+4）×4	30	
葡萄	篱架	2～3×1.5～2	110～220	
	双篱架	2.5～3.5×1.5～2		
	大棚架	8×2.5		架长7～10
		8×2.5		架长7～10
	小棚架	6×2		架长5～6
		7×2		架长5～6
桃		4×5～7	25～30	平地
桃		2×6	30～55	山地
杏		6～7×6～7	20～25	平地
		4～5×4～5	30～50	平地
李		4×6	25～30	平地
			30～50	山地
广柑		3.6×2.6	68	平地
		3.3×2.6	75	山地
广柑		3×2.6	83	平地
蜜桔		3×2.3	95	山地

3. 小区的长度

小区的长度要兼顾机耕作业与人工管理两方面的要求，因而边长不可过长，一般以300～400 m为宜。

4. 小区的方向

小区的方向应与果树栽植行向一致，在平原地区以南北向为宜；在主害风严重地区，小区长边应与主害风向垂直。

五、果园用地田间工程规划设计

果园用地田间工程包括道路、灌排渠系、防护林带、水源设施及附属设施等项目。

（一）果园防护林带

在干旱、半干旱、高寒以及受风害侵袭的地区，都应配置必要的防护林带，以便为果树授粉，为果树正常生长创造良好的生态环境条件。防护林带还可防止风害吹落果实，吹干土壤，对防止早期冻害具有明显的效果。

果园防护林带基本上由两部分组成。

1. 果园外围防护林带

设置果园外围防护林带的目的是创造果园内部良好的小气候条件。一般可栽种行距为2～2.5 m的乔木林带3～5行，外侧再辅以灌丛1～2行。

2. 果园内部防护林带

一般果园耕作小区长边和主林带的方向均与主害风向垂直布置。在较大的果园，每隔1～2小区设置一条主林带。必要时，沿果园耕作小区的短边布设副林带。在林带与果树行之间留有林缘带，一方面减少林带对里园的影响，另一方面可做果园内道路，供农机具转弯与通行。在陡坡地区，每隔50～100 m栽种一行灌丛（代替果树）以利水土保持。

（二）果园内道路网

果园内道路网的布置应有利于果园田间管理与运输，但也要注意节约用地。因此，道路往往和防护林带相邻布置，林带成为道路的行道树，既节约用地，又有遮阴作用。其一般有以下两种形式：

（1）在果园外围防护林带内侧布置5 m宽的道路（林缘带）。

（2）在果园内部防护林带两侧布置3～4 m宽的道路（林缘带）；果树小区之间的主干道路的宽度为5～6 m；果树小区内部临时道路利用果树行之间的空地，为了行车方便，可特意栽植两行行距较宽的果树作为临时道路。

（三）果园水源及灌排渠系规划

在果园移栽树苗、追施肥料、喷洒农药以及在旱季，都需要及时灌溉果树，因此需要水源和灌溉系统。在平原地区，果园的主要水源为河流及水井，一般应将水源设置在果园中心部位。大果园则需设数个水源。在山地，水源则应设在果园上部（水库、塘坝），以自流取水。输水干渠的比降在1/1 000左右，支渠比降为1/500左右。支渠可沿果园耕作小区短边布置，以利引水灌溉，灌水沟沿果园耕作小区长边方向布置为宜。有条件的地区可设计安装固定式管道喷灌或滴灌系统。

果园还应规划排水系统，以暗管排水方式最佳。

（四）果园附属设施的配置

果园附属设施包括给水站、生产资料库房（工具、肥料、农药）、果品库等。这些建筑的布置应有利于田间作业，便于管理，故应选在位置适中、对内对外交通方便的地方。

另外，果园还可以设置养蜂场，一般以 1 箱/hm^2到 0.25 箱/hm^2为宜。

第三节　牧草地利用规划

我国现有牧草地 40 亿亩，但多是不能辟为农田、林地后剩下来的质量极差的干旱、半干旱区的天然草场，这些地区降水量少而且年际分布很不均匀，因此草场产草量低且年际变化很大。目前在半湿润半干旱地区（黑钙土和栗钙土）的草原只有 3 亿亩，人工改良草场面积很小。影响我国牧区、半牧区畜牧业发展的制约因素之一，是草原退化、草地经营落后。这主要是超载过牧使土壤和植被遭到破坏，经营管理落后，逐水而居，逐草而牧，靠天养畜，自然放牧，缺乏抗灾能力，导致生产力水平低下。因此，搞好牧草地利用规划，加强草场管理是发展我国畜牧业、保护草场可持续利用的重要措施。

牧草地利用规划要根据地形、水源和植被类型以及畜群结构等，合理划分季节放牧场、割草场、轮牧小区、牧畜道、设计畜圈、围栏等。

一、牧草地规划管理的策略

（一）确定合理的载畜量

载畜量是指一定时间内单位面积草地上能够饲养家畜的头数。

载畜量对生产者而言，意味着家畜数量的多少或畜产品的高低，它直接关系到生产者的经济利益；对于草地而言，意味着草地可以承受的放牧强度的高低和放牧压力的大小，它直接影响到草地的再生能力。

合理的载畜量必须将放牧强度控制在草地可承受的范围内。当载畜量过高时，放牧强度过大，家畜采食过于频繁，牧草光合组织损失增加，再生能力受阻，严重时导致牧草死亡，因此确定合理的载畜量是我国草地畜牧业可持续发展的关键。各地应根据当地各类草地的生产力，确定既能够获得最大经济效益，又可避免草地退化，使草地得以持续利用的合理的载畜量。

在制定载畜量时还必须考虑草地生产力在不同年际间、不同季节间的动态变化。在干旱、灾害年份以及冷季要及时调整、压缩载畜量，处理过多的家畜，既可减轻对草地的压力，达到了保护草地的目的，又避免了不必要的经济损失。在选择、配置季节草场的过程中，要着重解决好冷暖季草场比例失调的问题，扩大冷季草场面积，减轻冷季草场超载的压力。自然灾害频繁的地区，应在季节草场内，特别是冬春季节草场内留有一定面积的备荒放牧地，平时禁止放牧，在灾害袭击时启用。

（二）加强牧区冬春饲草贮藏，减少家畜的冷季损失

草地生产力在时空上的差异和变化，是放牧型草地畜牧业饲草供需的基本矛盾。这种供需之间的不平衡集中反映在灾害歉收年份，特别是每年的冬春季节。冬春季节饲草不足，家畜体质弱，易受灾害的袭击造成重大损失，这就是所谓的“夏壮、秋肥、冬瘦、春乏”过程。为解决灾歉年减产及冬春季节家畜掉膘和死亡损失的问题，必须贮草备料，通过草料补饲来满足家畜的营养需求。我国人多地少，精料的供应有限，冬春季节补饲主要靠打草、贮草，利用天然草地夏秋刈割，调制干草是最经济的贮草途径，也是我国牧区采用的最普遍的打草、贮草方法，它可部分解决灾歉年及冬春季节饲草不足的问题，减轻灾害造成的损失。

我国天然的刈割草地面积小，产量低，质量差，仅靠天然割草地打草、贮草不能完全满足家畜冷季对饲草的需求。从根本上解决我国牧区灾歉年以及冬春季节饲草补饲问题，除科学地利用天然割草地外，还必须建立大面积的人工和半人工草地。实践证明，在我国草甸草原类地区，建立苜蓿、羊草、无芒雀麦等人工草地，可使牧草产量提高 4 ~6 倍，粗蛋白含量提高 1 ~2 倍；在干草原类地区，建立苜蓿、沙打旺、草木樨、冰草等人工草地，可使牧草产量提高 5 ~8 倍，粗蛋白含量提高 3 倍以上；在荒漠草原类地区，建立柠条、沙打旺、沙蒿、伏地肤、山竹子等人工草地，可使牧草产量提高 10 倍以上，粗蛋白含量提高 2 倍以上；在青藏高原高寒草原类地区，建立老芒麦、披碱草、红豆草等人工草地，可使牧草产量提高 7 ~10 倍，粗蛋白含量提高 1 ~2 倍。

（三）发展季节性草地畜牧业

为了减少冬春季节家畜掉膘和死亡损失，除改良草地，建立人工草地，储备充足的饲草外，投资最少、收效最快、收益最大的方法是调整并改善畜群结构，提高畜群中母畜和后备畜的比例，充分利用暖季优势，大力发展季节性草地畜牧业。

在每年入冬之前，除留足适龄母畜、后备畜和种公畜外，在掉膘和死亡之前，尽可能快速地将当年羔羊和犊牛育肥出售或屠宰，不仅可缓解冬春季节草畜矛盾，充分发挥夏季产草量高、牧草生长快、再生性强、营养价值高的优势，使有限的饲草得到有效利用，而且可增强母畜、后备畜和仔畜冬春季节的体质，还可改善牧区普遍存在的冬春季节草场超载过牧的问题。季节性草地畜牧业充分地利用了幼畜早期生长发育快和消耗低的生长特点，提高了饲料报酬和出栏率，经济效益明显提高。

（四）加强草地的保护、改良和建设

草地保护主要是指禁止那些滥垦、滥挖、滥砍、滥搂和滥牧等直接人为破坏草地的行为，以及防止或减少草地有毒有害植物、鼠、虫害对草地及其家畜的破坏和不利影响。

草地改良是对天然草地采取一定的农业技术措施，调节和改善草地生态环境中土、水、肥、气、热和植物等自然因素，促进牧草的生长，提高草地生产力。人们可利用补播技术增加草层的植物种类、草地的覆盖度，提高草地的产量和质量；利用封育技术使草地得以复壮；利用浅耕翻技术，创造有利于优良根茎禾草生长的环境，促进优良牧草的生长发育；有

条件的地区可进行草地的灌溉和施肥。这些措施均能使草地牧草的产量和质量得到提高。

草地建设是指改善和提高草地畜牧业生产条件和草地生产力的基本措施。草地基本建设包括修建草地围栏、棚圈、人畜饮水点、草地水利设施等。

修建草地围栏不仅是防止草地退化，恢复草地生产力的一种有效措施，也是培育人工草地、半人工草地，实行草地放牧管理（轮牧）的有效手段。建立边界围栏，有利于落实有偿承包责任制，固定草地使用权。

草地打井、截流、引洪淤灌、兴修水利工程是解决人畜饮水，灌溉人工草地、饲料地的有效措施，可大幅度地提高草地的产量和质量。

建设棚圈是我国冷季漫长、春季气候多变的北方草原地区家畜越冬度春寒的必要条件。冬春季节采取棚圈饲养，可有效地减少冷季家畜的体能消耗，增加成畜的存活率和羔羊的成活率，减少家畜的掉膘损失。

（五）依法治草，落实有偿承包责任制

在我国牧区深化经济体制改革的过程中，在固定草场使用权的基础上，逐步推行了草场“承包到户、有偿使用”的有偿承包责任制，理顺了人、畜、草三者之间的关系，使草地的管、建、用同权、责、利结合，是适应现阶段家畜私营形式的有力措施，从根本上破除了草地无偿使用和重畜轻草、靠天养畜的传统观念，有利于加强对草地的科学管理，加快周转，提高效益，促进畜牧业商品经济的发展。

为了使我国草地畜牧业得到持续稳定的发展，在草地管理中要加强法制教育，不断提高广大牧民的法制意识。同时在《中华人民共和国草原法》和各省、自治区有关管理条例的基础上，要逐步制定县（旗）一级草原管理细则，使草地管理全部纳入法制轨道。

二、季节牧场的划分

春夏秋冬，暑往寒来，一岁一枯荣。由于地形、土壤、气候条件的不同，天然草地适于放牧利用的时间也不同。因此，必须合理划分季节牧场。季节牧场就是在一定季节期内适宜放牧的地段。因地制宜地划分季节牧场对于合理利用草地，保护和培育草地的生产能力，满足牧畜在各个季节对牧草的需要具有十分重要的意义。

划分季节牧场的基本依据是季节变化、海拔高低、草层生长和枯萎时间、经营习惯等。

（一）冬季牧场

冬季牧场地形低凹、避风、向阳，植被覆盖度大，植株较高，不易被雪埋没，距居民点和饲料基地较近，便于管理，有较好的水源，并有一定的棚圈防寒设施。总之，应把条件最好的草地留在冬季这个最难度过的季节。对于山地地形起伏大的地区，应把山谷地带和背风向阳坡划归为冬季牧场。

（二）春季牧场

春季牧场基本同冬季牧场，同时地形开阔、向阳、风小，植被萌发早。

（三）夏季牧场

夏季牧场地势较高，通风凉爽，蚊蝇较少，有可靠水源。这些地方的植被只有在夏季生长旺盛，此时不利用，其他时间更难利用。对于山地地形起伏大的地区，应将高山处和阴坡地段划归为夏季牧场。在丘陵地形起伏较小的地区，可把岗坡、台地划归为夏季牧场。

（四）秋季牧场

地势较低，平坦开阔，植被丰富且多汁，而枯黄较晚的草地应划归为秋季牧场，以便催肥出栏。

另外，在划分季节牧场时，应考虑尽可能使草地集中连片，便于管理，各季节牧场便于畜群转移。

三、畜群放牧地段的配置

放牧区内还要划分不同畜群的放牧地段。不同的畜群（如牛、马、羊），对牧草有采食偏好，可根据它们的喜食特性，将爱吃的牧草地段分配给它们。

（一）畜群放牧地段面积的确定

已知放牧地段面积的计算见式（3-6）：

$$\text{放牧地段面积}=\frac{\text{牧畜头数}\times\text{放牧天数}\times\text{每头牧畜每天的食草量}}{\text{单位面积草地的产草量}} \tag{3-6}$$

式（3-6）中各项参数的确定原则如下：

（1）合理确定季节牧场的始牧期和终牧期具有重要的意义。过早放牧不仅会损害牧草的生机，影响其再生力，而且在刚刚解冻的草地上放牧还会破坏草皮，况且产草量也低，满足不了牧畜的需要。过迟放牧会造成牧草粗老，降低其营养价值，同样减少牧草的再生时机，最终导致产草量的降低和供应期缩短。

一般情况下，季节草地在生长期内的始牧期，以牧草萌发后 15 ~ 20 天为宜，也可根据牧草的高度判断。草地的终牧期，同样不宜过早或过迟。过早浪费牧草，过迟将影响第二年牧草的生长。一般以在牧草生长季节结束前 30 天停止放牧为宜。根据草地的始牧期与终牧期即可估算出季节牧场的放牧天数。

（2）单位面积草地于一定时期内实际生产的可食牧草称为草原的基础生产力。不同地区，不同月份，不同类型的草原，基础生产力不同。值得指出的是，当草原在不同月份产草量不一时，应以其最高产草量为计算标准，其他月份可辅以其他青饲料，否则将会造成草原在产草高峰季节的饲草浪费。

（3）每头牧畜每天的食草量与牧畜的种类、饲养方式有关。当牧畜可以得到部分青饲料或其他多汁饲料时，每天的食草量相应减少。

（4）在实行牧草轮作的地区，不是所有的草地都参加放牧，其中有部分草地处于非放牧休闲状态。这一因素在确定放牧地段面积时不能忽略。

（二）畜群放牧地段的配置方式

1. 配置放牧地段应考虑的因素

（1）放牧地段应尽可能有多种植物，以延长放牧期和保证饲草供应的均衡性。不同季节放牧地段不能相距过远。

（2）放牧地段应尽量相对集中。

（3）放牧地段应顺坡布置，以便使每个放牧地段内植被的类型多样，减少地表水下流导致病菌传染，见图 3-9。

（4）土质黏重、土壤过湿、有机质含量高的土壤易受病源感染，不宜放牧。

（5）天然放牧地应尽量靠近水源、畜舍、牧草轮作地，以减少牧畜移动。

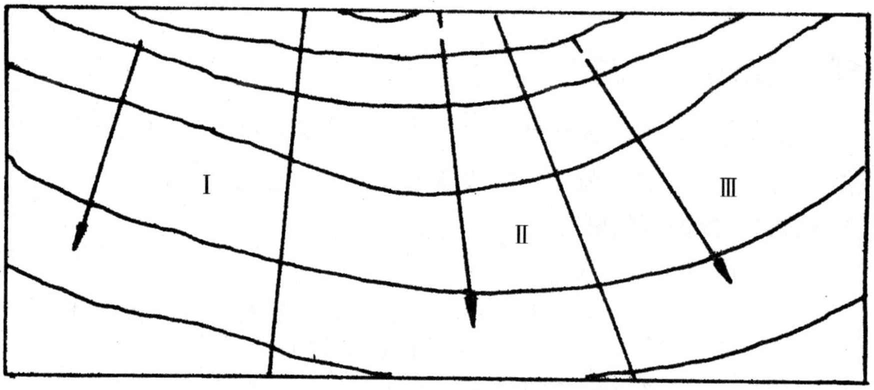

图 3-9 顺坡布置放牧地段

2. 不同畜群放牧地段的配置

（1）牛群。牛喜平坦放牧地。有陡坡的放牧地不宜放牛。最好是平坦谷地、河流沿岸地带。牛喜食禾草、豆科草、杂草。草层密度大，具有中等高度的草甸草地为最好的牧牛地段。

（2）马群。马适于平坦宽广或略有起伏的丘陵地，起伏过大或低湿草场均不适宜马的放牧。马对牧草质量要求较高，适宜的草类应为中高型禾草及豆科草。马对水源的要求也较低，放牧地距水源可达 10 km。

（3）羊群。羊利用坡地能力较强，适应崎岖的地形，对水源要求也较低，故觅食范围广，除禾草、豆科草外，也能觅食各种矮小杂类草和灌木丛草。

四、轮牧小区的设计

在确定了季节牧场和适宜的载畜量的基础上，对草地要实行科学的放牧利用制度，充分、均匀、合理地利用草地。因此，在条件好的地区，采取科学的分区放牧制度，可充分地利用草地，使草地得到系统的休闲，保证在整个放牧季使家畜得到均衡的高质量饲草供应。

实行分区放牧就是把分配给一个畜群的放牧地段再划分成若干个小区（轮牧小区），进行轮流放牧。轮牧小区是畜群放牧地段内进行轮牧的基本单位。分区放牧是提高牧场生产率、保持草地生产力的有效方法，同时也符合放牧饲养的防疫要求。

(一) 轮牧小区数目

轮牧小区数目按式(3–7)计算:

$$轮牧小区数=\frac{轮牧周期}{轮牧小区内放牧天数}+休闲区数 \qquad (3-7)$$

1. 轮牧周期

轮牧周期是指在放牧地段内,每个轮牧小区从第一次放牧到下一次放牧的相隔时间,以天数计。

轮牧周期取决于牧草的再生速度,牧草再生快,周期短,反之则长。牧草本身的再生速度又与草地的环境条件(雨量、气温、土壤、植被)有关。一般的轮牧周期为 25 ~45 天。

在冬季牧场,由于牧草停止生长,故轮牧周期按式(3–8)确定:

$$轮牧周期=每轮牧小区放牧天数\times分区数目 \qquad (3-8)$$

在暖季牧场,牧草的再生能力取决于放牧次数。要考虑由于放牧次数的增加所引起的牧草再生能力的递减。为简便起见,以平均再生速度计算轮牧周期。

2. 放牧频率

放牧频率与轮牧周期呈反比关系。放牧频率也取决于牧草生长情况。放牧频率是指在一个放牧季节内,每个轮牧小区循环利用的次数。我国西北地区各主要草地类型适宜的放牧频率见表 3–2。

表 3–2 我国西北地区各主要草地类型适宜的放牧频率

草地类型	森林草地	湿润草地	干旱草地	半荒漠草地	荒漠草地	高山草地
分水岭地	3 ~4	3	2 ~3	1 ~2	1 ~2	—
干燥坡地	3	2	1 ~2	1	—	—
湿润坡地	3 ~4	3	2 ~3	1 ~2	1 ~2	—
低洼地	4 ~5	3 ~4	3	2	1 ~2	—
中位冲积地	4 ~5	4 ~5	3	2	1 ~2	—
沟谷地	—	3	2 ~3	—	—	—
针芽—蒿属草地	—	—	2	1 ~2	1 ~2	—
蒿属—盐蓬草地	—	—	—	1	1	—
禾本科—莎草科型	—	—	—	2	2	
双子叶型	—	—	—	—	—	2
莎草科型	—	—	—	—	—	3 ~4
禾本科型	—	—	—	—	—	2
灌木—苔藓型	—	—	—	—	—	3 ~4
禾本科—豆科混播型	4 ~5	3 ~5	3	2 ~3	—	—
苜蓿草地	4 ~5	4 ~5	4 ~5	2 ~3	4 ~5	—
苏丹草草地	4 ~5	4 ~5	3 ~4	2 ~3	—	—

3. 轮牧小区内放牧天数

轮牧小区内放牧天数的确定，主要取决于牧草再生高度的限制。已知在牧草生长旺盛时期每天可长高1～1.5 cm。草再生到5～6 cm时，牧畜必须转移，以免新生草被牧畜吃掉。由此可见，轮牧小区内放牧天数为5～6天。从防治常见牧畜寄生虫害的要求出发，若轮牧小区内的放牧天数在6天以内，就可有效防治牧畜寄生虫病的蔓延。

（二）轮牧小区面积

先确定分配给每个畜群的季节牧场面积，再除以轮牧小区数，可得轮牧小区面积。不过，轮牧小区的面积不能低于以下规模，即

100头乳牛群的轮牧小区面积为4～6 hm^2；

600头绵羊群的轮牧小区面积为5～7 hm^2。

（三）轮牧小区的形状与规格

轮牧小区的形状以矩形为宜。轮牧小区的规格是指轮牧小区的长度与宽度。

1. 轮牧小区的宽度

一般放牧畜群要求横队前进，这样各种牧畜放牧行进的单程宽度就成为设计轮牧小区宽度的主要依据（见表3-3）。轮牧小区的宽度以满足畜群放牧往返回转的需要为准。

为避免重复采食，影响草地质量，轮牧小区宽度应等于单程前进宽度的2倍。

2. 轮牧小区的长度

轮牧小区面积和宽度确定以后即可计算出轮牧小区的长度。但轮牧小区的长度应与牧畜每天往返行进的适宜距离相适应。同时，考虑小区长度应与牧畜两次饮水、挤奶、休息时间间隔相配合。由此可以确定，轮牧小区的长度不应超过牧畜牧食距离的一半。

也可按式（3-9）近似计算小区长度：

$$L=\frac{st}{2} \tag{3-9}$$

式中：s——畜群放牧时行走的速度，m/h（乳牛群移动速度为400 m/h；羊群移动速度为350 m/h）；

t——昼夜几个主要时间段内放牧时间的长短。t值与各牧场的产草量有关。

表3-3　每头牧畜放牧时所需的最小宽度

牧畜种类		最小行走宽度/m
牛	成年牛	1.5～2.0
	1～2岁牛犊	1.0～1.25
	1岁以下牛犊	0.5～1.0
羊	母羊、未孕羊、去势羊等	0.3～0.5
马	成年马	1.5～2.0

(四) 轮牧小区的划分与布局

轮牧小区的划分与布局要考虑以下几个问题：

(1) 轮牧小区应配置在同一类型的草场上，以使各轮牧小区草层一致，更好地利用放牧场。

(2) 把畜群的空行减少到最低限度。这样应使轮牧小区短边与牧畜道走向结合，畜群移动方向最好与主风向垂直，并尽量避免畜群逆光行进。

(3) 从任何一个轮牧小区到达饮水点或畜圈的距离不应超过表 3-4 所列的标准。

(4) 若以河流为饮水水源，则应使轮牧小区的放牧顺序自下游向上游排列，以免污染河水。

(5) 各轮牧小区之间应设牧畜道联系。

(6) 轮牧小区界线应尽量以自然地物为标准，有条件的地区应设置围栏（壕沟、堑岸、石墙、土墙、刺丝网或生物围篱等）。

表 3-4　畜群饮水距离

畜群种类	距离标准/km
奶牛及怀孕后期母牛	1 ~ 1.5
犊 牛	0.5 ~ 1.0
其他牛	2.0 ~ 2.5
马 群	5.6 ~ 6.0
羊 群	2.5 ~ 3.0
一般母猪	0.5 ~ 1.0
哺乳母猪	0.25
幼 猪	1.0 ~ 1.5

(五) 轮牧小区的放牧组织

轮牧小区的放牧可有许多类型，人们须根据具体情况设计适合的轮牧计划（见图 3-10）。

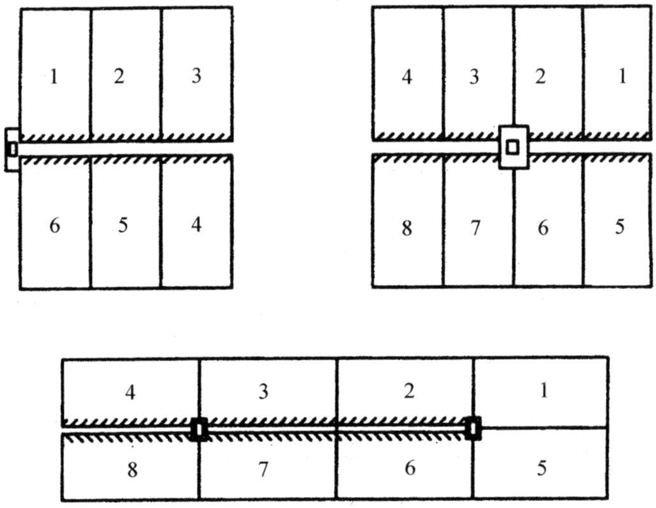

图 3-10　轮牧小区空间配置形式

1. 一区连续放牧

一区连续放牧是指在整个放牧季节内不受限制的放牧方式。在草层矮小，一年生草、适口性草类数量少的草原采用一区连续放牧往往可收到较好地限制杂类草的效果。至于连续放牧时间则应有效控制，以免发生过牧，导致草地沙化。

2. 季节性重复放牧

季节性重复放牧是指草场每年同一时期放牧的方式。当牧草具有明显的季节性变化或畜群有季节性变化时多采用季节性重复放牧。例如，某些植物一年中只在某一季节有适口性，也有些植物只有在雨后才生长。

3. 轮牧

轮牧是指畜群按轮牧计划从一块草地转向另一块草地的放牧方式。

轮牧式放牧多在一些特殊情况下采用。例如，在牧草生长早期，草的生长速度慢，草的供应不足时，可采用“一日过放牧法”。

在实践中有时采用短期过放牧法，如先过放牧1～2个月，然后停牧6周至5个月，目的是消灭那些适口性不好的草类并促使草地在较长时间内恢复，减少不良植物对优良植物的竞争。

4. 迟延放牧

迟延放牧是指在草类种子成熟以前不进行放牧的方式。

5. 休闲轮牧制

多种轮牧方式联合使用称为休闲轮牧制。例如，两个畜群的轮牧计划可以拥有一个休闲小区、两个短期春季放牧小区等。

五、放牧地畜圈、牧畜道、水源的配置

（一）畜圈的配置

畜圈的环境应满足以下几个条件：

（1）保证有良好的卫生条件和休息条件。

（2）畜圈位置适中，以缩短驱赶距离（靠近饲料地、水源）。

（3）便于组织管理。

（4）远离主干道路、死牲畜埋葬地、传染病病源区。

（5）地势高，具有一定坡度，方便的入口和通道，有遮阴的地方。

（二）牧畜道的配置

设计牧畜道的原则：使驱赶距离短，占地面积小。道路宜多不宜宽，要定时更换牧畜道，以免裸露地面使风蚀沙化扩展。一般牧畜道不必特意修建，“路是走出来的”。

1. 主干牧畜道

主干牧畜道是连接放牧地段、饮水点、野营地、饲料轮作区等的道路。

2. 主要牧畜道

主要牧畜道是指在轮牧小区内部，保证各轮牧小区之间与饮水点、野营地等的联系的道路。

3. 临时性牧畜道

临时性牧畜道是指在利用人工放牧地时，在饲料轮作区内部建立的道路。它的作用是保证由放牧地段向野营地和饮水点驱赶牧畜群通行方便。

牧畜道的宽度取决于牧畜头数、通行密度及土壤性质等条件，一般可参考表3-5。

表3-5　牧畜道的宽度

牧畜群类别	牧畜道的宽度/m
100头成牛	20～25
100头小牛	18～20
600～800只羊	25～30
100头母猪	15

（三）水源的配置

水源主要是指饮水点。饮水点应具备下列条件：

（1）水质好，水量充足。各种牧畜的饮水定额可参考表3-6。

计算需水量时再乘以保证系数1.3～2。

表3-6　单位牧畜昼夜需水量

牧畜种类	每头每口需水量/L
成奶牛	50～60
牛犊	8
役畜	50
猪	50

（2）每个饮水点服务一个放牧地段，位置适中（与人工放牧地、野营地、轮牧小区、牧畜道的联系方便）。

（3）符合卫生条件，远离主干道路和沼泽低洼地。

六、割草地规划

由于牧草地的产草量存在着明显的季节间的不均衡性，夏秋季节产草多且营养好，冬季严重不足，所以为了保证全年均衡供应饲草，人们必须在天然草地或人工草地上打草，加工成青饲、干草或干草粉贮存起来，备冬季补饲之用。因此，割草是牧草地利用的又一主要方式，对保证草地畜牧业高产稳产具有重要意义，必须对其进行合理的规划。

（一）割草地的选择

割草地要求草地植株生长旺盛，茎秆高大，且草质好。一般以根茎性或繁丛性疏禾科草类或高大丛生的豆科草类以及上述草类的混合型为好。杂草类在干燥过程中枝叶易脱落，不易调制成良好的干草，其占草地的草类比例以不超过10%为宜。作为割草地，还要求植被的再生能力强。

从地形来看，地势低平，土壤水分条件较好，集中连片，障碍物少的低洼地草地、河滩草地、河谷地和排干的沼泽地都可以配置割草地。这些地方牧草生长好，又便于管理和机械割草。

（二）轮割制度与轮割区的划分

1. 轮割制度

如果连年在同一地段同一时期割草，会限制根部的正常生长、茎叶的发育和种子的形成，从而导致草地产草量下降，因此对割草地应实行轮割制度。

割草地轮割制度是按一定顺序逐年变更收割时期、收割次数、休闲与培育措施等的一种轮换制度，以保证草地植物营养物质的积累及种子形成，改善生长条件，保持草地的生机。割草地轮割制度因各地的自然和经济特点不同而异。按照牧草的发育阶段和培养草场的要求，轮割制度包括的环节有：休闲、抽穗期收割、始花期收割、盛花期收割、结籽后收割。

水泛地草地五年轮割方案如表3-7所示。

表3-7　水泛地草地五年轮割方案

轮割区	第一年	第二年	第三年	第四年	第五年
1	休 闲	抽穗期收割	始花期收割	盛花期第一次收割	盛花期第二次收割+再生草放牧
2	抽穗期收割	始花期收割	盛花期第一次收割	盛花期第二次收割+再生草放牧	休闲
3	始花期收割	盛花期第一次收割	盛花期第二次收割+再生草放牧	休闲	抽穗期收割
4	盛花期第一次收割	盛花期第二次收割+再生草放牧	休闲	抽穗期收割	始花期收割
5	盛花期第二次收割+收割+再生草放牧	休闲	抽穗期收割	始花期收割	盛花期第一次收割

2. 轮割区的划分

轮割区是轮割制度的基本作业单位。可按割草地的总面积、轮割制度、地形条件、割草的机械化程度、草地改良和保护的要求、劳动组织等条件将割草地划为几个轮割区。轮割区外形应力求规整，以适应机械作业的要求；牧草类型基本一致，以便在同一时间内打草；应有方便的道路联系；区内轮割区之间的面积应基本相等，以保证获得均衡的产草量。

（三）贮草场的设置

收割青草的主要利用方式是调制干草，贮存起来以备冬季饲草不足。因此，人们需要规划贮草场，选择场址，估算占地面积和进行贮草场的内部配置。

1. 选择场址

长期贮存干草的场所应选在冬季放牧地段距牲畜棚舍较近，运输方便的地方。场地要求干燥，地势平坦，排水良好，以防干草受潮变质。此外，还要注意防火，设在背风处，四周设围栏。

2. 估算占地面积

（1）先根据草堆的形状和规格，计算出每个草堆的体积。

（2）实测单位体积干草的质量，根据草堆体积即可求得草堆的干草质量。

（3）预测干草总需要量，根据干草总需要量和一堆干草的质量计算所需草堆数。

（4）根据草堆的占地及间距、草堆与外围的间距和附属设置的占地估算整个贮草场的占地面积。

3. 进行贮草场的内部配置

一般草堆呈行列状布置，两相邻草堆相隔约 5 m，前后两排草堆之间间距应不小于 30 m，草堆与贮草场围栏之间距离应保持在 15 m 以上，草场内设置贮水池、消防用具及管理人员住房等（见图 3–11）。

● 消防用具　　　○ 贮水池

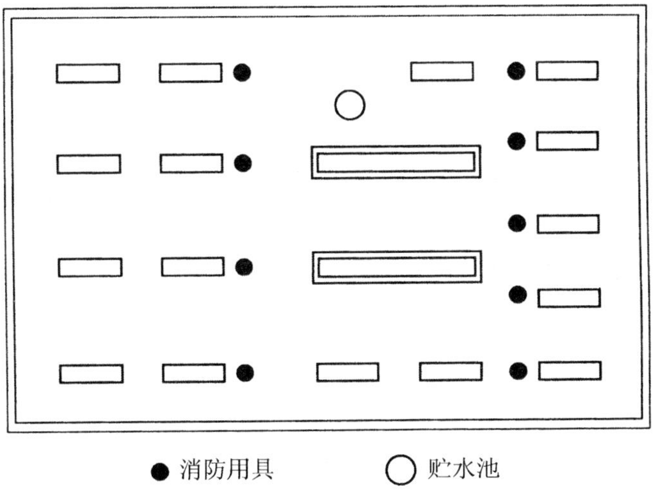

图 3–11　贮草场的内部配置

七、牧草地综合利用和改良规划

为提高牧草的生产力，保证牲畜对饲草饲料的需要，防止草场退化，人们应从单纯靠天养畜转变为以合理利用天然牧草地为主的一般建设阶段，进一步发展到以综合建设基本草场为主的长远建设阶段。基本草场是经过人工培育建设，实现了高产稳产的放牧地、割草地、人工饲料地的总称。

（一）围建草库伦规划

我国北方牧区（如内蒙古、青海、新疆等地）主要采用围建草库伦和种植人工饲料来建设基本草场。草库伦就是有计划地将天然草地一片片地围起来，培育半人工草地或人工草地，种植饲料，并进行水、林、机等综合建设，以达到改良草地和合理利用草地的目的。

草库伦选址应优先选择土层较厚、水利条件较好、地形平坦、防风较好的草地，如干草原的丘间低地，荒漠地带的湖盆地等，然后围建条件较差的地方。

以冬季牧场围建草库伦为例，围建草库伦的面积（hm^2）可按式（3-10）计算：

$$草库伦面积=\frac{牲畜日食量\times畜群牲畜头数\times计划放牧天数}{草地秋季产草量\times牧草冬季保存系数} \tag{3-10}$$

式中：牲畜日食量——参见表3-8，kg/头；

牧草冬季保存系数——对于禾本科、莎草科占优势的草地取0.6～0.7，双子叶植物占优势的草地取0.3～0.5，计算其他季节牧地草库伦面积时，不需要采用保存系数；

草地秋季产草量——kg/hm^2。

草库伦的形状，应根据地形条件和植被分布状况而定，一般尽量规划成规整的形状。

表3-8　各种牲畜日食参考量

牲畜种类		体重/kg	日食青草/[kg/（日·头）]
绵羊	哺乳母羊（带羔）	40	5～7.5
	公羊	50	5～7.5
	断乳后当年羔羊	20	2.5～3.75
山羊	哺乳母羊（带羔）	35	4.5～6.75
	公羊	40	4.5～6.75
	断乳后当年羔羊	15	2～3
牛	乳牛（日产乳10 kg）	400	25～37.5
	役牛	400	25～37.5
	肉用牛（肥育）	400	25～37.5
	犊牛 6～12月龄	150	12.5～18.75
	犊牛 12～18月龄	250	17.5～26.25
	犊牛 18～24月龄	350	22.5～33.75

续表

牲畜种类		体重/kg	日食青草/[kg/（日·头）]
马（或骡）	育成马或骡	400	25～37.5
	母马（带驹）	400	25～37.5
	断乳当年马驹或骡	100	10～15
驴	成年驴	250	20～30
	母驴（带幼驴）	250	20～30
	断乳当年驴	75	10～15
	二岁驴	150	15～22.5
骆驼	成年骆驼	750	35～52.5

（二）林网草田轮作制规划

林网草田轮作制是将人工饲料地和人工草地组织到草田轮作中，将地段划分成若干轮作田区，饲料作物与牧草按一定顺序在轮作田区上轮换种植，同时统一规划林网、道路网、渠系等项目，形成林网草田轮作组织形式。林网草田轮作制可有效地提高土壤肥力，防治病虫害和杂草，改善饲料品质。

林网草田轮作制规划步骤如下：

（1）根据畜群种类和规划计算饲草、饲料需要量。

（2）按照饲草、饲料需要量确定牧草和饲料种植的种类、比例，制定合理的轮作制。一般分为农田和草地两个时期，还田时期地块上主要种植饲料作物，如玉米、大豆等，种植年限视土壤肥力而定；草地时期地块上生长多年生牧草，种植年限决定于草地的利用年限。轮作的方式很多，如草场利用7～8年的草田轮作：① 燕麦或大麦；② 豆类作物；③ 块根类作物；④ 中耕作物；⑤ 多年生牧草。

（3）按轮作制度规划轮作田区，确定轮作田区数目和面积。

（4）对轮作田区、防护林、道路、渠系等进行规划设计和配置。

（三）人工草地的建立

人工草地实质上是对天然草地进行耕翻，人工种植牧草，形成新的植物群落，创造出高产的草地。人工草地的规划应解决选址，利用方式，水、电、林、路、草、畜配套，人工草地改良措施的采用等一系列问题。

（1）选址。人工草地应选在土层较厚，地形条件较好，有天然水源，距居民点较近的地方，要具备一定的运输条件，以便运送畜产品。

（2）水、电、林、路、草、畜配套。首先，水、电、林、路要统一规划布局，以便生产和管理；其次，草、畜要配套，目前南方山丘地区建立的大片人工草场，往往形成山上草多畜少，山下畜多草少，使人工草场的效益不能充分发挥。

（3）人工草地改良措施。其包括开垦天然草场，清除灌木、石块，进行耕翻整地；施肥与灌溉；播种优良牧草；消灭有害植物及杂草；消除草地的鼠害；改良土壤等。

第四节　水产养殖用地规划

所谓水产养殖用地，是指用于水产养殖的内陆水域和人工鱼塘。

随着人民生活水平的提高，人民对水产品需求的数量和品种日益增多。做好水产养殖用地规划，对于提高水产品的生产，合理利用土地资源具有重要意义。

一、人工鱼塘的规划设计

（一）场地选择

在耕地上挖塘养鱼（包括养甲鱼、鳗鱼及其他水产）同在耕地上栽种果树一样，成为耕地减少的重要原因之一。因此，政府发出了“果园上山，鱼塘下滩”号召和相应的土地管理政策。耕地是最稀缺的土地资源之一，要切实保护。因此，人工鱼塘的场地选择，要尽量避免占用耕地，尤其是尽量避免占用优质良田。利用湿地、滩涂建设人工鱼塘既能获得良好的经济效益，又对湿地、滩涂的生态环境破坏小，符合土地可持续利用的原则。

人工鱼塘用地的选择一般应考虑以下几方面的要求：

（1）水源充足，水质好，含盐、含铁量少。

（2）土壤渗漏少。

（3）安全，无洪水、潮汐和大风等威胁。

（4）交通便利，运输畅通。

（二）鱼塘规格

从鱼类习性与便于管理两方面考虑，鱼塘规格包括形状、大小、深浅三方面内容。

1. 鱼塘形状

鱼塘形状一般以长方形为宜，长、宽比可在3∶2～2∶1。具体尺寸须视地形条件而定，并尽量做到整齐划一。

2. 鱼塘的大小与深浅

鱼塘的大小可根据生产需要而定。面积过小，养鱼就少，池埂占地就多，且增加作业量，水质也不稳定。面积过大，操作困难，管理投饵不便，一旦发生鱼病，损失也大。根据鱼类的不同生长发育时期以及生产管理上的不同要求，鱼塘的大小和深浅应不一（见表3-9），但规格应尽量一致，有利于统一使用。

表3-9　人工鱼塘参考规格

鱼塘类型	面积/hm^2	池深/m	水深/m	特点
亲鱼池	0.33～0.67	3～4	2.5～3.5	成鱼喜开阔深厚水面，但过大、过深不易捕捞
产卵池	0.03	1～1.2	0.5～1.0	（鲤鱼）可兼作孵化池
		2.5	2.0	（草、青、鲢、鳙）

续表

鱼塘类型	面积/hm^2	池深/m	水深/m	特点
孵化池	0. 027 ~0. 033	1	2	
鱼苗池	0. 067 ~0. 133	1. 5 ~2	1 ~1. 5	沿堤脚应有较宽的浅水地带
鱼种池	0. 2 ~0. 33	2 ~2. 5	1. 5 ~2	可再浅一些（1. 5 ~2 m）
成鱼池	0. 33 ~0. 67	3 ~4	2. 5 ~3. 5	可兼作越冬池（2 ~2. 5 m）
越冬池	0. 13 ~0. 2	3. 5 ~4	>3	最好经常有流水，北方寒冷地区要保持冰下有 1 m 水层。1 m^3 水体可保证 0. 15 ~0. 25 kg 的鱼越冬。在生产季节，可作鱼种池或成鱼池用
隔离池	0. 03	2		供少数发病鱼类而设，要求池小水清
蓄水池	不定	不定		在季节性缺水或水量不足地区，为保证正常生产的需要，设专门的蓄水池，其规格可灵活确定
沉淀池	计算	1		池体积：$V=QD$ 式中：Q——浊水在沉淀池内停留的时间，h； D——需水量，m^3/h。 沉淀池应分建数个，交替使用
晒水池	计算	<1		利用地下水、冰雪融水作水源时，须晒水以增温充氧。晒水池分设几个小池交替作用。晒、蓄、沉三池可兼顾使用

（三）鱼塘布局

鱼塘布局以水源为准，应将水源设在最高处。人工鱼塘与水源的布置关系见图 3-12。

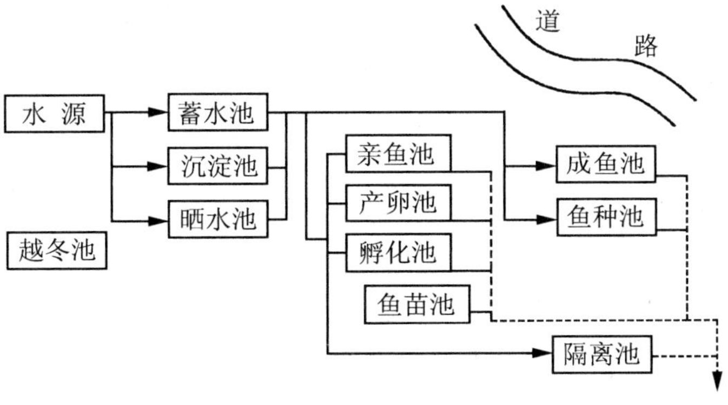

图 3-12　人工鱼塘与水源的布置关系

鱼塘的总体布局可遵照以下原则：

（1）场房、办公室、试验室、加工厂、抽水机站等设施应布置在养鱼场中心位置，并有道路相通。

（2）鱼塘、产卵池及孵化设备距场房较近，以便管理。

（3）鱼苗池靠近孵化设备，鱼种池围绕鱼苗池，外围则为成鱼池，以便缩短鱼种搬运距离，减少鱼种损伤。

（4）鱼塘送水应分池输送，不能串流，以免鱼病传染。

（5）鱼塘的走向应尽量呈东西向，以增加鱼塘日照时间。

（6）灌排系统的布置，在一般情况下，注水道与排水道应分别设置，各成系统。

（四）鱼塘组成

每个鱼塘由堤坝和池底组成。

1. 堤坝

临水坡一侧的坡度大小视土质而定，一般为1∶1.5～1∶2。在堤高的3/4处需设栈道，宽度为1 m左右，供养鱼作业之用。

2. 池底

池底应平坦，从两侧堤脚向中部逐渐加深。排水口处挖坑状鱼潭，以利排水捕捞。从灌水口至排水口处的池底应有一定坡度（1/300～2/200）。

二、天然水域的利用规划

除了开挖人工鱼塘进行水产养殖外，开发利用天然水面进行水产养殖也能获得良好的经济效益。天然水域是指未经人工开挖天然形成的水面，包括湖泊、河流、坑塘水面。虽然水库是人工修建的，但相对于人工开挖的鱼塘来说，也按天然水面对待。

（一）坑塘的改良利用

天然坑塘无一定规格，面积有大有小，水层有深有浅，水质有好有坏。一般情况下，只要坑塘常年积水在1 m左右，水质无毒，就能养鱼。但为了获得高产稳产，应进一步对坑塘加以规划改造，其基本内容如下：

（1）浅塘改深塘，使水层达到2～3 m。

（2）小塘改大塘，使水面达到0.33～0.67 hm^2。

（3）漏水塘改保水塘，清除原有污泥杂草，用黏土垫底夯实。

（4）改死水塘为活水塘，使之能灌、能排。

（二）湖泊、水库的规划利用

湖泊水面大，可在浅水港湾筑堤建坝，改大水面为小水面，改粗养为精养，同时要解决跑鱼问题。为此，可在湖泊、水库中设置拦鱼设施，或推广网箱养鱼。

网箱养鱼就是利用竹子、木条或金属丝等材料制成1 m^3左右的网箱，其中放入一定规格的鱼苗，网箱置于大面积水域中，利用流水中的天然饵料养殖鱼类。这是一种利用大水面优越的自然条件，实行小水体密放精养的养殖方法。在养殖过程中，由于网箱内外水体不断交换，既可使鱼类不断获得天然食料，又可利用流水不断冲洗网箱内的排泄物，保持了箱内的水质。因此，这是一种经济易行，且能获得高产的养鱼方法。

水库养鱼要注意防止水污染。亩产百斤以上不同类型水库主要鱼种的放养密度与搭配比例见表 3-10。

表 3-10　亩产百斤以上不同类型水库主要鱼种的放养密度与搭配比例

水库类型		小型水库（67 hm^2 以下）			中型水库（67～670 hm^2）			大型水库（670 hm^2 以上）		
营养型		富营养型	一般营养型	贫营养型	富营养型	一般营养型	贫营养型	富营养型	一般营养型	贫营养型
年单位总放养量/（$\times 10^4$ 尾 · km^2）		75～150	45～90	15～45	30～60	15～30	10.5～15	15～30	13.5～15	7.5～12
搭配比例	鲢鱼	35%	25%	10%～15%	30%	20%	10%～15%	25%	20%	10%
	鳙鱼	50%	35%		55%	35%		60%	40%	
	其他	15%	40%	90%～85%	15%	40%	90%～85%	15%	40%	90%

（三）河流的水面利用

河流水面宽，水深，流急，一般不宜人工养殖，可推广网箱养鱼。

三、基塘农业生态系统

珠江三角洲的人民在长期的农业生产实践中，发明了兼顾作物生产与水产养殖的基塘农业生态系统。当地人称“基塘”为“基水地”。它是在沉积物上人工挖塘筑基而形成。基面上种植甘蔗、香蕉、桑、草和花等陆地作物，塘内养殖鲢鱼、鳙鱼、鲮鱼和鲤鱼四大淡水鱼。基和塘构成了一个人工控制的立体的水陆兼备的农业生态系统。

一般此类正常鱼塘水深 2～3 m，面积在 0.13～0.67 hm^2。鱼塘具有养鱼和为基面提供塘泥肥田的作用。鱼塘一方面接受来自基面生产的青饲料和下脚料，如象草、蔗叶、蕉树和蚕沙等，进行次级生产（喂鱼）；另一方面，它又滋养浮游生物，本身具有初级生产作用。

基面是陆地种植业的基地，它将太阳能转化为化学能储存起来，具有初级生产的作用。根据基面种植的作物不同，基塘可分成桑基鱼塘、蔗基鱼塘、菜基鱼塘、果基鱼塘、花基鱼塘、草基鱼塘。分类是以基面上的主要作物命名，实际生产中各种作物往往结合种植，如桑地间种香蕉，香蕉间种芋头，香蕉间种蔬菜，甘蔗未长成以前间种黄豆、花生等。

基塘农业生态系统不但获得了良好的经济效益，更为重要的是利用低湿地的生产潜力，取得了良好的生态效益。

基塘农业生态系统既具有陆地生态系统，又具有水域生态系统，形成了立体生态结构，具有结构上的优越性。

（1）充分利用光能。基和塘相间分布，不同高度的作物间套种，通风透光，多层次利用了光能，光合生产率高。

（2）有利于形成食物链，加强养分利用率。鱼塘中鱼的生态层面是不同的，最上层是草鱼，中层是鲢鱼和鳙鱼，最下层是鲮鱼和鲤鱼。鲩鱼食蚕沙、青饲料，粪便残渣滋养浮游生物，为鲢鱼、鳙鱼提供食物，剩下的残物又是鲮鱼、鲤鱼的食物，从而节约了饲料，提高了养分利用率。

（3）调节土壤水分和旱涝。基地土壤水分运动和一般旱地不同，其既有旱地土壤水由上而下的运动，也有土壤水分随毛细管由下而上的运动，兼具旱地和水田的两种特性，从而使基地土壤经常保持一定的水分，作物对水分的需求得到满足。由于基地与塘相连，降水后基面雨水一部分下渗，达到田间持水量后其余水分作为重力水渗到潜水面，另一部分则排到鱼塘。因此，鱼塘有一定的蓄水作用，基面无积水内涝现象。当天旱雨水不足时，鱼塘水可通过土壤毛细管作用上升，补充作物根部的水分。

（4）调节养分。塘泥中有机质含量2.6%~2.8%，含氮0.16%~0.18%，速效氮0.025%，速效磷0.001 4%，速效钾0.015 4%，养分含量很高。1 t塘泥相当于0.5 kg复合肥，而且是无机肥所不能比的有机肥。另外，由于（清）干塘时施用石灰消毒，基塘土壤的pH较当地土壤高，一般大于6.2，呈微酸性，盐基组成以代换性钙为主，提高了磷和一些微量元素的有效性。

（5）保护环境。基塘农业生态系统是一个以太阳能为主要能源而基本上无污染的生态农业，只施用少量化肥，因而农田没有污染，环境优良。基塘农业生态系统也是一个优良的净污池，物质在这里得到循环利用，减轻了污染。基塘也不同于大面积的围海造田，基本上保留了滩涂水面的景观。

学习要求

1. 了解果园用地规划、牧草地规划、水产养殖用地规划的原则、内容和方法，了解果园用地、牧草地、林地与人工养殖场建设的内容与方法。

2. 掌握各种果园用地的选择、牧草地选择与季节草场划分、水产养殖用地选择和防护林营造的方法。

3. 重点掌握农田规划和建设的内容与方法以及基本农田保护的内容。

思考题

1. 耕地利用规划的基本思路是什么？

2. 田间工程包括哪几项?
3. 怎样选择果园用地? 果园用地规划的内容是什么?
4. 怎样选择人工鱼塘场地?
5. 怎样安排季节草场?
6. 牧草地规划管理的策略是什么?
7. 何谓基本农田? 基本农田保护的内容是什么?

第四章　土地资源保护与利用规划

土地资源不但是人们从事农业生产、为人类提供农产品的自然资源，也是人类的生存环境。习近平总书记在中国共产党第十八届中央政治局第六次集体学习时要求，必须坚持节约优先、保护优先、自然恢复为主，加快形成节约资源的空间格局、产业结构、生产方式、生活方式。因此，具体到土地资源，未来的开发必须与保护相结合，不能搞掠夺式开发，以保证土地资源的可持续利用。本章所涉及的土地资源，多属于后备土地资源，有的处于生态脆弱区，因此在开发上更应该强调土地资源的保护。

牢固树立和践行“绿水青山就是金山银山”的理念，落实节约优先、保护优先、自然恢复为主的方针，统筹山水林田湖系统治理，严守生态保护红线，以绿色发展引领乡村振兴。

第一节　国土空间规划对土地资源开发保护的要求

国土空间规划是国家空间发展的指南、可持续发展的空间蓝图，是各类土地资源开发、保护、建设活动的基本依据。

2013 年 11 月，习近平总书记在对《中共中央关于全面深化改革若干重大问题的决定》作说明时指出，山水林田湖是一个生命共同体。用途管制和生态修复必须遵循自然规律，如果种树的只管种树、治水的只管治水、护田的单纯护田，很容易顾此失彼，最终造成生态的系统性破坏。习近平总书记还指出，要用系统论的思想方法看问题，生态系统是一个有机生命躯体，应该统筹治水和治山、治水和治林、治水和治田、治山和治林。2019 年 5 月在《中共中央国务院关于建立国土空间规划体系并监督实施的若干意见》中强调，健全国土空间开发保护制度，体现战略性、提高科学性、强化权威性、加强协调性、注重操作性，实现国土空间开发保护更高质量、更有效率、更加公平，更可持续。

因此，在新时期的土地资源保护利用规划编制工作当中，人们要树立山水林田湖是一个生命共同体的理念，按照生态系统的整体性、系统性及其内在规律，统筹考虑自然生态各要素、山上山下、地上地下、陆地海洋以及流域上下游，进行整体保护、系统修复、综合治理，增强生态系统循环能力，维护生态平衡。

一、内容要求

国土空间规划对土地资源保护和利用规划的内容要求如下：

（1）森林资源保护与利用。加强森林资源管护，明确森林资源空间格局、森林覆盖率、重点公益林占比控制目标，完善林地用途管制。强化林地利用监督管理，提出严格执行森林采伐限额、有偿使用林地、加强野生动物和珍惜植物保护等措施和要求。

（2）水资源保护与利用。坚守水资源承载能力底线，明确用水量总量、水质达标率、水资源保护等控制目标。明确江、河、湖、库水系网络格局，划定水功能区划和重要湖泊河流水体保护蓝线，划分湿地保护分区，明确管护要求。统筹重点江、河、湖、海岸线及周边土地利用和管理，明确湿地保护目标，分类保护江心岛，提出岸线功能划分、利用保护方向以及两侧一定范围内土地用途管制措施。

（3）耕地资源保护与利用。健全耕地保护责任制度，切实落实耕地保有量、永久基本农田保护面积等目标。确定永久基本农田整备区，划定永久基本农田保护区范围和边界，优化永久基本农田空间布局。严格实行监督检查制度，提出耕地动态监测、综合监管、联合执法的措施。严格耕地占补平衡责任，落实耕地“先占后补”“占水田补水田”要求。

（4）草地保护与利用。加强草地资源保护，提出草地综合植被覆盖度、草地禁牧面积、草地灾害防控能力等目标。划定基本草地，明确管控要求。

（5）矿产资源保护与利用。明确矿产资源开发与生态环境保护关系，统筹矿产资源开发利用，优化开采资源布局，提高矿产资源利用效率，防治矿山地质灾害，推动清洁能源、绿色矿山建设等转型升级，提出矿产资源开发格局、时序安排总量调控目标。

在此基础上，遵循山水林田湖生命共同体理念，围绕生态系统的整体保护和系统修复，针对区域生态服务功能退化、湖泊湿地等生态空间萎缩、地下水超采、洪涝、自然灾害等问题，国土空间规划对土地资源生态修复与综合整治的内容要求如下：

（1）山体、草地综合整治和修复。提高森林资源质量，提出封山育林、公益林修复、山体综合整治、生态景观林带建设的目标和重点工程。推进草地生态保护、开发利用，提升防灾减灾能力，提出退耕还草、退耕还林的目标和重点工程。

（2）水环境整治和水生态修复。统筹推进水污染防治工作，提出水环境质量提升目标、重点区域污染负荷削减措施、重点区域产业结构、社会经济布局的调整方案。以持续改善江、河、湖水质为中心，提出重点水源、岸线修复、流域整治、水系连通、库湖调蓄、农田水利等重点工程。深入分析影响水生态恢复的主要因素，提出不同区域水生生物多样性保护的主要措施等。

（3）农田整治与污染修复。综合运用源头控制、隔离缓冲、土壤改良等措施，提出重要生态内沟坡丘壑综合整治、农业污染源治理、土壤污染治理、土地沙化和盐碱化治理、农田生态建设、耕地坡改梯、历史遗留工矿废弃地复垦利用等重点工程布局和措施。

（4）矿山环境整治与修复。积极推进矿山环境治理恢复，以重要生态区、居民生活区、废弃矿山治理为重点，明确矿产资源综合整治的空间布局、类型和规模，提出废弃地开发利用可能与方向；抓紧修复交通沿线敏感矿山山体，对植被破坏严重、岩坑裸露的矿山加大复绿力度；提出矿山企业改造升级、绿色矿山建设目标与规模，从源头上减轻矿产资源开发活动对生态环境的负面影响。

二、制度要求

习近平总书记强调指出，保护生态环境必须依靠制度、依靠法治。只有实行最严格的制度、最严密的法治，才能为生态文明建设提供可靠的保障。2015 年中共中央国务院印发的《生态文明体制改革总体方案》中明确：构建以空间规划为基础、以用途管制为主要手段的国土空间开发保护制度，着力解决因无序开发、过度开发、分散开发导致的优质耕地和生态空间占用过多、生态破坏、环境污染等问题。

可见，在“国土空间规划”时代，建立国土空间开发保护制度不仅是国土空间规划的重点工作之一，更是确保落实我国生态文明体制改革的有力支撑。

1. 健全国土空间用途管制制度

简化自上而下的用地指标控制体系，调整按行政区和用地基数分配指标的做法。将开发强度指标分解到各县级行政区，作为约束性指标，控制建设用地总量。将用途管制扩大到所有自然生态空间，划定并严守生态红线，严禁任意改变用途，防止不合理开发建设活动对生态红线的破坏。完善覆盖全部国土空间的监测系统，动态监测国土空间变化。

2. 建立国家公园体制

加强对重要生态系统的保护和永续利用，改革各部门分头设置自然保护区、风景名胜区、文化自然遗产、地质公园、森林公园等体制，对上述保护地进行功能重组，合理界定国家公园范围。国家公园实行更严格的保护，除不损害生态系统的原住民生活生产设施改造和自然观光科研教育旅游外，禁止其他开发建设，保护自然生态和自然文化遗产原真性、完整性。加强对国家公园试点的指导，在试点基础上研究制定建立国家公园体制总体方案。构建保护珍稀野生动植物的长效机制。

3. 完善自然资源监管体制

将分散在各部门的有关用途管制职责，逐步统一到一个部门，统一行使所有国土空间的用途管制职责。

4. 建立天然林保护制度

将所有天然林纳入保护范围。建立国家用材林储备制度。逐步推进国有林区政企分开，完善以购买服务为主的国有林场公益林管护机制。完善集体林权制度，稳定承包权，拓展经营权能，健全林权抵押贷款和流转制度。

5. 建立草原保护制度

稳定和完善草原承包经营制度，实现草原承包地块、面积、合同、证书“四到户”，规范草原经营权流转。实行基本草原保护制度，确保基本草原面积不减少、质量不下降、用途不改变。健全草原生态保护补奖机制，实施禁牧休牧、划区轮牧和草畜平衡等制度。加强对草原征用使用审核审批的监管，严格控制草原非牧使用。

6. 建立湿地保护制度

将所有湿地纳入保护范围，禁止擅自征用占用国际重要湿地、国家重要湿地和湿地自然保护区。确定各类湿地功能，规范保护利用行为，建立湿地生态修复机制。

7. 建立沙化土地封禁保护制度

将暂不具备治理条件的连片沙化土地划为沙化土地封禁保护区。建立严格保护制度，加强封禁和管护基础设施建设，加强沙化土地治理，增加植被，合理发展沙产业，完善以购买服务为主的管护机制，探索开发与治理结合新机制。

8. 健全海洋资源开发保护制度

实施海洋主体功能区制度，确定近海海域海岛主体功能，引导、控制和规范各类用海用岛行为。实行围填海总量控制制度，对围填海面积实行约束性指标管理。建立自然岸线保有率控制制度。完善海洋渔业资源总量管理制度，严格执行休渔禁渔制度，推行近海捕捞限额管理，控制近海和滩涂养殖规模。健全海洋督察制度。

9. 健全矿产资源开发利用管理制度

建立矿产资源开发利用水平调查评估制度，加强矿产资源查明登记和有偿计时占用登记管理。建立矿产资源集约开发机制，提高矿区企业集中度，鼓励规模化开发。完善重要矿产资源开采回采率、选矿回收率、综合利用率等国家标准。健全鼓励提高矿产资源利用水平的经济政策。建立矿山企业高效和综合利用信息公示制度，建立矿业权人“黑名单”制度。完善重要矿产资源回收利用的产业化扶持机制。完善矿山地质环境保护和土地复垦制度。

相比土地利用规划而言，国土空间规划阶段更加强调“山水林田湖生命共同体”思想的落实。在规划站位上，也从原来的土地资源拓展到国土空间全要素的更高视角上。可以说，山水林田湖生命共同体思想是人类经历了从农业文明到工业文明再到生态文明长期发展过程中迸发出来的哲学思想，也是辩证唯物主义和历史唯物主义在认识人与自然关系方面的一个思想升华。

一方面，我们应充分认识和理解国土空间规划对土地资源开发与保护的更高要求和深刻影响；另一方面，仍要充分重视不同利用类型的土地资源在保护利用规划上的特征与差异。

第二节　山地丘陵区土地保护利用规划

山区是指地面突出起伏不平的部分，其中相对高差大于 200 m 的称为山地，相对高差小于 200 m 的称为丘陵。我国是一个多山的国家，山地与丘陵面积约有 630 万 km^2，占国土总面积的 66.4% 左右。

一、山地丘陵区自然条件特点

山地丘陵区土地类型复杂，既有海拔高度差异造成的水分与热量条件的垂直分布变化，也有因阴、阳坡向的不同造成的水分热量的差别；即使在同样的海拔高度和地形部位上，岩石和土壤特性不同也会给予土地不同的特性。山区复杂的土地类型，为因地制宜，发展多种经营带来了便利条件。

山地丘陵区本来是林草覆盖，植物种类繁多，也是野生动物的栖息地，但随着人口的增长，移民的迁入，人们向山地要粮食，大量砍伐森林和开垦耕地，天然植被受到破坏，水土流失加剧，山洪泛滥，生态条件恶化。

山地丘陵区地势起伏，地面具有一定的坡度，因此为土壤侵蚀创造了条件。当降水落在地面后，不能下渗的水分就会沿坡面向下流动。如果地面没有植被覆盖，就会产生土壤侵蚀。这一特点决定了山地丘陵区的土地治理要结合生物措施和工程措施。

山区的耕地地块小，而且零散，土层薄，砾石多，不利于机械耕作。农民为了便于就近耕作，就土地而分散居住，村庄很小。

由于山地阻隔，交通不便，信息堵塞，旧俗习惯是山区人民社会活动的准绳，文化教育落后，新的科学技术难以得到传播推广，造成了山区工商业不发达，经济落后。我国现有的大部分欠发达地区主要分布在山地丘陵区。

二、水土流失的影响因素

水土流失受许多不同变量的影响。1961 年威斯曼尔（Wischmeier）发表的水土流失方程［见式（4-1）］，于 1963 年被美国土壤保持局确认为“通用土壤流失方程式”（Universal Soil Loss Equation，USLE）：

$$A=R\cdot K\cdot L\cdot S\cdot C\cdot P \tag{4-1}$$

式中：A——单位面积上的土壤流失量，t/hm^2；

R——降水因子；

K——土壤可蚀性因子；

L——坡长因子；

S——坡度因子；

C——作物管理因子；

P——土壤保持措施因子（如梯田耕作、等高带状耕作）。

式（4-1）总结出了影响水土流失的因素。相应地，水土流失的防治也必须针对这些因素，对症下药。对于降水因子 R 来讲，人类难以控制。土壤可蚀性可以定义为土壤对于侵蚀的敏感性。土壤可蚀性取决于土壤性质，如土壤的机械组成、化学组成、土壤松紧度、土壤结构等。对于土壤可蚀性因子 K 来讲，人类也难以控制。

我们可以控制的变量有 L、S、C、P。

在“通用土壤流失方程式”中，C 值的变化范围是 0.001～1（0.001 是管理很好的茂密森林，1 是无草的裸露休闲地）。土壤保护生物措施就是通过改变 C 值来达到保护水土的，即通过植被保护水土，降低地面径流。

坡度因子 S 和坡长因子 L，也可以改变。修筑梯田就是减小坡度，变长坡为短坡；等高耕作虽然不能改变坡度，但可以减小坡长。

土壤保持措施因子分为梯田耕作和等高带状耕作。作物管理因子有留茬免耕、种植不同的作物等。

三、水土保持生物措施的规划设计

水土保持生物措施是解决水土流失问题的根本措施之一，其特点是实施周期长，见效慢，但较工程措施在用工和投资方面均较少。此外，该项措施还有多方面的生态效益和经济效益，它既能改善环境，防止水土流失，还能促进水土资源的合理利用，发展多种经营。

不同植被类型的水土保持能力不同。有人测定了同样坡度，但不同植被类型（裸露的休闲地、轮作的一年生农作物、草地、阔叶林）下的地表径流量占年降水量比例，结果是：裸露的休闲地的径流损失>轮作的一年生农作物的径流损失>草地的径流损失>阔叶林的径流损失。因此，解决水土流失的水土保持生物措施，应着重从种草种树方面去考虑。

下面介绍几种主要林地的布局和种草的要求。

（一）水土保持林的布局

水土保持林具有减轻地表径流速度，使水大量渗入土层变为地下水，以及利用树木根系固结土壤等作用。在水土流失严重地区大力发展水土保持林，对于改变这类地区的自然面貌，发展农业生产有着重要的意义。造林时应根据不同的地貌部位进行布局。因为不同的地貌部位水土流失的性质和程度都不同，所以水土保持林应按照不同的地貌部位配置。水土保持林一般有分水岭防护林、水流调节林和沟谷防护林等类别。

1. 分水岭防护林

分水岭防护林主要配置在丘陵区的山丘顶上。营造这种防护林，可控制径流起点，涵养水源，防止侵蚀发展，保护农田。根据丘陵类型及土地利用特点，分水岭防护林有以下两种情况：

（1）顶部浑圆的丘陵。这类丘陵斜坡呈凸形断面，顶部浑圆，黄土高原丘陵多属于此类。防护林应配置在凸形斜坡的转折线上（见图4-1），可带状横向配置，一般带宽10～15 m，多为三角形栽植的乔灌混交林带。很多此类丘陵已开发为农田，防护林应与田间道路相结合。当顶部为荒地时，可全部造林。

（2）顶部尖削的丘陵。这一类丘陵多为石质，丘陵斜坡断面多呈凹形或直线形，坡上部多土层浅薄，接近石质山地，斜坡下方较缓处一般为农田。防护林应设在狭窄的分水线以下到坡耕地之间（见图4-2），可采用宽度较大的乔灌混交林带或纯灌木林带。

2. 水流调节林

为了防止地表径流破坏作用的扩大，并使其转化为地下水，人们需要在坡耕地上每隔一定距离配置具有特殊功能的水流调节林。水流调节林可使地表水受到阻滞，减低流速，分散水流，增加渗透，防止冲刷，并减少进入溪流中的泥沙量。根据斜坡地形起伏的不同，林带配置可分如下四种形式（见图4-3）：

图 4-1　浑圆形梁峁防护林配置

图 4-2　顶部尖削分水岭防护林配置

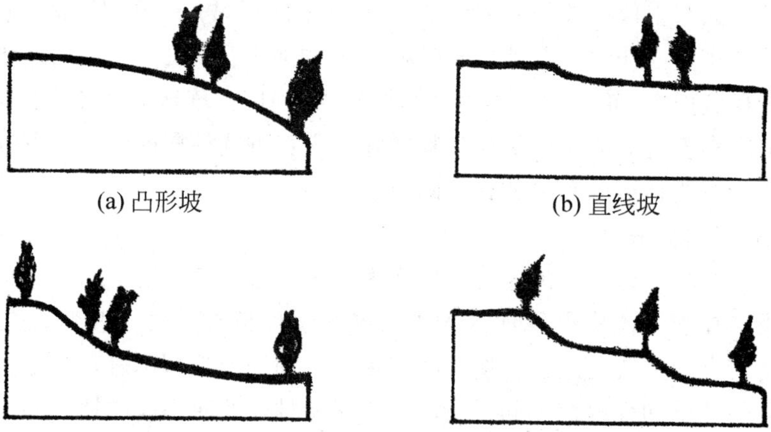

图 4-3　不同坡形水流调节林配置

（1）在凸形坡上，斜坡上部地形平坦，水土流失较轻，但是斜坡下部，由于坡度大，水的流量与流速也大，土壤侵蚀作用也强烈。林带位置应在斜坡的较下部分，以在地形转折点处为最好。

（2）在凹形坡上，与上述情况相反。在斜坡的上部和中部坡度较大，常有冲刷现象；在斜坡下部坡度小，虽然水流增多，但流速小，侵蚀甚微，甚至淀积。水流调节林除在下部转折点处设置外，还应在斜坡上部转折点处设置。若上部陡坡部分侵蚀严重，则应全部造林。

（3）在阶梯形坡上，应根据上述两种情况，在坡面曲线转折处配置水流调节林。

（4）在直线坡上，斜坡下部径流集中，土壤易遭侵蚀。因此，林带应配备在斜坡中部，以减少上面来的水流向下部。

水流调节林带的宽度一般为 20 ~ 30 m，防护林距离为林带宽的 4 ~ 6 倍，最大为 10 倍。林带组成为乔灌混交林。

3. 沟谷防护林

在丘陵区，为防止沟头、沟岸及沟底受地表径流的侵蚀、冲刷而继续塌陷下切，在水土流失严重地区，人们应沿侵蚀沟的边沿、沟坡和沟底全部造林。沟谷防护林包括沟头、沟岸、沟坡及沟底四部分。

（1）沟头防护林。沟头防护林的作用是降低进入沟头的水流速度，以阻止沟头的扩大延伸。当沟头的侵蚀活动活跃而剧烈时，必须把水土保持生物措施和工程措施结合起来才能收到固定沟头的效果。为此，须在距沟头上部3～6 m处，修筑1～1.5 m高，顶宽0.5～0.7 m的围堰。为阻止水在围堰内流动，每隔10 m左右筑一横埂。堰外沟边部分栽种根蘖性强的灌木，堰内栽植乔灌混交林。

（2）沟岸（边）防蚀林。其目的是固岸防冲，防塌坡，以稳定沟坡。当沟边的自然崩落基本停止，并有较多植物覆盖时，林带位置应在距沟边2以外，靠近沟边2～3 m处，留作天然草地。若沟边的自然崩落仍在进行，应由沟底按自然倾斜角35°左右向边坡上方引线，在此线与沟边交点以外2～3 m处开始造林（见图4-4）。

（3）沟坡防护林。在沟坡上造林是为了稳定沟坡，防止侵蚀沟继续扩展。但因坡陡，冲刷严重，造林比较困难，所以要保证造林成功，须在沟坡自然稳定之后进行，或修反坡梯田造林（田面宽1.5～2.0 m或0.5～0.6 m）（见图4-5）。

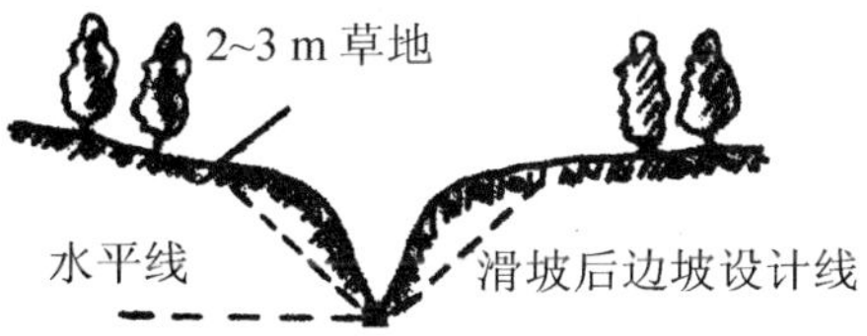

图4-4　沟岸防蚀林配置

图4-5　沟坡反坡梯田造林示意

（4）沟底防护林。沟底防护林的作用是制止沟底继续下切，淤淀泥沙。应配合筑堤工程，进行沟底造林。一般在支、毛沟上游可每隔一定距离造片状林（宽30～50 m），在较小的沟底，也可营造栅状林（见图4-6）。

图4-6　沟底造林配置

4. 树种选择

作为水土保持的树种，应具备易繁殖，生长快，保土能力强，并有一定的经济价值等特点，同时为了适应水土流失区陡坡上的立地条件，还应有耐旱、耐瘠薄等特点。例如，我国西北黄土丘陵的荒坡上，气候干旱，土质瘠薄，应采用山杏、刺槐、白榆、臭椿等耐旱、耐瘠薄的树种。在沟坡陡崖土质特别差的地方，则先种更耐干旱、耐瘠薄的柠条、酸枣、酸刺等灌木。在背风向阳、坡度较缓、土质较好的地方，可种苹果、核桃、梨、枣等。至于油松、侧柏等，则适于种在阴坡、半阴坡。

（二）水源防护林的布局

为了防止池塘、水库等水源的淤积和边坡崩塌，人们应在塘库周围地区营造保护林。水源防护林一般由库岸造林、沟道造林和坝坡造林三部分组成。

1. 库岸造林

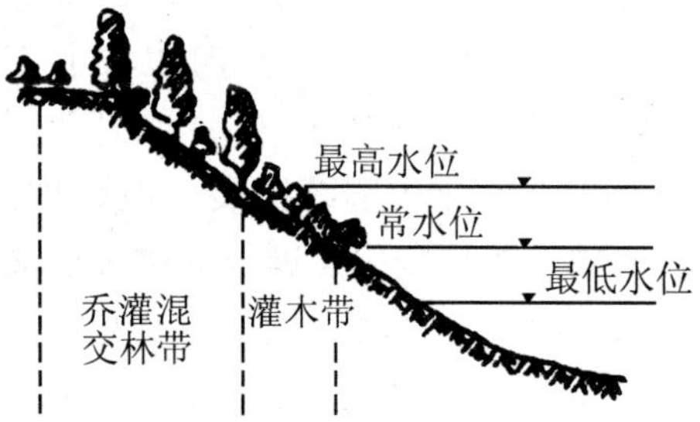

图4-7　库岸防护林示意图

为了防止来自边岸的径流泥沙淤积水库和风浪对岸坡的冲蚀，一般在常水位至最高水位之间栽植芦苇或耐水湿的灌木林，在最高水位线以上的沿岸，营造乔灌结合的防护林。缓坡沿岸林带宽可为20～30 m，陡坡沿岸林带宽可为30～50 m（见图4-7）。

2. 沟道造林

在池塘、水库周围有许多沟道通入，这些沟道具有一定的集水面积，是水流和泥沙输入的主通道。为了防止塘库淤积，应在沟道中营造挂淤林。挂淤林常采用耐潮湿、抗盐渍的灌木和草地，如杞柳、柽柳（红柳）、胡杨等。顺水流方向由沟口开始栽植，其长度不应少于40 m。沟道较长时，每隔100 m设置一段。沟道下游过宽时，可留出水路。

3. 坝坡造林

在水库堤坝的迎水面，经常受波浪冲击最严重的部位是最低水位和最高水位的中间地段，因此，在这一段须营造以灌木林为主的防浪林。库堤背水坡不受波浪冲击，但受雨水冲刷，仍须造林种草加以保护，可选择旱柳、柠条、紫穗槐和芦苇等。在坝坡脚以下的地方，宜栽植速生丰产的用材林。

（三）护堤护岸林的布局

为了防止河流两岸土壤崩塌，防止河水泛滥，人们应结合工程治理营造护堤护岸林，以保护附近农田，保障河流附近村镇的安全，同时建立用材林、薪炭林基地。

1. 护堤林

在河流两岸为了防止河水泛滥，稳定河床，保护两岸农田，应修防护堤。在防护堤两边均应营造护堤林以保护堤的安全（见图4-8）。树种可选耐潮湿、抗盐渍的灌木，如杞柳、柽柳、胡杨等。

图4-8　护堤林配置图

2. 护岸林

营造护岸林应考虑陡岸的重力崩塌问题。这种陡岸的临界高度为1.5 m，加上林木固土深度2 m，这样在3.5 m以下的陡岸即可由岸边开始造林。只有岸高于3.5 m时，才在岸边空出一定的距离，然后栽植易于串根萌蘖的灌木或乔木（见图4-9）。利用农田与河岸之间的空地营造护岸林。

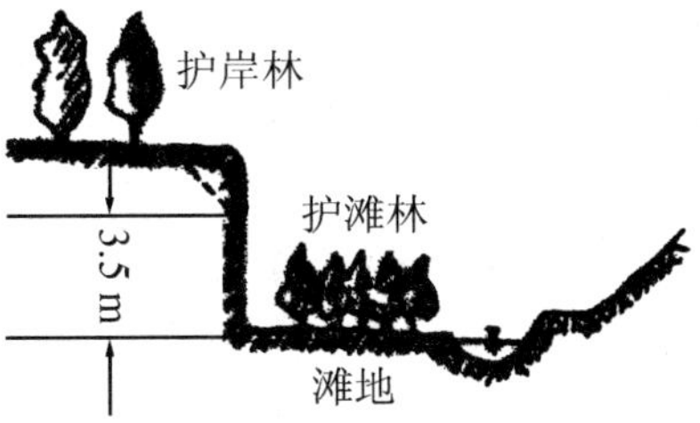

图4-9　高岸护岸林配置图

四、水土保持工程措施的规划设计

水土保持工程措施主要是通过改变局部地形或利用构筑物等工程措施，达到制止水土流失的目的。例如，修筑水平梯田，打淤地坝，修建滚水坝、小型农田基建工程等。

水土保持工程措施和水土保持生物措施不应当彼此孤立，而应当将两者很好地结合起来，做到所谓的“工程养生物，生物养工程”。只有工程措施和生物措施结合得很好的水土保持系统，才能发挥其应有的保护土地的作用，取得很好的保护效果和经济效果。

水土保持工程措施的特点是实施周期短，见效快，但一次性投资较大和用工多。按照水土地保持工程的分布及作用，其可分为治坡工程、治沟工程和小型水利工程等。

（一）治坡工程设施布局

治坡工程设施按其适应条件、修筑形式及使用材料的不同而有多种类型，如梯田、埝地、水平阶、水平沟、地坎沟、鱼鳞坑、水簸箕等。虽然上述各类治坡工程在名称、形式和做法上有许多差异，但共同特点是，通过在坡面上沿等高线开沟、筑埂，修成不同形式的水平阶，用改变局部地形（截短坡长，减小坡度，造成小量的蓄水容积）的办法蓄水保土。可以说，大部分治坡工程，从本质上看，都是修建不同形式和不同规格的梯田。因此，梯田的规划设计和实施是治坡工程的主要内容。

1. 梯田的种类

以梯田的断面形式分类，梯田有水平梯田、坡式梯田、隔坡式梯田，其中以水平梯田为主。以田坎的建筑材料分类，梯田有土坎梯田、石坎梯田。

梯田不同的断面形式反映了改造局部地形的程度和蓄水保土作用的不同。同时，修建时所需的工作量不相同是梯田工程最具本质性的差异。因此，在生产实践中，人们主要以梯田的断面形式进行分类。

（1）水平梯田在坡地上用半挖半填的方法。按照设计的宽度把坡面修整成若干水平台面的地块称为水平梯田（见图4-10）。这是我国农民用以改造坡耕地的主要形式。水平梯田适用于土层厚、坡度较缓的坡地。其中宽度小于2～3 m的，称为水平阶。

种植农作物的水平梯田，一般沿等高线呈长条形带状分布，田面比较宽，以便耕作。水平阶可以用来种果树或其他经济林木。还有的因地制宜修成小方块的复式水平梯田（见图4-11），用来种果树或其他经济林木。

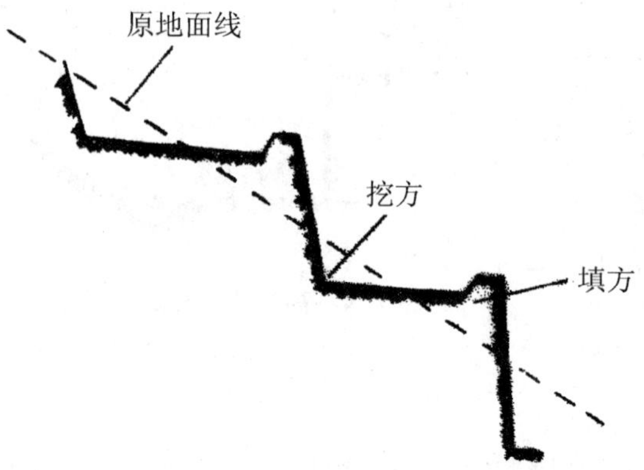

图4-10　水平梯田

图4-11　复式水平梯田

水平梯田的设计主要是确定田面宽度、田坎高度和田坎坡度。这三方面是互相联系的。田面宽度和田坎高度需根据原地面坡度、土壤情况而定，并考虑省工、机耕和灌溉的要求。宽度大的梯田一般在地形较缓、土层深厚的地方修建；如果地形坡度大，土层薄，则只能修田面较窄的梯田。

一般来说，田面宽度要适当，太窄了不能适应机耕；太宽了工程量太大，浪费人力、物力、财力，延缓建设速度。

（2）坡式梯田在坡面上每隔一定距离，沿等高线开沟、筑埂，把坡面分割成若干等高、带状的坡段，用以截断坡长，拦蓄部分地表径流，减轻土壤侵蚀。除开沟和筑埂部分改变了小地形外，坡面其他部分保持不动，因此称为坡式梯田（见图4-12）。一般在农耕地上修的坡式梯田，每两条沟埂间的距离一般为20～30 m；果园、橡胶园或其他林地的坡式梯田，每两条沟埂间的距离主要根据树种所需的行距来决定，有的3～4 m，有的5～6 m，不等。坡式梯田适宜于土层薄、坡度较陡的坡地。坡式梯田一般用于造林，不提倡农耕。

（3）隔坡式梯田是以上两种梯田相结合的一种形式，即在两个水平梯田之间，隔着一个保持坡面原状的斜坡段。暴雨时，斜坡上流失的水土，被水平梯田所拦蓄（见图4-13），可以增加水平梯田处的土壤水分。

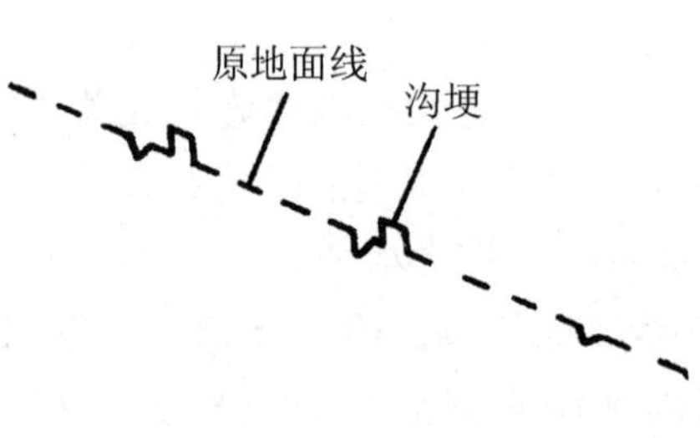

图4-12　坡式梯田

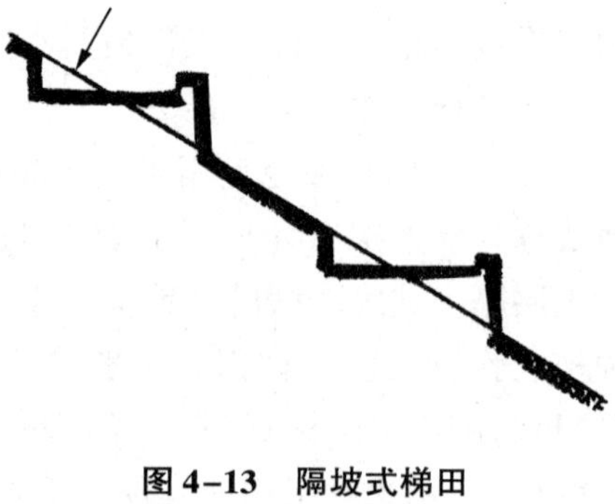

图4-13　隔坡式梯田

2. 梯田的作用

梯田有很好的水土保持效益。据观察，坡地修成水平梯田后，在24 h降水100 mm的情况下，一般可以做到水不出田。梯田比坡地的土壤含水量高6%~11%。此外，土肥还得到了保持。因此，群众把梯田称为保水、保土、保肥的“三保田”。

水平梯田不仅可以做到“三保”，还利于灌溉，便于机耕，为坡地农业的精耕细作打下基础。水平梯田可获得比一般坡地高得多的产量。黄土丘陵区一般亩产100 kg左右，低的只有30~50 kg；修成水平梯田后，亩产一般可达200~250 kg，有的可达300~350 kg；如有灌溉条件，产量还可更高。在水土流失地区，坡地修梯田是低产变高产的主要途径。

3. 梯田的规划

规划梯田时应考虑下列要求：

(1) 梯田一般应规划在25°以下的坡耕地上，25°以上的坡地原则上应退耕还林还牧，发展多种经营。

(2) 规划布局时要统筹兼顾，对离水源、村庄近的坡地，应优先考虑修筑梯田，这样能使梯田尽快发挥其增产效果。以往黄河中游各地，修梯田后，增产效果不显著，主要原因之一是修筑梯田的位置选得不恰当，离村庄太远，位置太高，水和肥都上不去，不便于精耕细作。规划梯田时，应实行大弯就势，小弯取直，集中连片，一次规划，分期施工。

(3) 要注意坡地机械化和水利化。在进行梯田规划设计时，梯田的宽度、外形和道路设计等要有利于小型机械的田间作业，充分利用当地一切水源发展灌溉，合理布置灌溉渠系。为了灌溉输水方便，梯田的纵向应保持1/1 000~1/500的比降。

(二) 治沟工程设施布局

沟蚀是面蚀的发展和继续，要防止沟蚀必须与坡面治理结合起来。治理沟壑要全面部署，无论是西北地区的黄土侵蚀沟，还是南方的风化花岗岩“崩岗”沟，在治理上，都有一个共同点，那就是从上到下，从坡到沟，从沟头到沟口，从沟岸到沟底，全面部署，层层设防，既要防止侵蚀的产生，又要处理侵蚀产生的后果，从上到下设立四道防线（见图4-14）：

(1) 在沟头以上的集北区上，加强坡面或源面的治理，做到水不出田，从根本上控制导致沟壑发展的水源的动力。

(2) 在临近沟头的地方，修建围堰等防护工程，将地面径流分散拦蓄，使之不从沟头下泄，制止沟头发展。

(3) 在沟坡上，修建鱼鳞坑、水平阶、水平沟等工程，种树种草，巩固沟岸，防止冲刷和下滑。

(4) 在沟底，从毛沟到支沟、干沟，根据不同条件，分别采取修谷坊、小水库、淤地坝等各项工程，巩固和抬高侵蚀基准面，拦蓄洪水泥沙。

在上述四道防线中，前面三道已在治坡工程设施和水土保持工程的生物措施中作了介绍。下面着重介绍沟底工程。这里必须指出沟底工程只是四道防线的最后一道，单有沟底工程不能完全解决治沟的问题。

图 4–14　治沟的四道防线

就沟底工程设施的作用来说，可分为三类：第一类主要为巩固沟底侵蚀基点的小坝（称作谷坊）；第二类主要为拦蓄沟中的洪水，以保护沟底其他工程，兼以发展灌溉和水产养殖的小水库；第三类主要为拦泥淤地，建设农田的淤地坝。

1. 谷坊

谷坊一般修在沟底正在下切的小毛、支沟中，由于修筑材料不同又可分为土谷坊、石谷坊和柳谷坊。

（1）土谷坊一般在土质山区，丘陵区的小支、毛沟中的沟底和沟田，高度一般为 5 m 左右，长度与沟底宽相等，宽度为 10～20 m。土谷坊拦截的库容量很小，有的几十立方米，有的几百立方米。

（2）石谷坊主要在土石山区，就地取材做成，有的称为“闸山沟”。因其坝顶能漫水，又称滚水坝，不需要在旁边另开溢洪道。

（3）柳谷坊有柳梢谷坊和活柳谷坊两种。柳梢谷坊是用柳桩拦沟打上 3～4 排，每排间距 0.5～1.0 m，再把柳梢束成捆，填在里面修成。洪水经过沟中时，可以澄下泥沙，透过清水，从而使沟底侵蚀基准面得到巩固。活柳谷坊是用新鲜柳桩，拦沟打上 3～4 排，并用柳梢编上而成。活柳谷坊同样可以澄下泥沙，透过清水，巩固侵蚀基准面。待柳桩成活后，可随淤泥面升高而长高，还可砍下新生的柳桩插在淤泥面上，逐步发展为成片的沟底防护林。

2. 小水库

小水库一般由坝、溢洪道、泄水洞“三大件”组成。根据国家规定，库容 100 万～1 000 万 m^3 的，称为“小一型水库”；库容 10 万～100 万 m^3 的，称为“小二型水库”。与江、河上大中型水库相比，其是“小型”，但若与沟壑中谷坊、淤地坝等相比，则是相对的“大型”骨干工程。在水土流失和干旱严重的地区，它能将流失的水土拦蓄起来，加以综合利用。同时，它还能保护下游的其他沟底工程。因此，在治沟工程设施中，它是一项不可缺少的重要设施。

3. 淤地坝

在沟道中修筑的主要用于拦泥淤地的小型坝，称为淤地坝。坝后淤出的地称作坝地。淤地坝规划布局时，要有计划、有目的地在一条沟中修若干座坝。这些坝有的拦洪，有的蓄水，有的种地，有分工也有配合，构成一个有机的坝系。这样不但能保坝保收，而且能实现坝地水利化，促进坝地稳产。淤地坝址选择时，要全面考虑集水面积、洪水量和水库库容三项因素，要进行严格的计算，并使三者之间的关系协调起来。

（三）小型水利工程设施布局

在水土流失地区，除沟中小水库外，小型水利工程设施还包括蓄水池、水窖、水窑、防洪沟等。

1. 蓄水池

在我国南方，蓄水池称为陂塘或山弯塘，在黄河中游一般称为涝地。根据需要和地形，有的布置在村旁、路旁坡凹或其他水流集中的地方。其一般不采取防渗措施。池中蓄水可供抗旱、洗涤和牲口饮用。

2. 水窖、水窑

在黄河中游的干旱区和苦水区，群众多修水窖以解决人畜用水问题。具体做法是在地下开挖一个瓶状的土窖，底部和四壁用胶泥捶实防渗，暴雨中，将地表径流经过初步澄清后，引入窖内储存，不仅可供人畜用水，有的还可用以抗旱点播。一般水窖的蓄水容积为 10 m^3，蓄水容积 100 m^3以上的称为水窑。

3. 防洪沟

防洪沟又称为盘山渠、撇洪渠，在我国南方较多。有的山丘地区坡面上土层较薄，为林牧业基地，下层土层较厚，为基本农田，在两部分交界处沿等高线修防洪沟。有些地方在沟的一端或两端修蓄水塘。暴雨中，山坡上部的地表径流被防洪沟所拦截，引入水塘中。这样既保护了下部农田不受冲刷，又可利用塘中蓄水，浇灌下部农田。

五、山地丘陵区的土地保护利用战略规划

山地丘陵区的土地保护利用战略必须处理好保护与开发、治理与利用的辩证关系；必须保护水土资源和生态环境，但并不是那种消极的保护；要充分开发利用各种自然资源，以富裕当地人民，提高经济效益，但绝不是只从局部利益或当前利益出发，不顾后果，滥用和掠夺自然资源。

（一）以山水林田湖生命共同体思想为指导

从小流域综合治理着手，把流域内的上、中、下游以及流域内的山地、丘陵、农田、水面作为一个整体，本着生物措施、工程措施和农业技术相结合，治理与利用相结合的原则，既考虑到生态目标又考虑到经济目标，根据当地的自然、经济条件进行全面规划，统筹安排，因地制宜，合理布局，对山、水、林、田、湖、路进行综合治理，对山区资源全面开发，综合利用，以取得治用兼收之效。

（二）立体农业开发

由于山地垂直带特点，可以根据海拔高度不同，阴、阳坡的差异而安排农林牧业，进行立体开发，以综合利用自然资源。片面地追求粮食产量，搞单一种植业必然是毁林开荒，造成水土流失，环境恶化。目前，在一些地区推行的“山上林草戴帽，果树盘山腰，粮田下坡脚”的立体开发模式，是十分成功的经验。在山丘顶部种植以水土保持和薪炭为目的的乔灌木和草，可以防止水土流失，涵养水源，并且解决山区人民缺柴的问题；在坡度较缓、水分热量条件较好的山腰部位，栽培果树和其他经济树木，既有一定的保持水土的作用，更重要的是增加了农民的收入，增强了经济力量；坡麓地带土地较平坦，水分条件好，还可能有灌溉之利，是耕地的良好地形部位。同时，实施立体农业开发，还可用部分经济林木的收入购买化肥农药，增加粮田投入和搞农田基本建设，使粮食高产稳产，保障粮食自给。因此，这一立体开发模式不仅可以防止山区的水土流失，改善生态环境，而且可以稳定粮食生产，增加农民收入，达到生态环境与社会经济的多重效益。

（三）水土保持是根本

土壤侵蚀在山区是一种自然现象。土地利用必须考虑水土保持，才可能达到土地的永续利用。

要根据地势地力，选择合适的部位植树、栽灌、种草；宜林则林，宜灌则灌，宜草则草，尽可能增加植被覆盖度。

要修建工程水保措施，包括梯田、鱼鳞坑、谷坊、拦沙坝等。修筑水库与坑塘，既可以保证饮水灌溉水源，又可发展多种经营，是山区流域综合治理开发的有力措施。

（四）以林为主，发展多种经营

山区本来是森林动物的王国，其地形地势也决定了它必须以森林为覆盖，才能保持水土，防止生态环境恶化。我国是一个木材极其短缺的国家，植树造林、伐木卖材是有经济效益的。然而，树木生长期长，这就要求我们引种推广速生树种，加强人工造林和对幼树的抚育。人工造林和对幼树的抚育是加速林木生长，迅速恢复森林植被的加强措施。尤其对于破坏较严重的林区，如不进行人工干预，要恢复原有森林景观或林相好、材质优的森林是十分困难的。同时，需要注意的是北方干旱、半干旱山区不宜种植乔木，只能种植灌木和草。

要大力发展木材加工业，增加木材的附加值。这样不但可获得较高的经济效益，而且可以安排剩余劳动力，解决就业问题。

另外，山区土地类型多样，具有不同的特性，这就为发展一定的特殊土宜经济作物提供了条件，如南方紫色土上的柑橘，亚热带黄壤上的茶叶，云南山原红壤上的烤烟，北方花岗岩发育的土壤上的板栗，石灰岩发育的土壤上的柿子、核桃和花椒。因此，山区要利用这一优势，开发名优特产品，发展多种经营，壮大经济力量。

当然，在水热条件较好、坡度平缓的地形部位，在有水保措施的前提下，也要适当开垦土地，发展粮食生产，解决部分口粮问题。但山区的生产经营绝不能强调以粮为纲。

（五）山丘土地使用权长期不变

山丘资源的保护、治理和开发、利用方向，主要是发展林果。但林果生产经营周期长，一般的收益期都在几十年以上。如果土地使用权只定10年或20年不变，农民不可能放心投资开发和专心经营。过去的砍伐森林，都是起源于政策不稳，林权多变。因此，山丘地区的土地（承包）使用权要长期（至少50年）不变。也可将荒山长期出租（承包）甚至出让给个体承租者，并按宜林则林、宜农则农、宜牧则牧的原则规划好，不允许承租者私自改变土地用途。要发挥人民群众的积极性，绿化荒山，改善环境，发展经济。

此外，还应重视提升森林资源质量，在规划中提出封山育林、公益林修复、山体综合整治、生态景观林带建设的目标和重点工程。同时，推进草地生态保护、开发利用，提升防灾减灾能力，提出退耕还草、退耕还林的目标和重点工程。

第三节　风沙地区的土地开发保护利用规划

沙地主要分布在干旱、半干旱地区，在湿润和半湿润地区的河谷地带和古河道也有沙地分布。本节所讨论的沙地主要是指半干旱地区，也包括半湿润地区，受风力作用而形成的沙地，因此也称为风沙地，其主要分布于西北、华北、东北西部，包括甘肃、陕西、宁夏、内蒙古、河北、辽宁、吉林等省区。从技术经济的角度讲，目前开发半干旱地区的风沙地是可行的，而开发处于极端干旱地区的沙漠是不可行的。

风沙地区的土地开发保护利用规划是以保护为本，开发为末。只有保护好，治理好，改善了其生态环境条件，才有开发的可能。

一、风沙地的形成

风经过地表，将颗粒大小和质量不同的沙粒吹离地表以悬移、跃移和推移三种方式进入气流。

悬移是指土粒在风力作用下，以悬浮状态在空气中的移动。直径<0.1 mm的极细土粒，一旦被空气浮起，由于空气的扰动和回流作用，土粒能长时间保持悬浮状态。尘暴就是呈悬浮状态的微细土粒，在风的作用下移动很远的距离。

跃移是指土粒在风力作用下，以跳跃形式在空气中的移动。土粒直径在0.1～0.5 mm，容易升离地面，但因太重而不能悬浮，因而最容易发生这种移动。跃移是主要的土粒移动方式。

推移是指在风力推动作用下，土粒沿地面以滚动方式进行的移动。从理论上讲能发生滚动的土粒大小没有上限，但实际上大多数发生滚动的土粒直径在0.5～2.0 mm。

悬移的土粒细，直径一般在0.05～0.002 mm，其沉积物一般就是我们所说的黄土。跃移或推移的一般是沙粒。

风力搬运的沙粒在遇到障碍物（如植物、大石块）时，或者当风速减弱时，都会沉积下来，形成沙堆。沙堆越积越大，就会形成沙丘。由沙粒沉积形成的沙丘、沙垄等各种地貌形态称为风沙地。风沙地上的土壤称为风沙土。

二、风沙地特点

（一）移动性

风沙土遇风易起飞，因此，风沙土组成的沙丘具有移动性。

根据移动的情况，沙丘大致可分为固定、半固定和流动沙丘三种类型。流动沙丘活动性强，植物难以定居和发展，十分稀疏，覆盖度小于10%；半固定沙丘植物覆盖度为10%~30%，地面生成薄的结皮层，表层变紧，风蚀减弱，流动性减弱；固定沙丘植物覆盖度大于30%，土壤表层形成更厚的结皮层或者有机质层，抗风蚀的能力进一步加强，一般不再移动。人们在改造利用时要针对这三种类型采取不同对策。一般流动、半固定沙丘危害较大，应作为治理的主要对象。

沙丘移动受以下的几种因素影响：

（1）沙丘移动速度与风向频率及风率（起沙后的风速）呈正相关，与沙丘本身高度呈负相关。

（2）沙丘移动速度与沙丘间距呈正比。

（3）干燥的沙丘比水分含量大的沙丘移动要快得多。

（4）裸露沙丘比长满植物后的沙丘移动快得多；沙丘上植被覆盖度越大，沙丘移动得越慢。

（二）风沙土漏水漏肥，养分贫瘠

风沙土的沙粒粒径大多为0.05~0.5 mm。风沙土的漏水性强，降水很快入渗，因此风沙地表层经常保留一层10~40 cm的干沙层。沙粒成分主要是石英，因此养分贫瘠，土壤有机质含量一般为0.1%~0.6%，缺乏氮、磷。

三、风沙地治理的生物措施规划

生物措施是控制和固定流沙最根本而经济的措施。可以说，在风沙地区，没有防风林带等生物防风固沙体系，是不可能进行开发的。在风沙地区栽植固沙的草、灌木和乔木，不仅能长久固定流沙，防止风沙危害，而且能生产饲料、燃料和木材。因此，生物固沙能达到除害兴利相结合的效果，应根据风沙地区不同的部位选择不同的生物措施，如营造防护林体系、护村林带及防风固沙林等。

植树造林，防风固沙，不见得一定是营造乔木林。风沙地区气候干旱，乔木只能在水分条件较好的地形部位营造。从适生植物来说，灌木是最好的造林树种。因此，植树造林必须实行乔、灌、草结合的办法。目前，配合乔、灌木的草种主要是沙蒿。

（一）防护林体系

防护林体系工程建设是作为改善这一地区农牧业生产条件，促进生态系统良性循环的全局性控制工程。防护林体系工程建设可概括为四个结合，一个靠拢，即

（1）营造新林新草与保护好原有植被相结合。

（2）防护林、薪炭林、用材林、经济林、四旁树相结合。

（3）网、片、带相结合。

（4）乔、灌、草相结合。

（5）按山系、流域综合治理，区域之间尽可能互相连接、靠拢，形成体系，以便更好地发挥防护效益。

（二）防风固沙林

营造防风固沙林是治理风沙地，进行农业开发的根本措施之一。它可以固定流沙，变沙地为农、牧业生产用地，是风沙地区发展农、牧业生产的重要条件。

沙地造林条件较差，应先易后难，逐步推进。根据群众经验，先水边，再沙弯，后沙丘。沙丘造林先下部，后上部；先背风坡，后迎风坡。具体造林方法如下：

（1）人工沙障。它是机械固沙和植物固沙相结合的良好形式。活沙障是在沙地上扦插可以成活繁殖的枝条，通过植物成活、生长形成的植被长期固定和改造流沙。活沙障主要在风口子和沙丘迎风面造林时采用，一般用沙柳、沙蒿及杨、柳枝条。

（2）拉平沙丘两次造林法。在流动沙丘的迎风坡 2/3 处或干燥沙丘间营造灌木或半灌木林，用以固沙。一两年后沙丘被风吹平，进行第二次造林。造林树种除用灌木外，可选用旱柳或杨类。

（3）前挡后拉造林法。在沙丘间距较宽的新月形沙丘或新月形沙丘链地区，在沙丘的迎风面坡脚处造后拉林带，而在沙丘的背风面坡脚以下留适当距离（一般 2 ~ 3 m）设置前挡林带（见图 4–15）。后拉林带的作用主要是防止迎风坡脚的风蚀，而前挡林带的作用主要是阻止沙丘前进。当沙丘逐步被固定后，其最高处常推至前挡林带之中，在半固定的沙地上，可以在雨季直插固沙植物。

图 4–15 前挡后拉林带配置图

（三）护村林带

为防止流沙威胁村庄，人们常在沙流边缘营造护村林带。为了防止林带被流沙埋没，采用高秆造林或者使林带距沙丘有一定距离。待沙丘移动至林带时，林木已长高，不怕沙埋。林带距沙丘距离 L 由式（4-2）求得：

$$L=h/s\times v \tag{4–2}$$

式中：L——林带与沙丘的距离，m；

h——沙丘高度，m；

s——林木每年生长高度，m/a；

v——沙丘每年前进速度，m/a。

林带与沙丘的距离一般为20～50 m。林带多为乔灌混交紧密型结构，树种与农田防护林相同，以杨、柳、沙枣为主，灌木用各种适生品种。

四、风沙地治理的工程措施规划

治理风沙地的工程措施种类繁多，材料各异，我国在风沙地区试验的有草方格沙障，黏土沙障，乳化沥青固沙，卵石、砾石覆盖固沙及引水拉沙等。总的说来，工程措施是一种临时性的措施，需要与生物措施结合。工程措施见效快，但需要大量材料，也很费工，成本较高，一般在局部风沙严重威胁交通线和主要工矿基地的情况下，才采取工程措施防治。

（一）草方格沙障

在风沙严重地区，造林种草很难成活，人们必须将沙固定起来再造林种草。草方格沙障就是在风沙地上按方格将沙蒿、秸秆或其他枯条杂草埋植在地面并露出一部分，搭成方格固定周围流沙。埋植时沿等高线从沙丘底部向上开挖设置。

（二）乳化沥青固沙

这种方法是将稀释了的沥青乳液喷洒于沙面，沥青渗透到沙面以下滞留于一定厚度（1～5 mm）的沙层中，将单颗粒的沙粒胶结成为多孔状的固结沙层。喷洒前在沙面上栽植的沙生植物苗，在沙面沥青化之后其立地条件得到了很大的改善——沙面稳定，因此得到很好的生长。乳化沥青固沙见效快，固沙效果好，但成本比较高，一般适用于交通沿线的固沙。

（三）引水拉沙

利用河流、水库的水，引水开渠，以水冲沙，拉平沙丘，称为引水拉沙。引水拉沙是风沙地区根治干旱、风沙和水土流失三大灾害的有效水利工程措施。它可以起到改造沙地，扩大耕地，促进绿化，发展林牧业的作用。例如，陕西省榆林地区，1949年以来通过引水拉沙，绿化了超过6 000 hm^2的荒沙，出现了纵横交错的护田林网和水草丰盛的大片牧场，做到了水养树，树固沙，沙成田，彼此促进，相辅相成，林牧业蓬勃发展。

五、风沙地的水土管理规划

无论是生物固沙措施，还是工程固沙措施造成的田块，一般都不能直接种植利用，必须进行加工改造。例如，细平土地，在平整前作出田块、道路、灌溉渠系规划，打好田块地埂，然后进行人工平整或水力平整。

风沙土有机质含量低，养分贫乏，土壤结构性差。只有增施有机肥料，才能改善土壤结构。种植一两年生苜蓿、柠条等进行绿肥压青，可以改良土壤，增加地力。通过施用无机肥料，不但可以为作物生长提供速效养分，而且借此可以建造作物体，然后以各种方式归还给土壤（秸秆还田、堆肥），是增加土壤有机质含量的有效途径。

风沙土颗粒较粗，容易漏水，而且持水性差，湿润后很容易变干。因此，在灌溉方式上要避免大水漫灌，防止水分渗漏，一般采取小水多次的灌溉方法。有条件的地方可采取喷灌、滴灌的方法，可以节水，提高水分利用率。目前，在风沙地区创造的塑料膜掩埋衬底种水稻方法，既解决了沙土渗漏量大的问题，同时也获得了高产。

风沙土颗粒较粗，保肥能力差，容易漏肥。因此，施用化肥要少量多次，以避免肥料渗漏。

施用有机肥和客土掺黏土都是增加风沙土保水保肥能力的有效措施。

六、风沙地开发战略规划

（一）协调人口—资源—环境与发展的关系

风沙地区虽然地广人稀，但土地生产潜力和承载能力有限，况且生态系统脆弱，如果人口压力进一步增大，必然造成资源的掠夺和环境的破坏。而这些地区又是经济不发达地区，生产力水平低下，人员的文化素质较低，这些都给土地开发和环境保护带来一定的困难。要缓解人口对土地资源的压力。而人口出生率下降的积极因素还是在于生活水平和教育水平的提高。生产力提高了，经济增长了，生活水平和文化水准上升了，计划生育就会变成自觉的行动，也就有了社会接受性。人口压力减轻，加上生产力水平提高，经济增长，才得以避免掠夺式地经营土地，避免土地退化，使生态环境改善，走上可持续发展的轨道。有条件的地方要实施生态移民，减少人口，降低人口对土地的压力。

（二）调整农业生产结构，林牧农全面发展

风沙地多处于半干旱区，干旱多风是其特点。因此，风沙地的开发利用不能走单一种植业的道路，必须走林牧农大农业道路。以林为主，建立保护型的林业；以牧为辅，以牧养农；种植业比例最小，只是为了保证口粮自给。

农业生产结构调整还应包括作物结构的调整，要减少商品率低的谷物种植面积，扩大产量高、加工附加值大的马铃薯的种植面积。马铃薯属于块根作物，其具有抗旱能力，是降水变率大、昼夜温差大的干旱区的宜种作物。同时，风沙土土质疏松，也适宜块根作物。

（三）实行土地制度改革

这一地区的盲目开荒、广种薄收和超载放牧的陋习与土地制度有关。土地是国家的，谁开荒谁耕种，结果是耕地面积不断扩大；草场是国家的，牛羊是自家的，结果是畜群无限膨胀。开荒种地、超载放牧造成土壤沙化、草场退化。要改变这一局面，就要进行土地制度改革，或者是分地到户，或者是实行土地永佃制。

（四）增加政府财政支持，推广农业科学技术

风沙地区经济文化十分落后，是国家级贫困县集中的地区，农民生活贫困，政府要给予一定的财政支持，推动生产的发展，特别是推动第二、第三产业的发展，吸纳劳动力，减少人口对土地的依赖。这样就可以实现自然植被的恢复，固定流沙。同时，要发展农业科技推广服务体系，切实做好科技服务工作。

第四节　沼泽地和滩涂的保护性开发规划

过去，沼泽地和滩涂被当作未利用地，成为开发为耕地的主要耕地后备资源。在进入生态文明时代，沼泽地和滩涂已经在国家土地分类体系中被单独列为湿地类。基于“生态优先”的土地利用规划，最好是将沼泽地和滩涂保护起来，让其发挥生态功能。但是具有湿地生态功能的沼泽地和滩涂必须有足够大的面积。对于土地调查中调查分类为沼泽地和滩涂的，如果面积小、基本形不成湿地生态系统（有水生植物与鱼类和水鸟构成的完整的生态链），如果为了粮食安全的目标有必要开垦，经过适宜性评价和科学规划，还是可以开垦为耕地的。沼泽地和滩涂开垦目标最好是开发为水稻田，因为水稻田也是一种人工湿地。

一、沼泽地的保护性开发规划

沼泽地是湿地的主要类型。沼泽地低平的地貌、丰富的水土资源和动植物资源等，构成了独具特色的生态系统。目前，我国沼泽地约 4 255 933 hm^2，主要集中在东北，大约占全国的70%；其次是青藏高原，大约占全国的10%。东北和青藏高原的沼泽地基本上低温严寒，并不适宜农耕，而且其集中连片，应该保护起来，发挥其湿地的生态功能。即使那些处于温带以南的零星的沼泽地，保留为沼泽地形态，如开辟为湿地牧场、芦苇生产基地，发挥其景观生态功能，可能比开垦为耕地更有价值。

（一）沼泽地的成因和特性

沼泽地一般出现在低洼地形处，在山区多见于分水岭上的碟形洼地、山间汇水盆地、沟谷地；在平原地区多分布在山前洪积扇缘洼地、河间洼地、河流三角洲；此外还有滨海洼地、岩溶盆地等。沼泽地地形低洼，地面坡降小，排泄不畅，在接受过量大气降水或地面来水时，水分积储起来，形成沼泽地。沼泽地上的土壤称为沼泽土。

土壤质地影响土壤的渗透性和持水性等物理性质，它决定着土壤在水分过多时，是否能够将多余的水从土体中迅速排除。这种性质就是土壤的内排水特性。土壤质地黏重，内排水不良，也是引起沼泽化的主要原因。

沼泽地的分布不受气候条件的限制，只要有积水的条件，在任何地带都可发生。但我国温带和亚热带地区开发早，沼泽地基本上都已改造为农田。因此，我国沼泽地主要分布在东北平原、青藏高原、天山南麓；在华北平原、长江中下游及东南滨海地区也有零星分布；另外，在山区的河谷地带也有分布。

沼泽化土壤质地多是黏重的，土壤颗粒组成以黏粒和粉砂为主，而黏粒在剖面上的分布又多呈现两层性，即下层的黏粒含量比表层高一倍以上。由于质地黏重，土壤的渗透性很弱。土壤的渗透不良，起到隔水和托水的作用，阻碍了上层水与下层水的联系，为上层滞水和潜水的形成创造了条件。沼泽地土壤水分过多，造成土壤通气不良，土温低，土壤养分减少和有毒物质积累等。

（二）沼泽地低产的原因

1. 水分过多，土壤通气不足

过多的土壤水分减少了土壤和大气之间的气体交换，因此沼泽地土壤通常是气不足和二氧化碳积累，引起根系呼吸困难和根系总体积的减少，持续通气不良，导致根的死亡。根系死亡的另一个原因可能是在嫌气条件下，土壤微生物活动会产生如硫化物和丁酸一类的化合物，其对植物生长产生毒害作用，影响土壤和植物的代谢系统，使农作物受害。

2. 土壤过湿对作物营养物质的影响

一些金属，特别是锰，在高浓度下，对农作物有害。在土壤过湿缺氧还原条件下，锰有较大的溶解度，造成土壤中的锰浓度的增加。

在过湿缺氧还原条件下，土壤有机质分解减慢，减少了土壤养分物质的释放和供应，而且有利于反硝化作用的进行，造成氮的损失或亚硝态氮的累积，不利于作物的营养供给。

3. 土温低对农作物的影响

沼泽地土壤水分过多而使土温降低，这是因为水的热容大，比土壤固体部分大两倍左右，造成吸收同样热量情况下沼泽地升温低。此外，大量的土壤水分在蒸发时需要吸收热量，也是造成沼泽地土壤温度低的原因之一。土温低，土壤有机质分解减慢，使土壤养分含量减少，因而影响农作物生长。

4. 土壤过湿对田间作业的影响

在过湿的土壤里耕作，会引起机械设备被泥粘住，增加牵引阻力，甚至由于土壤过湿造成土壤承载力过低而不能进行田间作业。湿土作业还会造成土壤压实，土壤结构破坏，使土壤生产潜力下降。如果人们不能及时进行播种、收割等，将使农作物减产，甚至完全绝收（如播种太迟）。

（三）沼泽地的农业开发治理措施

开发沼泽地为农地，要先排除过多的水分。为此目的所采取的排水措施概括分为工程措施、生物措施和农业技术措施。一般来说，各种排水措施应当相互结合，如工程措施对排除地面水和重力水十分有效；土壤中的水要靠农业措施来调节；生物技术措施兼有调节水分和改善农田生态环境的作用。

在一个地区采取什么样的形式进行排水，要根据地形、土壤和水分来源来确定。例如，在山地丘陵地区要修截流沟，防止山水进入农田；在平原地区，要先考虑排水出口的问题，在内部要修建排水网络系统；在封闭的洼地，有的需要抽水排水。考虑土壤因素主要是指按土壤质地层次及其透水性能，选择明排或暗排。根据造成沼泽化的不同水分来源，采取不同排水措施。例如，由地下水引起的沼泽化，要深沟排水，降低地下水位；由地面水引起的沼泽化，主要靠明渠浅沟排水；由江河泛滥引起的沼泽化，则必须疏通河道和修筑堤防；由坡积水引起的沼泽化，要修截水沟等。

1. 拦截水分工程

（1）疏通河道。疏通河道首先是为了解决排水的出路，其次是为了提高河道的泄洪能力，不使河水泛滥成灾。在平原地区，有些河道异常弯曲，增大了河流长度，减少了坡降，降低了流速；或河道断面过小、大小不一、形状各异，再加上河道中水草丛生，严重影响了泄水能力。为此要截弯取直，整治河道，扩大泄洪断面，提高泄洪能力。

（2）防洪堤。为了防止汛期江河水的泛滥，危及农田，在江河两岸修筑防洪堤是首先必须考虑的措施。设计标准要依据保护农田的面积来确定。设计标准越高，保险系数越大，但所需要的工程量也大，投资多。

（3）截流沟。在山地丘陵和山麓地带的坡耕地上，或者在靠近山坡地的平川耕地上，为了防止降水后上部汇集的洪水流入耕地，必须在耕地上端与高地联结处，修筑截流沟。

（4）蓄水设施。蓄水是将多余的水蓄积起来，使其不流入耕地，以减少沼泽化土壤的过多水分的来源。在山区可利用有利的地形，修筑小塘坝或小水库；在平原地区，地势低洼，排水非常困难的地方，可以修筑平原水库。蓄水不但可以起到调洪排水的作用，而且所蓄水分可以用来灌溉和发展水产养殖业。

2. 排水工程

（1）排水沟。排水沟包括明沟和暗沟，是开发沼泽地的主要工程措施。为了达到预期的排水效果，排水沟的布置形式要依据地形条件来定。通常平坦地或方向一致的缓坡地排水沟采用栅格形，两面是坡的沟谷地采用人字形。

排水沟可分为干、支、斗、农四级固定沟道。但当排水面积较大或地形较复杂时，固定水沟可以多于四级；反之，也可以少于四级，如在三江平原，由于地形平坦，人们一般均采用干、支、斗三级固定沟道。

① 明沟排水。明沟排水能迅速排走大量的水。地面上直接挖沟，施工比较容易，投资也比较少，但占用土地。为了降低地下水水位，排水沟的水面应低于为了保持某一地下水水位所要求的深度。地下水的深度应根据作物的要求而定（见表4-1）。

表4-1　各种作物要求的地下水埋深

作物	生长期适宜的地下水埋深/cm	雨后短期允许的地下水埋深/cm	雨后降低至允许埋深的时间/d	备注
小麦	100～120	80	15	生长前期
		100	8	生长后期
玉米	120～150	40～50	3～4	孕穗至灌浆
棉花	110～150	40～50	3～4	开花结铃期
高粱	80～100	30～40	12～15	开花期
甘薯	90～110	50～60	7～8	
大豆	—	30～40	10～12	开花期

为了达到要求的地下水埋深，排水沟的大小与沟的间距相关，即排水沟的间距越大，需要的深度也越大，排水沟的间距越小，需求的深度也越小。

② 暗沟排水。暗沟排水具有不占土地的特点，在农田排水中一直受到重视，但因工程造价较高和施工比较麻烦，往往只在小面积上采用。为了大面积地开垦沼泽地，先期以明排为主，随着经济的发展要逐步以暗沟排水代替明沟排水，但是暗沟排水必须以明沟为出口。

暗沟又分为有管暗沟和无管暗沟。有管暗沟是指在地下埋设排水管道，将多余的水渗入管内而排走。有管暗沟造价高，使用年限长，是一项长远的农田基本建设，虽然一次性投资过多，但建成后其效益要高于其他排水沟，所以总的来说，经济上是合算的。常见的暗管建材有陶管、筒瓦管、水泥石碴管、塑料波纹管等。管子的直径、埋深和间距，是根据地块土质、地形条件和排水要求而定的。无管暗沟可用鼠道犁在土壤中拉出洞生成；有的地区，也可以把树枝或作物秸秆扎成捆埋在地下，形成排水通道。两者可起到较好的排水作用。在实践中人们往往不是采取单一的形式，而是因地制宜，采取多种形式相结合的治理方法。例如，在三江平原850农场，开发沼泽地时，采取沟（排水明沟）、管（有管暗沟）、洞（鼠道犁拉的洞）、缝（深松杆尺拉的缝）相结合的方式，取得了较好的效果。

（2）抽水排水和竖井排水。抽水排水又称强制排水，是在地形低洼没有排水出路，即靠自流不能排出多余水的情况下采用的，其是将多余的水汇集在最低洼处，用抽水机把过多的水排出堤外或排到有排水出口的明渠中，再通过渠道泄入江河。因此，抽水排水也可以说是一项连接排水沟与承泄区的枢纽工程。

抽水排水的另一种情况是设置抽水井，从排水井中抽水，以降低较高的地下水位。抽出的水多用来灌溉，是一举两得的事。其适于建立抽水井的地区，主要是指地下水位高，而且地下水水质良好的大面积平地。抽水井的间距和深度取决于地质层次、抽水流量等因素，要由观测试验来确定。此项措施在我国北方易旱易涝易盐碱地区，已经广为应用。

3. 生物排水措施

森林有巨大的蒸腾量，一棵树就像一台抽水机，可以将土壤中的水和地下水，通过植物体的吸收和蒸腾散失在空气中。据报道，一棵柳树，一年所消耗的水量达92 t。1 hm^2柞树林，一个生长季蒸腾2 790 t水；1 hm^2阔叶林，在夏季能蒸腾2 500 t水。

据新疆下野地区水利土壤改良试验站的资料，林带可降低农作物生育期农田地下水位0.2～0.7 m，距林带越远，作用越弱，有效影响半径为125～150 m，在100～125 m内效果明显，最大影响范围可达220 m。

4. 农业技术措施

沼泽地治理的农业技术措施包括深松、平整土地，改良土壤物理性状，垄作和大垄台田等。其目的是增加土壤的内排水和蓄水能力，调节土壤水分，一方面不使多余的水危害农作物的生长，另一方面使土壤中有足够的水分供农作物生长需要。满足上述两方面的条件，单靠工程措施是不行的，必须与农业技术措施相配合。

（1）深松。深松可改善土壤的通透性，消除还原性物质在质地黏重的沼泽土壤上。由于土壤渗透性差，往往雨后上部土层长期过湿，形成渍涝，农民称为“表涝”。此外，由于犁底层的存在，严重影响到水分下渗，也易形成“表涝”。采取深松措施，打破犁底层之后，土壤水分状况就得到改善。深松后下层容重明显降低，表层水分减少，下层水分增多，由于水分下移和蓄量增加，减轻了耕层的涝情，作物增产效果明显。

深松还具有改善土壤通透性的作用，增加土壤中的氧气，以消除土壤中的还原性物质。

（2）平整土地。在沼泽化土壤中，由于微地形的差异，稍低洼处积水不易排除，这在沼泽化土壤中，特别是在开垦时间较短的耕地上是常见的，因此有人说平整土地是农田建设的基本功。

（3）改良土壤物理性质。改良土壤主要是指客土加砂，增施有机物料和土壤结构改良剂等，改善土壤的物理性质，以增加土壤的渗水和蓄水性能，提高土壤抵御旱涝灾害的能力。在黏质沼泽土壤上加砂改良，是农民群众通常所采用的方法。例如，黑龙江省在黏质沼泽化草甸土上每公顷施砂 165 m^3，取得明显的效果，土壤渗水率提高 6.8%，平均土温提高 0.3 ℃～0.6 ℃，大豆增产 35%～38%。施有机物料包括秸秆还田、施泥炭、施有机肥等，均有明显的效果。黑龙江省牡丹江农场分局科研所试验表明（1982），秸秆还田使土壤结构性和孔隙构成获得明显改善，从而扩大了耕层有效持水孔隙，增加了有效水的库容，土壤的渗透系数均有所增加。

黏质沼泽土壤极易发生板结，降低土壤的渗透性和持水性能。施用土壤结构改良剂，对于改善土壤团粒结构、通气性、渗透性有良好的作用。

（4）垄作和大垄台田。垄作具有抗涝除渍和提高地温的作用，在沼泽地的利用中，也是一项辅助性措施。尤其在我国东北地区，由于积温较低，采取垄作法，提高土壤温度，更显得重要。垄作实际上就是创造人为的微地形。由于垄作地面起伏不平，与平地相比较，约增加了 33% 的表面积。表面积增大有利于吸热增温。垄作比平作平均土壤温度高 1 ℃左右，最大可高出 2 ℃～3 ℃。由于垄作是由垄沟和垄台两部分组成的，在降大暴雨时，多余的水分可以暂时储存在垄沟里，顺垄沟排至地外，而垄台仍保持干燥，作物种植在垄台上，可以在一定限度内缓解涝情。

大垄台田则是针对沼泽地采取的治理措施。大垄台田是在排水工程尚未建立或者在排水渠系已经配套，由于土质黏重和地形低洼，仍不能完全消除内涝渍害的条件下，采取的一种因地制宜的治理措施。大垄台田的宽度视涝情而定，窄者 1～2 m，宽者 5 m 以上，沟深 40～60 cm，可用人工或机械修建。

（四）沼泽地开发利用方向

1. 开垦为水稻田

沼泽地排水以后可以种植多种作物，但沼泽地的作物适宜性不同，种植不同的作物的产量和效益肯定也是不一样的。1977 年，黑龙江宝清县在新开垦的沼泽地上种植大豆、小麦和水稻，亩产分别是 62 kg、115 kg 和 302 kg，说明种水稻是最适宜的。1978 年大旱，大豆和小麦依然获得了较高的产量，说明沼泽地的土壤水分条件较好。但一般年份还是种植水稻好。现在，东北地区沼泽地开垦后种水稻产量达到 500～600 kg。

对一般旱田来说，如果土壤空气中的含氧量少于9%～12%，根系发育将受到影响；少于5%，大多数作物的根将停止生长。二氧化碳的浓度在1%左右为最适，如果达到9%～10%，大多数作物将很快死亡。水稻是喜湿的作物，在大部分生长期内，需要保持较多的水分，这是由于水稻的根、茎、叶具有通气组织，可与田面以上的大气进行交换，所以水稻可以较长时间生活在含水量饱和的土壤中。但是如果积水过深过久，或地下水经常过高，也会造成通气不良，水稻根部缺氧，根扎不深，易倒伏，并易产生黑根、烂根等，导致水稻减产。因此，种植水稻也必须有排水措施。

2. 开辟为牧场

沼泽地草场主要有小叶樟、芦苇、苔草草场。其中，小叶樟是最主要的牧草植物，它不仅是一些草场的主要建群种，而且常常以优势种或伴生种出现于各类草场之中。小叶樟的粗脂肪含量高于紫花苜蓿，低于羊草；而粗蛋白含量高于羊草，低于紫花苜蓿，因此小叶樟是优良的牧草。沼泽草场如经排水，生态环境改变，可逐渐向小叶樟草场演变。

3. 建立芦苇基地

芦苇是重要的造纸和人造纤维工业原料。2.5 t芦苇可以生产1 t纸，能代替5 m^3优质木材。芦苇是喜水植物，在沼泽积水条件下，可以繁殖生长。但如果芦苇长期淹水，土壤养分缺乏，氧气不足，芦苇根系上升地表，淹没在水里的茎长出大量的不定根，使芦苇产量不高。因此，为了建设芦苇生产基地，提高产量，人们应修建一定的排灌工程，做到能灌能排，使沼泽水分状况适应芦苇的生育需求。

4. 农林牧副渔全面发展

沼泽地开发不能片面强调粮食种植业，搞单一经营，要农林牧副渔全面发展。合理的生态结构应是网状结构，均衡布局，农林牧渔互相依赖，相互促进。沼泽地中草甸植被的生态型与农田植被比较接近，所不同的是前者为多年生植物，后者是一年生植物，后者应是主要的开垦对象。考虑到国家建设商品粮基地的要求和生产力水平，虽然还要开垦部分沼泽化草甸和沼泽，但要注意在耕地中扩大水田面积，保持相当比例的牧草地，这样就可以防止生态条件的恶化。

5. 保护一定面积的沼泽地，建立自然保护区

沼泽通过强烈的蒸发蒸腾作用，将大量水分送回大气，增加空气湿度，其对气候的调节作用类似湖泊。沼泽还是水禽与鱼类栖息、繁殖的场所。三江平原有鸟类近200种，雁形目、鸥形目、鹤形目、鹳形目都是栖息于沼泽的水禽，其中的丹顶鹤以及白鹤、白枕鹤、天鹅等是国家重点保护动物。保持一定面积的沼泽地，保护生物多样性，是中国履行国际湿地公约的起码要求。建立自然保护区除了可以获得生态效益外，还可以开展旅游事业，获得经济收益。

二、滩涂的保护性开发规划

滩涂也是一种湿地。滩涂与沼泽的共同点是水分过多；滩涂与沼泽的不同点是滩涂比较有规律且间断地被水淹没和露出水面，面积和水深的变化都比较大。相对来说，沼泽的水分

比较停滞，面积和水深的变化较小。由于水进水退，滩涂土壤的水分更新和气体交换频繁，所以滩涂土壤中一般无还原物质积累，这也是滩涂与沼泽的不同点之一。经过历史上的长期开垦，我国所剩滩涂面积已经很小，应该尽可能保护起来，作为湿地，发挥湿地的生态功能。

（一）滩涂的类型

滩涂应该包括海涂、湖滩地及河滩地。沿海大潮高潮位与低潮位之间的潮浸地带称为海涂，是滩涂的主要类型。狭义上的滩涂就是海涂。湖泊常水位至洪水位间的滩地和水库、坑塘的正常蓄水位与最大洪水位间的滩地称为湖滩地。河流常水位至洪水位间的滩地称为河滩地。

（二）滩涂的性质

1. 经常有水淹的危险

自然条件下的滩涂，周期性地遭受水淹。海涂随着每天的潮涨潮落，受海水的淹没；湖滩地每年随着雨季和洪水的来去，也周期性地遭受水淹；河滩地每年也随着雨季和洪水的来去，周期性地遭受水淹。按遭受水淹的频率来说，海涂最为频繁，河滩地次之，湖滩地再次之；按遭受水淹面积的频率来说，河滩地最为频繁，湖滩地次之，海涂再次之。筑堤围滩开发要充分注意这些特点。

2. 沙质

与沼泽地不同，各种滩涂的质地都较沙。沼泽地的土壤是静水沉积物，沉积物颗粒细，土壤黏重。而滩涂受潮浪冲击，沉积物颗粒较粗。但海涂、湖滩地和河滩地这三种滩涂的土壤质地也不尽相同。一般来说，湖泊的水较稳定，因此湖滩地的质地是三种滩涂中质地最细的，以轻壤土或沙壤土为主。河滩地的水流不稳定，沉积物较粗，一般以沙土为主。海涂虽受风浪冲击大，但其泥沙本来就是经河流长途搬运后进入大海的，物质较细，海浪只是将其再次分选，因此海涂的质地一般介于湖滩地和河滩地之间。海涂的质地与海岸类型也有关系，一般平原型海岸，海涂面宽，质地较细，为粉砂至砂壤；山地型海岸海涂较窄，质地较粗。海滨浴场一般选择在山地型海岸的滩涂上。

3. 地下水浅

由于邻接水体，各种滩涂的地下水位都很高，即使露出地面时，滩涂的地下水位也不超过半米。但它们的地下水水质不同，湖滩地和河滩地的地下水一般为淡水（咸水湖除外），而海涂的地下水为咸水（临近河流，受河流淡水补给的除外）。

（三）滩涂的开发利用措施和方向

虽然我国人多地少，耕地资源有限，滩涂是重要的开垦对象，但滩涂的开发必须从大农业的观点着眼，避免单一农业的形式。

1. 营造防护林带

滩涂造林具有防风和防浪的双重作用。滩涂地形平坦，邻接水面，容易起风，而且风大，特别是海涂的风比湖滩地、河滩地的风更大。如果没有防护林的保护，大田作物难以成活或成长。风大浪也大，浪对农田、堤防的冲击力更大，在堤防临水一面种植防护林带，有直接保护堤防的作用。防护林带一般布置在堤防的外围，林带的宽度为 10 m 左右，间距 200 ~ 300 m，主林带应垂直于主风向。防护林还具有减少蒸发，抑制土壤盐化的作用。

防护林要选择耐水渍的树种，乔木有杨树、柳树、刺槐、侧柏，灌木树种有紫穗槐、柽柳等，其中，刺槐、侧柏、紫穗槐和柽柳还具有耐盐的特性，特别适宜在海涂上栽种。热带和亚热带地区的海涂可以栽植适生的红树林。为了达到更好的防风效果，林带要乔灌结合。

2. 修筑堤防

防护林仅能起到降低风速，减小风浪冲击的作用。若开发滩涂，人们还必须修建防潮堤。防潮堤的作用是将浪潮涌起的海水、湖水或河水拦截在堤防之外，并有利于排除堤防之内的水。防潮堤的高度应是最高潮位与最低潮位之差加最大波浪爬高，再加上适当的安全超高。防潮堤的断面规格和筑堤物料的选择要根据抗击潮涌强度的要求，可以通过水工试验获得参考数据。防潮堤要选在滩面稳定、植被情况较好的地段。

3. 围滩造田

在有了防护林和堤防的前提下，可以围滩造田。由于地下水位高，所以围滩造田也要兴修排水系统。

排水沟可分为干、支、斗、农四级固定沟道。根据实际情况固定沟道可以少于或多于四级，一般均采用干、支、斗三级固定沟道。排水一般采用抽水排水方式，即用抽水机把过多的水排出堤外；也可在排水沟上修建水闸，退水时打开闸门，涨水时关闭闸门。

一般来说，仅有排水沟还不足以使农田不受地下水浸润，可以采取台田方式抬高地面，即通过挖塘的办法，将挖出的泥土垫在田面上。珠江三角洲的桑基鱼塘就是采用这种办法。

围出来的田一般还要经过培肥和改良。对于海涂要通过灌溉淡水洗掉土壤中的盐分。种稻洗盐是一种好办法。

4. 水产养殖

滩涂的开发不见得就是围垦造田，可以开展水产养殖业。我国江苏、浙江、福建、广东等沿海地区就是利用滩涂进行水产养殖，获得了很好的经济效益。

5. 滩地牧场

利用滩地水草丰富茂盛的特点，进行季节放牧，不用修筑堤防，是一种经济快捷的开发利用方式。利用滩涂栽植芦苇、香蒲、莲藕等耐水渍植（作）物，其收益也相当可观。

6. 湿地保护

滩涂是一种湿地，是许多湿生植物和水禽、鱼类的栖息地，为了保护生物的多样性，我们有必要保护一定面积的滩涂。

另外，湖区围滩造成调蓄洪水能力下降，河滩造地减少了行洪断面，这些都可能造成更大的洪涝灾害。因此，围湖造田、围河滩地造田，都要适度，以保证湖面有足够的调蓄洪水的能力，以不造成河流行洪受阻为原则。

第五节　盐碱地开发规划

盐碱地也称盐碱土。盐碱土是盐土和碱土的合称，即土壤中有一定含量的可溶盐类或碱性盐类而影响了植物正常生长的土壤总称。我国当前约有9 913万hm^2盐碱地。我国盐碱地虽然面积大，但主要分布在干旱、半干旱区，受到水资源严重缺乏的限制，绝大多数是不能开垦的。盐碱地开发规划一定要坚持以水定地的原则。

一、盐土的开发规划

这里所讲的盐土，包括盐渍土。盐渍土和盐土的区别是土壤中含盐量的多少和它们对植物的危害程度。土壤中易溶盐积累的过程称为盐化过程或盐渍化过程。原本非盐化的土壤发生积盐的过程称为次生盐渍化过程。

（一）影响盐土形成的因素

1. 气候条件

在我国干旱、半干旱地区，降水稀少，土壤蒸发强烈；在半湿润地区虽然降水较多，但由于70%以上集中于雨季，旱季蒸发仍很强烈。在土体中，盐分的运动随着水分的季节性入渗与蒸发而表现为入渗脱盐和蒸发积盐交替出现。但是水分以上升水流为主，因此盐分也就在土壤中积聚起来。特别是在地下水高水位区，盐分累积明显。例如，黄淮海地区，年降水量500～1 000 mm，干燥度为0.9～4.0。降水季节分配不均衡，冬、春两季降水量只占全年降水量的15%左右，而6～8月降水量约占全年降水量的55%～70%。水的支出形式主要是蒸发和蒸散，约占全区水量支出的70%，土壤盐分随水分蒸发而累积。一年中，除7月、8月两个月外，其余10个月的蒸发量都是降水量的2倍以上，特别是春季，蒸发量为降水量的5～6倍。这一特点造成春旱严重，土壤蒸发强烈，导致土壤积盐。

2. 地形与地貌

就宏观地形而言，盐渍土多分布在地势低平的内陆盆地、山间洼地和排水不畅的平原地区。就小区地形而言，由于地面水集中于洼地，洼地积水补给坡地的地下水，因而缓坡上的土壤盐化常常较重。此外，在田面微小起伏的地形上，当降水或灌水时，低处受水多，淋溶作用强；高处受水少，而且蒸发作用强。水分由低处向高处不断补给，盐分在高处积聚形成盐斑。而在土壤透水性不良的情况下，含一定盐分的水从高处流向低洼处，水分蒸发，盐分便在低洼处积累，土壤盐斑扩大。

在滨海的海滩上，由于受海水（包括地面水和地下水）的影响，土壤含盐量高，形成滨海盐土。滨海盐土的盐分组成一般是氯化物占绝对优势。

3. 土壤质地与土体构型

不同的土壤质地有着不同的毛管性状，因而土壤质地决定了土壤毛管水上升高度和上升速度，以及水的入渗性能，从而直接影响潜水蒸发的速率和水盐动态特征。毛管水上升高度与毛管半径成反比。砂质土、砂壤土及轻壤土中毛管水的运移完全符合这一规律。但是由于极细孔隙中吸附力的影响和封闭气泡的干扰，从中壤土、重壤土到黏土，反而是质地越黏，毛管水上升高度越低。

土体构型，特别是黏土层的厚薄与层位，对土壤水盐运动也有重要影响。研究表明，毛管水在有黏土夹层的土壤中的上升速度均比在砂质土和壤质土中慢，其上升速度随黏土夹层厚度的增加而减慢，相同厚度时，毛管水上升速度随黏土层位的升高而减慢。从表土积盐情况看，若黏土夹层厚度相同，层位越高，即距地下水面越远，离地表越近，其隔盐作用越大；若黏土层位相同，厚度越大，隔盐效果越明显。

4. 地下水位与水质

在同样的气候条件下，同一种土质，地下水位越高，潜水补给蒸发量越大，盐分在土壤中积累的数量也越多。

地下水中的可溶盐是土壤盐分的重要来源，地下水矿化度的高低直接影响土壤的含盐量。土壤调查资料表明，在地下水位和土壤质地基本相同的条件下，地下水矿化度越高，土壤积盐就越多。

地下水中的可溶盐组成也影响着盐土的盐分组成。

5. 人为因素

在具有潜在盐化威胁的地区，当运用引、蓄、灌、排等水利技术措施不尽合理时，将导致地下水位普遍上升，并超过当地的地下水临界深度，引起土壤次生盐渍化。这方面的实例，国内外比比皆是。20 世纪 50 年代和 60 年代，人们在黄淮海平原上发展大规模的自流灌溉区，如河南人民胜利渠、山东打渔张等引黄灌区，河北万津、民有渠等灌溉区，北京通惠灌区等，由于灌排工程不配套，用水不当，土地不平整，采用大水漫灌方式，再加上修建平原水库和插花种稻，导致了地下水位迅猛抬升，土壤强烈积盐，盐渍化土地面积迅猛扩大。

利用地面或地下矿化水灌溉，而又缺乏良好的排水淋盐等调控措施，将导致盐分在上层土体中累积，使土壤发生次生盐渍化。甘肃民勤县湖区地处石羊河流域盆地的北部，地下水的矿化度大部分为 7 ~ 10 g/L，地下水的化学类型为氯化物-硫酸盐。20 世纪 70 年代初，这里大面积发展井灌，汲取高矿化地下水灌溉农田，4 ~ 5 年以后，土壤含盐量急剧上升，土壤总含盐量超过 0.8% 的耕地已有 6 000 余 hm^2，不少土地因盐渍化过重而弃耕。

在黄淮海平原，有些地方的土壤有底层盐化现象。在发展灌溉情况下，若不采取合理的措施以调控地下水位和土壤水盐动态，则土壤极易再次发生盐渍化。许多已治理成功的盐碱地，再次反复，即与此有关。在干旱地区的残余盐土的心底土中，具有明显的盐分累积现象，甚至有盐磐层。当灌溉水湿润心底土积盐层，溶解活化其中的盐分，而后又随土壤毛管上升水流的蒸发转向土壤表层累积时，导致土壤次生盐渍化。

（二）盐土的类型

按土壤中的盐分组成分类，盐土可以划分为以 NaCl 为主的氯化物盐（化）土，以 NaCl 和 Na_2SO_4 为主的氯化物-硫酸盐盐（化）土，以 $CaCl_2$、$MgCl_2$ 和 NaCl 为主的潮湿盐

（化）土。

按盐分含量及其对植物的危害程度分类，盐土可分为盐土和不同程度的盐渍土（见表4–2）。

表4–2　盐土与盐渍土的盐分分级（0～20 cm 土层）

主盐分	含盐量			
	盐土	重度盐化土	中度盐化土	轻度盐化土
苏打	>0.7%	0.5%～0.7%	0.3%～0.5%	0.1%～0.3%
氯化物	>1.0%	0.6%～1.0%	0.4%～0.6%	0.2%～0.4%
硫酸盐	>1.2%	0.7%～1.2%	0.5%～0.7%	0.3%～0.5%

（三）盐土的特性

1. 盐分在土壤剖面中的垂直分布

因地下水上升所引发的次生盐渍化，土壤盐分垂直分布的特点是上重下轻，表聚现象极为突出，一般剖面形状多为丁字形。因底层盐化所引发的土壤次生盐渍化的盐分剖面，则呈现锥子形。而滨海受地下海水浸泡的滨海盐土，其土壤中的盐分含量是上中下均一的。

2. 积盐与脱盐的反复性

在半湿润、半干旱季风区，由于降水量的季节性变化，一年中可明显划分出淋盐期与积盐期。这个特点在年际上也有所反映，在雨水过多发生大涝年份的翌年春季3月至5月积盐季节，土壤盐渍化有所发展和加重；在雨水连年偏少的干旱年份，土壤盐渍化往往有减轻的趋势。土壤积盐与脱盐的反复性不仅与气候因子的变化有关，也与改良利用盐渍土的技术措施特点有关。在改良利用盐渍土的过程中，关键的措施是调控地下水位长期深于其临界深度，耕层土壤处于脱盐状态，但是盐分仅是被淋洗到深层土体中，排走的为数并不多，盐分的运动仍以垂直方向上的重新分配为主。一旦采取的水利措施失当，地下水位上升，土壤必然再次积盐，人们对此必须有足够的认识。

3. 盐渍土的肥力特征

由于盐渍土受盐碱影响，肥力不同于一般土壤，其表现为“瘦、死、板、冷”的特点。“瘦”指的是营养元素含量低。由于盐分的限制，盐渍土上的植被和作物生长不良，有机质来源较少，同时盐分的化学组成也降低了某些养分的有效性，加上多数盐渍土地区地广人稀，耕作粗放，很少施用有机肥，因而土壤养分含量一般都偏低。“死”指的是微生物数量少，活性低，如固氮菌、硝化菌与非盐渍地相比，显著偏低。“板”表现为土壤通透性差，水气条件不良。“冷”就是土壤性凉，特别是在春季，与非盐渍地相比较，盐渍地地温上升缓慢，对作物的适时播种不利。

（四）土壤盐渍化对植物的危害

盐土中盐分主要有 Cl^-、SO_4^{2-}、CO_3^{2-}、HCO^{3-}等阴离子和 Na^+、K^+、Ca^{2+}、Mg^{2+}等阳离子所组成的多种盐类。这些盐类对作物的危害程度是不同的，其中 Na_2CO_3 对作物危害最大，

当土壤中含 Na_2CO_3 超过 0.005% 时就会对作物产生不良影响。一般常见的盐类对作物危害大小的排列顺序：$Na_2CO_3 > MgCl_2 > NaHCO_3 > NaCl > CaCl_2 > MgSO_4 > Na_2SO_4$。根据研究结果拟定下列比例关系来表示不同钠盐对作物危害性的大小：$Na_2CO_3 : NaHCO_3 : NaCl : Na_2SO_4 = 10 : 3 : 3 : 1$。土壤盐分对作物的危害，主要是以下几方面。

1. 造成生理干旱

农作物的生长发育是离不开水分的。当植物细胞液比土壤溶液的浓度大 1 倍左右时，植物才能源源不断地从土壤中吸收利用水分。但当土壤含有过量盐分时，土壤溶液渗透压增加，便会造成植物吸水困难。种子在土壤中无法吸到足够的水分，就难以萌动、发芽，造成缺苗断垄；即使出了苗，由于对土壤水分的利用率降低，其生长发育速度变得迟缓。当土壤溶液渗透压过高，乃至超过植物细胞渗透压时，作物不仅不能吸水，反而会产生反吸现象，这在植物生理学上称为生理干旱。作物会因吸不到水而逐渐枯萎死亡。

2. 破坏养分均衡

由于土壤溶液浓缩，某些离子过多进入植株体内，使其他离子在体内的运行转化受阻，破坏了离子间的平衡。试验结果表明，在土壤含盐条件下生长的植株，其体内 Cl、S、Na、Mg 均大大增加，尤其 Cl 含量成倍增加，而 K 含量大大减少，Ca 次之。这种干扰破坏使作物的营养状况失去平衡，危害了植物生理机制。

3. 直接毒害作用

盐渍化土壤溶液中的一些离子对作物有直接的毒害作用。例如，过量的 Cl^- 可破坏正常淀粉水解活动性，使叶绿素含量减少，影响光合作用，碳水化合物总含量降低。又如，大量 Na^+ 的存在还会使某些作物的叶子边缘枯焦，造成“生理灼烧”现象。

（五）盐土开发利用原则

1. 系统治理的思想

盐土的治理，绝不只是某几个田块的问题，必须将整个区域的水盐运动作为一个系统统筹考虑，要求流域上游与下游相结合，水利工程与农业技术相结合，土壤改良与土地可持续利用相结合，盐渍化防治与区域经济发展相结合。在治理对象上，要求将旱、涝、盐、咸、瘠等作为一个系统对待，做到统筹兼顾，相得益彰。

2. 改良与利用相结合

改良为利用提供了前提，改良的目的是利用。由于盐渍土地区地势平坦，土层深厚，所以盐渍土是一类具有很大生产潜力的重要土地资源。在盐渍土改良之初，人们就应明确利用的方向与方式，并贯彻于改良过程的始终。利用方式不同，则改良要求和方法也就不同。利用方式受自然条件和经济技术的可能性制约，同时也决定于产品的市场需要、经济价值和综合效益。改良盐渍土不仅为粮食生产创造了良好的基础条件，也为其他利用方式的灵活运用创造了条件。在盐渍土地区大规模种植甜菜、向日葵、红花、油菜等耐盐作物；滨海地区种植高度耐盐的籽粒苋；低洼地区利用雨季地面径流和冬季河流弃水种植芦苇及发展水产养殖；高矿化度咸水盐渍区发展盐业，将农盐牧三业结合；新疆等干旱盐渍区开发由胡杨、沙棘、柽柳等耐盐树种和在其下种植的耐盐草本植物组成的“双层草场”。凡此种种，均是改良盐渍土、合理利用盐渍土的成功经验。

3. 水利工程措施与农业生物措施相结合

水利工程措施对农业生产是首要的，更是盐渍土综合开发与治理的前提条件。依靠水利工程措施，可以冲洗土体盐分和降低地下水位，提供灌溉与排水出路，真正做到有灌有排，灌排通畅，从而综合运用排、灌、蓄、补不同方式，统一调控天上水、地面水、地下水和土壤水。在生产实践中，依靠水利工程，极大加速了干旱、洪涝、盐碱及咸水的综合治理过程，许多经验证明了水利工程措施是改良盐渍土的首要基础条件。但是如果没有农业生物措施的紧密结合，盐渍土的开发利用也无法实现。农业生物措施通过增施有机肥、种植绿肥，以及躲盐巧种等栽培方法，不仅可以增加地面覆盖，减少盐分的上行，巩固治理效果，而且在水源不足或水质不良，或排水无出路，特别是在低洼地不易降低地下水位的区域，通过农业生物措施，同样可以达到治理盐碱地的目的。因此，水利工程措施与农业生物措施的配合在旱涝盐碱的综合治理中是十分重要的。

4. 土壤除盐与土壤培肥相结合

在开发利用盐渍土时，为了能够顺利地进行农业生产，人们必须消除土壤中过多的盐量。最有效的措施就是淋洗排水。它可以把过多的盐量冲洗排除出区域或土体以外，消除盐分的危害。除淋洗排水措施以外，土壤除盐的措施还包括种稻、冲洗性灌溉、刮盐等。在水稻生长期保持一定的水层，或在旱季作物生长期间进行的加大水量的灌溉，都可以消除过多的盐分。但是伴随土壤脱盐，植物营养元素也同时处于淋失状态，因此必须通过土壤培肥，补充和提高土壤有机质和植物营养元素的累积量，才能真正达到改良利用的目的。否则，土壤将伴随其脱盐而趋向贫瘠化。

另外，由于盐渍土的结构不良，紧实板结，通透性差，需要通过增施有机肥改善土壤结构，既有利于盐分下淋，又减少地面蒸发，阻止盐分上升。土壤中的有机质还可以增强微生物的活动，缓冲盐碱危害。

（六）盐土改良的水利工程规划

井、沟、渠结合运用是我国北方广大劳动人民在与干旱、盐碱的斗争中发展起来的，实践证明，这是一种行之有效的治理盐土的途径。

1. 排水沟的规划设计

（1）排水沟的作用。排水是改良盐土，防止土壤次生盐渍化极为重要且不可代替的保证措施。因此，排水沟在排水措施中是最为常见的。沟排也称水平排水，其在防治土壤盐渍化中主要有以下几方面作用：

① 排水排盐。排水沟不但可以排除灌溉退水、降水所产生的地表径流，而且可以排除灌溉渗漏水、淋盐入渗水和部分地下水。在排水的同时，也排走了溶解于水中的大量盐分。

② 控制地下水位。在自然状态下，地下水位的动态变化受自然降水、蒸发、地表径流、地下径流的控制。在灌溉条件下，田间灌溉渗漏水和渠系侧渗，也是影响地下水位的重要因

子。当有排水沟存在时，排水沟的深度与密度，将对地下水位起决定作用。依靠排水沟，可以将地下水位控制在临界深度以下。

③ 调节土壤和地下水的水盐动态。排水沟具有排水排盐、控制地下水位的作用，因此运用排水措施，可以人为地调节土壤与地下水的水盐动态，真正将天上水、地表水、地下水、土壤水统一协调起来，合理调节利用水资源，经济有效地防治土壤盐渍化和旱涝灾害，达到有蓄有排、排盐保肥的目的。

（2）深沟与浅沟。深沟一般是指在某一地区能够控制地下水位在临界深度以下的排水沟系。浅沟是指排水深度小于地下水临界深度的排水沟系。深沟不仅限制了排水出路的高程，而且加大了排水系统的工程量和养护费用。因此，深浅沟的采用要因地制宜。在土壤含盐量较多，地下水矿化度较高的地区，需要建立骨干深沟与田间密度较大的沟网配合。若土壤盐渍化程度较轻，则只需建立稀疏的骨干排水系统，加上田间浅沟排水，即可满足排水要求。在盐渍化程度很重，需要灌水冲洗的地区，则除较多的深沟以外，还应增设田间排水毛沟，以加速排除洗盐水，促进土壤的脱盐。

（3）沟洫条（台）田。在地势低平、排水困难的盐渍地区，沥涝严重，地下水位高，土壤盐渍化重，为了排涝治理盐碱，开挖浅而密的条田沟，形成沟洫条田，也是一种有效的方法。条沟深度一般为 1.0 ~ 1.2 m，间距 30 ~ 100 m。在地势特别低洼的地区，人们往往需要加大沟洫宽度（一般底宽 2 ~ 3 m，多者 5 ~ 6 m），也需加大密度（台田田面宽 15 ~ 30 m），将开挖条沟的土垫高地面，一般可垫高 20 ~ 30 cm，高者可达 50 ~ 60 cm。条沟加深加密，田面加高，相对降低了地下水位，防治了湿托，有利于土壤脱盐及防止返盐。

（4）暗管排水与扬水排水。水平明沟排水是当前我国运用最广的一种排水措施。但明沟排水占用土地面积较大，易于发生塌坡与淤积，养护清淤工程量大。暗管排水可以克服上述缺点，减少管理费用，增加土地利用率，但投资费用大，施工技术要求较高。

排水系统修建后，要确保排水通畅，需要解决排水出路问题。因此，在自流排水困难的地区，建立扬水站进行扬水排水是关键性的措施。

（5）深沟河网。深沟河网一般是指能够蓄水的排与灌合为一套系统的干、支两级沟系。灌溉时，从河网扬水入斗渠，以下即自流灌溉；排水时，斗、农沟汇集沥水，自流入支沟，然后由干沟自流或扬水排出。深沟河网做到骨干深沟与田间浅沟相结合，扬水灌排与自流灌排相结合，灌水渠系与排蓄沟网相结合，起到一沟多用，排、灌、蓄联合运用，旱涝盐碱综合治理的作用。

（6）排水沟的深度与间距设计。盐土的改良和次生盐渍化的防治，必须将地下水位降至临界深度。所谓临界深度，是指在干旱蒸发积盐季节不致由于含盐地下水沿毛管上升到达土壤表层引起积盐的最浅的地下潜水的埋藏深度。地下水临界深度一般等于土壤毛管水强烈上升高度加安全超高。土壤毛管水上升高度与土壤质地有关，轻壤土的毛管水上升高度最大。为了将地下水控制在临界深度以下，排水沟的深度设计可按式（4–3）计算：

$$H=H_1+H_2+d \tag{4-3}$$

式中：H_1——地下水临界深度，m；

H_2——排水地块中部地下水面与排水沟内水面的水头差，一般为0.2～0.3 m；

d——排水沟内排泄地下水的设计深度，一般为0.1～0.2 m。

排水沟的间距要求两条末级固定排水沟（农排）之间所产生的潜水拱面能保证在临界深度以下（见图4-16）。地下水临界深度与地下水矿化度和土壤质地有关，地下水矿化度越高和土壤质地越轻，地下水临界深度越大。

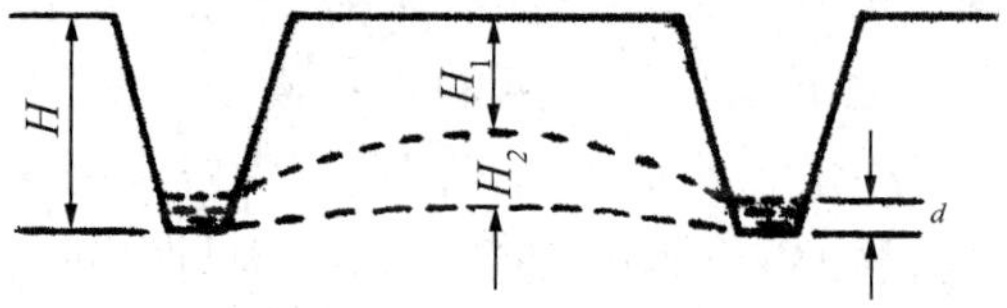

图4-16　排水沟深度示意图

我国华北地区采用的末级排水沟深度与间距可参考表4-3。

表4-3　华北地区末级排水沟深度与间距　　单位：m

潜水矿化度/(g·L^{-1})	轻壤土		壤质夹胶泥		胶泥	
	沟深	间距	沟深	间距	沟深	间距
1～3	2.1～2.4	300～400	1.8～2.1	250～300	1.3～1.5	200～250
>3	2.4～2.7	250～350	2.1～2.3	200～250	1.5～1.8	150～200

2. 水井的规划设计

（1）井排井灌的作用。井排也称为垂直排水。由于盐渍地区地势低平，径流滞缓，自然排水出路不畅，在地下水位埋藏浅的情况下，大部分明沟易于塌坡，末级排水沟的深度一般只能维持在1.5 m左右，所以在一些地方，利用明沟自流排水控制地下水位有很大的难度，这时可以利用机井提水，有效地降低地下水位。

当地下水水质较好，可以用于灌溉时，利用机井提水灌溉，一方面可以补充土壤水分不足，满足作物高产需要；另一方面可以起到调控地下水位的作用，既可防止土壤返盐，又可腾空“库容”，增强降水入渗淋盐和减缓沥害的作用。

（2）机井的规划设计。修建机井应在详细查明土壤及水文地质状况的基础上进行，根据自然条件的特点设计不同的竖井密度、井型结构，采用不同机泵。布井密度多根据地下水含水层出水量和地面平整程度而定，一般单井出水量50～60 m^3/h的地面平坦地区，一眼井可保证4.7～7.0 hm^{2}地的灌溉；出水量小于50 m^3/h的地段，一眼井可控制3～4 hm^{2}地的灌溉。井型结构也很重要，在浅层地下水主要含水层埋藏浅，出水量较大的条件下，多采用直径为50～70 cm的水泥石碴筒井，井深25～50 m；当含水层埋藏较深（50～60 m）的情况下，采用筒管井或管井，管径30～50 cm，井深60 m左右；在水文地质条件较差，浅层地下水量较小的情况下，为增大出水量，可以采用真空井、辐射井、射流井、子母井、插管井等。

井水的矿化度及水质应能满足灌溉的要求，若利用浅层咸水，则需保证与渠水混合后可用于灌溉。

若利用竖井达到井排的目的，一般不要打穿承压水层的顶板，以防止承压水对浅层地下水形成反补给，更不能打穿深层咸水层。在机井采水范围内的土壤应具有一定的透水性，才能起到井排的作用。若存在较厚的不透水土层，阻断了上下层的水利联系，则失去了井灌带排的作用。

3. 渠道的规划设计

当有地面水源用于灌溉时，应修建引水灌溉渠道，灌溉洗盐。渠灌的优点是来水量大，灌溉面积大，灌水与压盐的效率高；缺点是水的有效利用率比较低，渗漏损失多，容易抬高地下水位，易使土地成涝，也易返盐。因此，灌溉渠道最好进行衬砌，防止和减少渗漏，避免抬高地下水位；同时，要避免大水漫灌。

渠道的规划设计可以参照第三章。

干旱、半干旱地区河流在雨季和旱季、涝年与旱年间的流量变化很大，而作物需水量大的季节，往往正是河道枯水时期，水源供应不足。高产作物不仅需要灌水的次数较多，灌水更需及时，单纯渠灌很难满足这些要求。因而，有条件的地方可以实行井灌与渠灌相结合，不但可以解决渠灌与作物高产需水的矛盾，而且利用浅井水可以降低水位，有助于防止返盐。

（七）盐土改良利用的生物措施规划

1. 植树造林

植树造林有改良土壤的作用，它不仅可以改善土壤本身的理化性质，还可以改变周围环境。因为植物根系吸收土壤水分，然后通过叶面蒸腾将水分输入大气，在水文意义上具有生物排水作用，可以调节和降低地下水位。试验资料表明，一棵树每年可以蒸发 50～90 m^3 的地下水，由此可见生物排水的效能。因此，植树造林从降低地下水位，改善生态环境的角度来看，同样是防治土壤盐渍化的有效方法。

盐渍化地区的林网可分为四个层次，一是沟、渠、路林网，二是农田防护林带，三是村镇院落绿化树，四是片林和果园。

在盐渍土地区选择适宜的树种，有利于提高树木的成活率。常见的树种有柽柳、紫穗槐、枸杞、苦楝、椿树、刺槐、榆树、桑树、沙枣、泡桐、钻天杨、小叶杨、加拿大杨、白蜡条等。果树中，枣树、梨树、苹果树、桃树等也具有一定的耐盐力，可以在轻度盐渍化土壤上生长。但由于各地水热条件和土壤条件有所不同，所以人们在选择树种上应尽量选择适合于当地的速生乔木及灌木，组成乔、灌、草相结合的林带。

2. 种稻改良

我国种植水稻改良盐渍土，已有悠久的历史。水稻需水量大，在生长期内需要淹灌 110～

150天，在淹灌条件下，通过静水压力的作用，土壤中的盐分随重力水下渗，并向旁侧移动，通过排水沟将盐分排出灌区。种稻期间淹灌水不断下渗，不仅使一定深度的土壤脱盐，而且会形成一个淡化水层。种稻改良盐渍土是集利用和改良于一体的成功经验。新疆、银川平原、辽河三角洲、鲁豫引黄灌区等几乎各个盐渍土区都有种稻改良的治理模式。各地区长期的生产实践证明，在有水源和排水设施的前提条件下，种稻和稻旱轮作是一种很好的治理方式。

种稻改良盐渍土要注意以下几个技术问题：

（1）因地制宜，合理布局。种稻改良盐渍土，需要从全局出发，考虑水源条件、排水能力、土壤、地形、劳动力、肥料等情况，周密地规划种稻面积和分布位置。种稻改良盐渍土治理模式一般适用于低洼盐碱地区。同时，水旱田的布局必须统一规划，稻田要连片成方，避免插花种植，水旱作物区之间要有2.5～3.0 m深的截渗沟，以减轻水田对旱田的不良影响。

（2）打通出路，健全排水系统。在水源有保证的条件下，种稻改良盐渍土的作用能否充分发挥，主要取决于排水出路是否通畅及排水系统能否满足控制地下水位和洗盐排盐的要求。据新洋农业试验站的资料，同为100 m宽的条田，在排水有出路的条件下，种一季稻后0～50 cm土层盐分由0.27%迅速降至0.1%以下，脱盐率为73.5%；在排水无出路的条件下，0～50 cm土层盐分由0.29%降至0.15%，脱盐率仅为48.6%。在排水不良或无排水条件下，引水种稻不仅影响洗盐和淡化地下水的效果，而且还会急剧抬高地下水位，引起或加剧邻近旱作地区的土壤盐渍化。

（八）盐土改良的农业耕作措施

在盐渍土地区，农业耕作措施不仅可以调节土壤水、肥、气、热，还可以调节土壤水盐动态，保证作物正常生长发育。研究和实践证明，因地制宜地采用各种农业耕作措施，如平整土地、深翻、避盐巧种、放淤等，可以促进作物生长，减少地面蒸发，调节、控制土壤水盐动态，使之向有利于土壤脱盐的方向发展，在一定程度上弥补了灌溉、排水条件上的不足。

1. 平整土地

土地不平整是形成盐斑地的重要原因之一。平整土地对盐渍土的改良作用，主要在于消除盐分富集的微域地形条件，使土壤在降水和灌溉时受水均匀，蒸发也趋于一致，不会产生局部积盐。据山东省陵县改碱实验区观测，一块高低不平的重盐碱地，经过平整以后，耕层土壤含盐量一般比原来降低35%左右。

盐渍地的平整，与一般地的平整相同，但在操作时应注意土壤盐渍程度。对于一般轻度盐渍地，以不打乱土层为好；而在重度盐碱地或局部盐斑处，则须先将盐斑的土移走，即“起碱”，然后平整土地，以免盐分“搬家”。

2. 深翻

在盐渍土地区，深翻具有抑盐改土的作用。盐渍土一般具有表聚性强的特点，通过深翻可以将盐分较多的表土翻入深层，将底层的好土翻上来，结合施肥，建立新的耕作层，从而有利于作物的生长。深翻可切断土体上下层的毛细管联系，土壤水分蒸发相应减弱，并且由于疏松土层的孔隙度高，渗水性好，能促进雨水的下渗。因此，深翻也是抑制土壤返盐，促进土壤淋盐的有效措施。

但深翻必须考虑剖面盐分分布状况、土层质地排列、地下水埋藏深度及作物根系的发育特性等。心、底土含盐多的土壤不宜深翻。

3. 晒垡养坷垃

在夏秋雨季淋盐后，及早进行深耕，耕而不耙，可以创造出一个上有坷垃，中有碎土，下有墒土的耕作层。这种耕作层可以切断上下土层间的毛细管通道，抑制土壤水盐向上运行，起到“保墒、防盐”的作用，同时，由于晒垡可以使土壤盐碱集中在坷垃表面，有利于自然雨水的淋洗。

4. 适期播种

顺应气候特点，适期播种，避开土壤积盐盛期，也是一种适应性的利用盐渍土的方式。群众中流传着“春晚播，秋早播，夏抢播”的农谚。因为春季盐碱地土温上升缓慢，早播温度低，易受盐碱危害，形成烂种、烂芽，因此盐碱地春播比非盐碱地一般要晚 7 ~ 10 天。夏季气温高，土壤容易返盐，为防止盐分危害，一般要根据墒情和返盐状况，抢墒播种。秋季盐碱地地温比非盐碱地降得快，因此要早播，一般比非盐碱地要早 5 ~ 7 天。同时，由于雨季期间被雨水淋溶到土壤底层的盐碱尚未全部返上来，早播也有利于出苗保苗。

5. 选育耐盐品种

选育耐盐品种即每年在盐碱地上选择生长健壮、发育良好的植株作为留种，第二年将收获的种子再种到盐碱地上。通过长期系统的选育，即可培育出在盐碱地上获得耐盐遗传性并具有耐盐适应生理的品种。

6. 土壤培肥

“瘦、死、板、冷”，再加上“盐碱”，共同构成了盐碱地的低产因素。而形成这些因素的主要原因是土壤有机质含量低。土壤有机质参与了土壤的生物小循环过程，是营养元素，如氮、磷、钾、硫、硅等元素的重要来源，同时，土壤有机质还影响着土壤的物理化学特性，影响着土壤微生物区系分布和土壤中一系列的微生物学过程。对盐渍土来说，土壤有机质还有更多的意义。盐渍土中肥盐之间存在着相互制约的关系，盐分多了，抑制作物生长，土壤中残留的有机质就减少；相反，土壤中有机质多时，就可以调和以致消除盐害，形成所谓“肥大吃盐，盐大吃肥”的现象。

7. 植物覆盖

实践证明，种植绿肥，增加地面覆盖等措施，不仅可以培肥土壤，使土壤具有良好的结构性，还可以覆盖地面，抑制和减少水分蒸发，对调控盐渍土的水盐动态，起到良好的作用。植被覆盖还有促进淋盐的作用。因为植物地上部分可拦蓄地面径流，而地下密集的根系可显著增加大孔隙度，改善土壤结构，从而加大土壤的透水性，增加降水的入渗。因此，不论是绿肥还是其他植物，均可大大促进降水的淋盐作用。

盐碱地上种植的绿肥品种，应具有抗御盐碱及其他自然灾害的能力。目前，在我国盐碱地区广泛栽培的一年生冬绿肥品种，主要有苕子、箭舌豌豆、金花菜、小扁豆、紫云英等。一年生夏绿肥品种有田菁、柽麻，也有将芝麻、绿豆、油菜作绿肥的。多年生绿肥有紫花苜蓿、沙打旺、白三叶草、草木樨、紫穗槐等。绿肥品种虽多，但是其耐盐能力与所需水热条件是有很大差异的，因此必须因地制宜，因时制宜，才能提高绿肥的成活率。

近年来，一些地区随着复种指数提高，种植绿肥与粮棉争地的矛盾更加突出。因此，推行绿肥的轮作、间种、套作，是处理好绿肥与粮棉的关系，保证全面增产的最佳途径。

二、碱土的开发规划

（一）碱土的形成

碱土的形成必须具备两个条件。

（1）有显著数量的Na^+进入土壤胶体（直径<0.002 mm的黏粒）。土壤胶体从溶液中吸附Na^+而交换出Ca^{2+}，Mg^{2+}。化学反应：

$$\boxed{\text{土壤胶体}}^{Ca^{2+}}_{Mg^{2+}}+2Na_2CO_3 \longrightarrow \boxed{\text{土壤胶体}}^{2Na^+}_{2Na^+}+CaCO_3+MgCO_3$$

（2）土壤胶体上交换性钠的解吸并产生苏打盐类。钠质盐渍土在积盐过程中，胶体表面已吸附显著数量的交换性钠，但因土中其他中性可溶盐含量高，阻止交换性钠水解，所以，土壤不显碱化特征。只有当盐土脱盐到一定程度，土壤碱化性钠发生解吸，土壤才出现碱化特征而演变为碱化土壤。通常碱化过程与脱盐过程相伴发生。但土壤脱盐并不一定碱化，土壤碱化也并不一定要以脱盐为条件。只有当土壤中含有一定量的钠盐，而且在脱盐过程中又没有足够的钙、镁等二价离子饱和的土壤胶体时，土壤才碱化。

（二）碱土的特性

碱土中Na_2CO_3，$NaHCO_3$含量较多，一般情况下占土壤全盐量的50%以上，而Ca^{2+}，Mg^{2+}含量较少，两者总和不超过阳离子总量的10%，因此土壤胶体吸附的交换性Na^+较多，土壤碱化层的土壤碱度（ESP）>30%，土壤呈强碱性，pH一般大于9。由于土壤胶体上吸附大量Na^+，使土壤胶体分散，物理性质恶化，湿时泥泞，干时坚硬，并产生垂直裂隙。

（三）碱土危害植物的原理

碱土危害植物生长的主要原因是土壤胶体上的交换性钠水解产生Na_2CO_3，$NaHCO_3$和有机酸钠，而使土壤溶液的pH升至9以上，当Na_2CO_3的质量分数大于0.5×10^{-3}时，其就足以危害植物生长。pH超过8.8，就有腐蚀植物根的作用。强碱性还能使Fe，Mn，Ca，P等植物营养元素的溶解度降低，不能满足植物生长的要求，而引起作物缺素症。此外，由于Na^+使土壤胶体高度分散，造成土壤物理性质恶化，土壤的通透性和耕性很差，影响作物出苗和根系发育。大量Na^+的存在还会使某些作物的叶子边缘枯焦，造成“生理灼烧”现象。

（四）碱土的改良利用措施

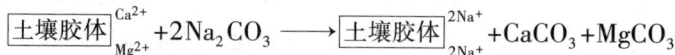

与盐土的改良利用一样，碱土的改良利用也必须以水利改良为基础，改良过程中产生的

有害反应物，如钠，必须依赖水利灌排水措施才得以淋洗排除。其灌溉排水渠系的规划设计这里不再赘述。碱土的改良除水利改良措施外，还必须施用化学改良剂。用于碱土改良的化学改良剂可分为两类：

一是含钙物质，如石膏、磷石膏（磷铵化肥车间的副产物）。其作用主要是利用 Ca^{2+} 代换下土壤胶体上吸附的 Na^{+}，消除苏打，而又不造成土壤的分散，从而改善土壤的理化性质，可用下式表示：

$$\boxed{\text{土壤胶体}}\begin{matrix}Na^{+}\\ Na^{+}\end{matrix}+CaSO_4 \longrightarrow \boxed{\text{土壤胶体}}Ca^{2+}+Na_2SO_3$$

$$Na_2CO_3+CaSO_4 \rightleftharpoons CaCO_3+Na_2SO_4$$

二是酸性物质，如硫黄粉等。其作用主要是利用它们反应产生的酸来中和土壤碱度。

碱度的改良还可以利用生物改良措施，如种植和翻压绿肥。绿肥体和根茬在微生物作用下分解，产生各种有机酸，可以在一定程度上中和土壤碱度，对改良苏打盐土非常有利。据河南封丘西大村的试验，种植绿肥，可使 0～10 cm 土层的 pH 下降 1 个单位以上，碱化度下降 20% 以上，并使苏打消失，Ca^{2+}，Na^{+} 显著增多。

总之，碱土的改良要因地制宜，综合治理，改良和利用相结合，改良利用与提高土壤肥力相结合。

第六节　废弃土地的复垦

2019 年 8 月 16 日，全国人大常委会发布了最新修订后的《中华人民共和国土地管理法》，于 2020 年 1 月 1 日起正式实施。《土地管理法》第四十二条规定，国家鼓励土地整理。县、乡（镇）人民政府应当组织农村集体经济组织，按照土地利用总体规划，对田、水、路、林、村综合整治，提高耕地质量，增加有效耕地面积，改善农业生产条件和生态环境。地方各级人民政府应当采取措施，改造中、低产田，整治闲散地和废弃地。

有关材料显示，由于从事开采矿产资源、烧制砖瓦、燃煤发电等生产和建设活动而破坏废弃的土地约 333 万 hm^2，其中 70%～80% 为耕地；由于兴修水利，修筑铁路、公路等建设活动而废弃的土地加上建筑取土等零星废弃地及农村的坑塘约 1 000 万 hm^2，耕地占 70% 左右。复垦这 1 333 万 hm^2 废弃地，对增加耕地面积和缓解各项建设对土地需求的压力至关重要。

一、土地复垦的概念

“土地复垦”一词在 20 世纪 50 年代末称为“造地复田”。当时为了克服自然灾害带来的吃粮困难，矿山职工自发地在排土场、尾矿场上垫土种植粮食和蔬菜。在“以粮为纲”的年代，土地复垦的概念一般是指将废弃的土地重新开垦为农田种植农作物。随着时代的发展，土地复垦的内涵在扩展，即土地复垦后的用途不仅是种植农作物，也可以植树造林，进行水产养殖，或者是作为建设用地。参照 2011 年 3 月 5 日《土地复垦规定》，土地复垦是指对生产建设活动和自然灾害损毁的土地，采取整治措施，使其达到可供利用状态的活动。

对于废弃土地的复垦并不见得就是指完全恢复或“复制”出被扰动或破坏前的土地存在状态，实践证明，原模原样地恢复是很难做到的，除非被破坏的土地具有重要的考古和文化价值。我们一般不提倡恢复原状。

我们提倡对破坏土地的“生态重建”，即根据遭到破坏土地的状况和各业用地需求，按土地利用规划确定复垦后的用途，逐渐恢复或建立一种稳定的、与周围环境和景观相协调的用途。这种用途可以与破坏前雷同，也可能完全转变了用途。例如，淮北平原的煤矿塌陷地原本是农田，塌陷后积水很深，如果将其复垦为农田困难很大，因此将其改为水产养殖地。

二、废弃土地的类型

废弃土地类型主要包括以下几种：

（1）采矿、挖沙、取土等对地表的直接挖损，破坏了原来地形地貌的土地，如因烧制砖瓦挖掘的取土坑、露天煤矿开采场。

（2）地下开采等引起的地表塌陷地，如煤矿塌陷地。

（3）采矿、冶炼、发电等工矿企业生产排放废弃物堆积压占而废弃的土地，如堆土场、尾矿场、储灰场、钢厂灰渣场、城市垃圾场等。

（4）工业排灌造成的污染地。

（5）废弃水工工程，因改线等废弃的各种道路（包括铁路和公路）路基，建筑物搬迁时毁坏的遗弃的土地。

三、土地复垦规划的内容

（一）前言

简述土地复垦规划的目的、任务、依据和规划期限。一般前言部分还包括编制规划的简要过程、基础数据来源和其他需要说明的问题。

（二）复垦土地的概况

描述复垦土地的类型、特性和面积，所在地理位置、区域气候、地形、地质和水文条件，原来土地的状况和用途，土地权属状况等。

（三）复垦土地的适宜性评价

通过对待复垦土地的性状、区域自然条件和技术经济条件的分析，对待复垦土地进行技术经济评价，评价其对农、林、牧、建设等各业用地的适宜性和适宜程度，并说明采取什么技术措施才能使复垦后的土地达到所需的用途。

（四）复垦土地的用途规划

在待复垦土地适宜性评价的基础上，根据当地国民经济和各业对土地的需求，确定复垦后的利用方案，并有不同规划方案在技术经济方面的比较。

（五）土地复垦技术措施

根据确定的用途和待复垦土地的性状以及复垦条件，提出将待复垦土地复垦为确定用途土地必须采取的复垦技术和措施。

（六）实施计划和经费预算

根据复垦土地的难度、面积和所采取的技术措施，计算需要投入的人力和物力，并将其折算为资金，编制分阶段具体实施计划和所需经费、物资预算。

四、土地复垦规划的程序

编制土地复垦规划一般分为四个阶段。

（一）待复垦土地的勘测和综合调查阶段

首先要对复垦区的各种已有的成果资料或原始资料，包括破坏前后情况和各种图纸资料等进行收集。其次对复垦区土地进行勘测，绘制较大比例尺的基础图件。

（二）待复垦土地的适宜性评价阶段

（三）土地复垦规划阶段

根据经济、社会、自然及生态条件规划复垦后土地用途，制订复垦地段内的详细规划，并编制具体实施计划和所需经费、物资预算。

（四）实施阶段

根据土地复垦规划，将规划设计的项目，按时准确地落实到地面，付诸实施。

土地复垦的途径和形式有两种：一是由破坏土地的企业和个人自行复垦，二是由其他有条件的单位或个人承包复垦，土地复垦费用由破坏土地的企业或个人承担。

五、土地复垦规划的原则

（一）因地制宜的原则

确定废弃土地复垦后的用途，应本着经济合理、因地制宜的原则，宜农则农，宜林则林，宜牧则牧，宜渔则渔，宜建则建，有的还可以开辟成游览娱乐场地等。复垦后的土地不见得一律作为耕地或其他农用地。

（二）系统工程，统筹考虑的原则

土地复垦不能“头疼医头，脚疼医脚”。要将土地复垦当作一个系统工程看待，全面考虑。例如，复垦煤矿塌陷地要和复垦煤矸石堆场相结合，煤矸石正好充填塌陷地，甚至在开采煤炭时就计划好，将煤矸石排放在预测的塌陷区。再如，复垦砖瓦窑取土坑要和复垦城市垃圾堆场相结合，垃圾正好充填取土坑，甚至选择取土坑作为垃圾堆放地，直接将垃圾运到取土坑填埋。

（三）土地复垦规划和土地利用规划相结合

土地复垦规划必须与土地利用规划相协调，即在制定土地利用规划时就确定废弃地复垦后的用途，并在制定复垦规划时给予详细规划。一般来说，土地复垦规划要符合土地利用总体规划的要求，在城市规划区内要符合城市规划的要求。

（四）将土地复垦规划与土地整理相结合

土地复垦不但要改变废弃土地的形态与性质，确定复垦后的用途，而且要处理好复垦后的权属，做到公正和公平。

六、土地复垦技术

由于废弃土地的类型不同，其复垦后的用途要求不同，所以采用的复垦技术也不一样。这里介绍几种废弃地的复垦技术。

（一）砖瓦窑取土坑的复垦

砖瓦窑是破坏土地，侵占耕地的大户。砖瓦行业的原料是土壤，取土制砖瓦留下了大坑。其复垦方式有两种：一是利用其蓄水作为水塘或鱼塘，二是将其垫平或覆土种植植物或压实作为建筑基地。

充填取土坑的物料可用无毒无害的固体废弃物，如粉煤灰、矿山废渣、建筑垃圾等。若复垦后用于种植作物，则一般要在其上覆盖至少50 cm厚的土壤；如用作绿化地，则覆土厚度可小些。取土坑充填后若作为建筑地基，则必须经过一段时间的沉降，并经过压实或夯实后，才可开槽施工。

（二）煤矿塌陷区的复垦

在煤矿开采区常出现塌陷，特别在平原区，塌陷深度大，塌陷面广，造成严重的土地破坏。煤矿塌陷区的复垦分为充填复垦和非充填复垦两种。充填复垦的物料有煤矸石、坑口电厂的粉煤灰以及矿区的生活垃圾和建筑垃圾等。一般矿区固体废弃物只能充填约1/4的塌陷区，因此，煤矿塌陷区的复垦技术最常用的还是非充填复垦，通过蓄水将其用于水产养殖或作为矿山城市公园水域。

（三）煤矸石堆场的复垦

煤矿开采区不仅有塌陷区，而且有煤矸石堆场。煤矸石堆场压占了大片土地。煤矸石堆场复垦有两种途径：一种是清除煤矸石后复垦土地，另一种是在煤矸石堆上覆土植树造林。清除煤矸石不但可以空出土地复垦，而且可以利用煤矸石充填塌陷地，具有一举两得、事半功倍之功效。在煤矸石堆上覆土造林，可以为矿山城市增添绿地，特别在平原上可以增添人工山水景色。

（四）城市垃圾场的复垦

城市垃圾场复垦有两个步骤，首先是清除垃圾，其次是复垦垃圾堆占的土地。清除垃圾不仅要找到垃圾填埋地，而且要避免垃圾污染地下水。垃圾填埋地一般选在地下径流的下游，最好是封闭洼地；用黏土衬底填埋坑，以防污物渗入地下水。垃圾填埋地可以覆土用以植树造林，甚至复垦为农田。

（五）污染地的复垦

污染地的复垦办法一般是将污染的土挖走，然后填上新土。这种办法在转移污染土壤时，要避免二次污染，最好是将污染土堆放在不引起污染扩散的地点。

还有一种污染地的复垦办法，一般是通过栽种抗污染的树木，让植物吸收毒素和微生物慢慢降解毒素。

（六）建筑地基的复垦

旧建筑地基可以直接用于建设。在建设用地审批时，要充分利用闲置的旧地基。这里所谓建筑地基的复垦是指将其复垦为农用地。当前，为了加快农村现代化建设，各地开展了“拆小村，并大村”和农村城市化的工作，腾出的旧宅基地急需复垦。旧建筑地基一般经过夯实，如果直接耕翻种地，根系难以下扎。因此，建筑地基的复垦必须先将上部夯实板结的土壤起走，然后复填上肥沃的松软的新土；也可以采取分垄深翻的措施，并通过灌水冻融松土。无论是起土覆盖，还是深翻，其深度必须至少达到50 cm，以满足根系活动要求。

学习要求

1. 掌握国土空间规划对土地资源保护利用规划的内容要求；土地复垦规划的内容和程序及其土地复垦技术。
2. 了解山地、风沙地、盐碱地和湿地等土地资源的形成条件和形成过程。
3. 重点掌握本章一种土地的特性及其开发过程中应注意的问题与开发技术要点。

思考题

1. 国土空间规划对土地资源保护利用规划的内容要求是什么？
2. 山地的特点是什么？为什么山地开发要搞立体开发？山地的水土保持措施有哪些？
3. 风沙地的特点是什么？为什么风沙地开发要防护林先行？沙地施肥灌水应注意什么？
4. 沼泽地的特点是什么？其综合利用方向是什么？
5. 海涂的特点是什么？其综合利用方向是什么？
6. 盐土的特性是什么？其综合改良措施有哪些？
7. 碱土的特性是什么？其与盐土的主要区别是什么？其改良措施有哪些？
8. 废弃地复垦规划的原则和内容有哪些？

参考文献

[1] 北京农业大学. 农业气象. 北京: 农业出版社, 1981.

[2] 乐昌硕. 岩石学. 北京: 地质出版社, 1984.

[3] 罗远培. 水资源概论. 北京: 北京农业大学出版社, 1991.

[4] 朱祖祥. 土壤学. 北京: 农业出版社, 1983.

[5] 林培. 土地资源学. 北京: 北京农业大学出版社, 1991.

[6] 刘黎明, 张军连, 张凤荣, 等. 土地资源调查与评价. 北京: 科学技术文献出版社, 1994.

[7]《中国自然地理》编写组. 中国自然地理. 2版. 北京: 高等教育出版社, 1984.

[8] 中国1∶100万土地类型图编辑委员会文集编辑组. 中国土地类型研究. 北京: 科学出版社, 1986.

[9] 雷利・巴洛维. 土地资源经济学: 不动产经济学. 谷树忠, 等译. 北京: 北京农业大学出版社, 1989.

[10] 顾晓鲁, 钱鸿缙, 刘惠珊, 等. 地基与基础. 2版. 北京: 中国建筑工业出版社, 1993.

[11] 同济大学. 城市规划原理. 2版. 北京: 中国建筑工业出版社, 1991.

[12] 张凤荣. 持续土地利用管理的理论与实践. 北京: 北京大学出版社, 1996.

[13] Foman, Godron. 景观生态学. 肖笃宁, 等译. 北京: 科学出版社, 1990.

[14] 董德显. 土地利用规划. 北京: 中国展望出版社, 1990.

[15] 建设部村镇建设司. 建制镇规划建设管理法规文件汇编. 北京: 中国建筑工业出版社, 1995.

[16] 许鹏. 草地调查规划学. 北京: 中国农业出版社, 1994.

[17] 郝晋民, 朱道林, 朱彤. 土地利用规划. 北京: 中国农业科技出版社, 1995.

[18] 郑大豪. 山区农业资源开发的技术经济研究. 北京: 北京农业大学出版社, 1990.

[19] 郭元裕. 农田水利学. 3版. 北京: 水利电力出版社, 1997.

[20] 赵德林. 三江平原低产土壤与改良. 哈尔滨: 黑龙江科学技术出版社, 1992.

[21] 中国农业科学院农田灌溉研究所, 江苏省农业科学研究所, 山东省水利科学研究所, 等. 黄淮海平原盐碱地改良. 北京: 农业出版社, 1977.

[22] 王其亨. 风水理论研究. 天津: 天津大学出版社, 1992.

[23] 程建军, 孔尚朴. 风水与建筑. 南昌: 江西科学技术出版社, 1992.

[24] 王鲁民. 中国古典建筑文化探源. 上海：同济大学出版社，1997.

[25] 白德懋. 居住区规划与环境设计. 北京：中国建筑工业出版社，1993.

[26] 彭一刚. 传统村镇聚落景观分析. 北京：中国建筑工业出版社，1992.

[27] 蔡文运. 农村发展规划. 北京：农业出版社，1989.

[28] “小城镇土地使用制度与管理体制改革”课题组. 中国小城镇发展与用地管理. 北京：中国大地出版社，1998.

[29] 葛诗峰. 村镇规划. 北京：北京大地出版社，1999.

[30] 国家土地管理局科技宣教司. 土地案例选编. 北京：改革出版社，1993.

[31] 王万茂. 土地利用规划学. 北京：中国大地出版社，1996.

[32] 蔡玉梅，郑伟元，张晓玲，等. 土地利用规划环境影响评价. 地理科学进展，2003，22（6）：567-575.

[33] 贾克敬，谢俊奇，郑伟元，等. 土地利用规划环境影响评价若干问题探讨. 中国土地科学，2003，17（3）：15-20.

附　　录

附录 1

国土空间规划用地用海分类名称、代码和含义见附表 1。地下空间规划用地补充分类名称、代码和含义见附表 2。

附表 1　国土空间规划用地用海分类名称、代码和含义

一级	二级	三级	类别名称	含义
01			农地	指耕地、园地、田坎、沟渠等用于农业生产的土地
	0101		耕地	指种植农作物的土地，包括熟地，新开发、复垦、整理地，休闲地（含轮歇地、休耕地）；以种植农作物（含蔬菜）为主，间有零星果树、桑树或其他树木的土地；平均每年能保证收获一季的已垦滩涂和海涂。耕地中包括南方宽度<1.0 m，北方宽度<2.0 m 固定的沟、渠、路和地坎（梗）；临时种植药材、草皮、花卉、苗木等的耕地，临时种植果树、茶树和林木且耕作层未被破坏的耕地，以及其他临时改变用途的耕地
		010101	水田	指用于种植水稻、莲藕等水生农作物的耕地，包括实行水生、旱生农作物轮种的耕地
		010102	水浇地	指有水源保证和灌溉设施，在一般年景能正常灌溉，种植旱生农作物的耕地，包括种植蔬菜等的非工厂化的大棚用地
		010103	旱地	指无灌溉设施，主要靠天然降水种植旱生农作物的耕地，包括没有灌溉设施，仅靠引洪淤灌的耕地
	0102		园地	指种植以采集果、叶、根茎为主的集约经营的多年生木本和草本作物，覆盖度大于 50% 或每亩株树大于合理株树 70% 的土地，包括用于育苗的土地
	0103		其他农用地	指耕地、园地以外的用于农业生产的土地
		010301	田坎	指梯田及梯状坡地耕地中主要用于拦蓄水和护坡，南方宽度≥1.0 m、北方宽度≥2.0 m 的地坎
		010302	沟渠	指人工修建，南方宽度≥1.0 m、北方宽度≥2.0 m 用于引、排、灌的渠道，包括渠槽、渠堤、护路林及小型泵站
02			林地	指生长乔木、竹类、灌木的土地，包括迹地；不包括城镇、村庄范围内的绿化林木用地，铁路、公路征地范围内的林木，河流、沟渠的护堤林，以及沿海生长红树林的土地
03			草地	指生长草本植物为主的土地
	0301		牧草地	指以天然或人工种植草本植物为主，用于放牧和割草的土地，包括实施禁牧、限牧措施的牧用草地，不包括沼泽场地
	0302		其他草地	指因产草量低无法用于畜牧，或因生态保护不能用于畜牧的草地

续表

一级	二级	三级	类别名称	含义
04			居住用地	指主要用于人们生活居住的各类住宅建筑及其附属设施用地
	0401		住宅用地	指城镇用于生活居住的各类住宅建筑用地及其附属设施，不含配套的公共管理与公共服务设施、商业服务业设施等用地
		040101	一类住宅用地	指配套设施齐全、环境良好，以低层住宅为主的住宅建筑用地及其附属道路、附属绿地、停车场等用地
		040102	二类住宅用地	指配套设施较齐全、环境良好，以多、中、高层住宅为主的住宅建筑用地及其附属道路、附属绿地、停车场等用地
		040103	三类住宅用地	指配套设施较欠缺、环境较差，以需要加以改造的简陋住宅为主的住宅建筑用地及其附属道路、附属绿地、停车场等用地，包括危房、棚户区、临时住宅等用地
	0402		农村宅基地	指农村村民用于建造住宅及其生活附属设施的集体建设土地，包括住房、附属用房和庭院等用地
		040201	一类农村宅基地	指农村用于建造独户住房的集体所有土地
		040202	二类农村宅基地	指农村用于建造集中住房的集体所有土地
	0403		城镇社区服务设施用地	指为居住区配套的社区服务设施用地，包括托儿所、社区卫生服务站、文化活动站、小型综合体育场地、老年人日间照料中心、菜市场、菜店、环卫设施、变电设施等用地，不包括中小学、幼儿园用地
	0404		农村社区服务设施用地	指为农村社区配套的生产与生活服务设施用地，包括供销社、兽医站、农机站、咨询服务站、晒场；托儿所、农村社区服务站、文化活动室、小型体育活动场地、综合礼堂、农家书屋、村民广场与绿地、农村商贸服务设施、农村卫生服务站、环卫设施、变电设施、宗祠、仓储堆场等用地，不包括中小学、幼儿园用地
05			公共管理与公共服务设施用地	指行政、文化、教育、体育、卫生、社会福利、科研等机构和设施的用地，不包括居住用地中的城镇和农村社区服务设施用地
	0501		行政办公用地	指党政机关、社会团体、事业单位等办公机构及其相关设施用地，包括乡政府、村委会、各类村民自治组织的办公用地
	0502		文化用地	指图书、展览等公共文化活动设施用地
		050201	图书博览用地	指公共图书馆、博物馆、科技馆、公共美术馆、纪念馆、规划建设展览馆等设施用地
		050202	文化活动用地	指文化馆（群众艺术馆）、文化站、工人文化宫、青少年宫（青少年活动中心）、妇女儿童活动中心（儿童活动中心）、老年活动中心、综合文化活动中心、公共剧场等设施用地

续表

一级	二级	三级	类别名称	含义
	0503		教育科研用地	指高等教育、中等职业教育、中小学教育、特殊教育设施等用地，包括为学校配建的独立地段的学生生活用地
		050301	高等教育用地	指大学、学院、高等职业学校、高等专科学校、研究生院、电视大学、党校、干部学校用地，包括军事院校用地
		050302	中等职业教育用地	指普通中等专业学校、成人中等专业学校、职业高中、技工学校等用地，不包括附属于普通中学内的职业高中用地
		050303	中小学用地	指小学、初级中学、普通高中、九年一贯制学校、完全中学用地
		050304	幼儿园用地	指幼儿园用地
		050305	特殊教育用地	指盲、聋、培智学校，综合类特殊教育学校，工读学校等用地
		050306	科研用地	指科研事业单位及其科研设施用地
	0504		体育用地	指体育场馆和体育训练基地等用地，不包括学校、企事业、军队等机构内部专用的体育设施用地
		050401	体育场馆用地	指室内外体育运动用地，包括体育场馆、游泳场馆、大中型多功能运动场地、全民健身中心及其附属的业余体校等用地
		050402	体育训练用地	指为体育运动专设的训练基地用地
		050403	其他体育用地	指跳伞场、射击场、溜冰场、水上运动等用地
	0505		医疗卫生用地	指医疗、保健、卫生、防疫、康复和急救设施等用地
		050501	医院用地	指综合医院、中医医院、中西医结合医院、民族医院、各类专科医院、护理院、社区（街道）卫生服务中心等医疗设施用地
		050502	公共卫生用地	指卫生防疫站、专科防治所、检验中心、急救中心、血液中心、动物检疫站等卫生设施用地
	0506		社会福利用地	指为老年人、儿童及残疾人等提供社会福利和慈善服务的设施用地
		050601	老年人社会福利用地	指为老年人提供居住、康复、保健等服务功能的设施用地，包括养老院、敬老院、养护院等设施用地
		050602	儿童社会福利用地	指为孤残儿童提供居住、护养等慈善服务的设施用地，包括儿童福利院、孤儿院、未成年人救助保护中心等设施用地
		050603	残疾人社会福利用地	指为残疾人提供居住、康复、护养等服务的设施用地，包括残疾人福利院、残疾人康复中心、残疾人综合服务中心等设施用地
		050604	其他社会福利用地	指除以上之外的社会福利设施用地，包括救助管理站等设施用地

续表

一级	二级	三级	类别名称	含义
06			商业服务业设施用地	指商服、商务、物流管理、批发等设施用地，不包括居住用地中的城镇和农村社区服务设施用地
	0601		商业服务业用地	指零售商业及餐饮、旅馆等服务业用地，包括以零售功能为主的商铺、商场、超市、市场，饭店、餐厅、酒吧，宾馆、旅馆、招待所、服务型公寓、度假村，电信、邮政、供水、燃气、供电、供热等公用设施营业网点等用地
	0602		商务办公用地	指金融保险、艺术传媒、研发设计、技术服务、创意产业、物流管理中心等综合性办公用地
	0603		批发市场用地	指以批发功能为主的市场用地
	0604		其他商业服务业设施用地	指剧院、音乐厅、电影院、歌舞厅以及绿地率小于65%的大型游乐等设施用地、城镇旅游服务中心、宠物医院，以及赛马场、高尔夫球场、以观光娱乐为目的的直升机停机坪等通用航空、汽车维修站等其他商业服务设施用地
07			工业用地	指工矿企业的生产车间、库房及其附属设施用地，包括专用铁路、码头和附属道路、停车场等用地，不包括采矿用地
	0701		一类工业用地	指对居住和公共环境基本无干扰、污染和安全隐患，规划布局无特殊控制要求的工业用地
	0702		二类工业用地	指对居住和公共环境有一定干扰、污染和安全隐患，不可布局于居住区和公共设施集中区内的工业用地
	0703		三类工业用地	指对居住和公共环境有严重干扰、污染和安全隐患，规划布局有防护、隔离要求的工业用地
08			仓储用地	指物资储备、中转、配送等设施用地，包括附属设施、道路、停车场等用地
	0801		一类仓储用地	指对居住和公共环境基本无干扰、污染和安全隐患，规划布局无特殊控制要求的物流仓储用地
	0802		二类仓储用地	指对居住和公共环境有一定干扰、污染和安全隐患，不可布局于居住区和公共设施集中区内的物流仓储用地
	0803		危险品仓储用地	指易燃、易爆和剧毒等危险品，规划布局有防护、隔离要求的物流仓储用地

续表

一级	二级	三级	类别名称	含义
09			道路与交通设施用地	指城镇、村庄建设用地范围内的道路、交通设施等用地，不包括其他用地内的附属道路、停车场等用地
	0901		道路用地	指快速路、主干路、次干路、支路、村庄道路、专用人行道和非机动车道等用地，包括其交叉口用地；不包括公路、高速路、农村道路、其他用地内的附属道路
	0902		城市轨道交通用地	指独立占地的城市轨道交通地面以上部分的线路、站点用地
	0903		交通场站用地	指交通服务设施用地，不包括交通指挥中心、交通队等行政办公设施用地
		090301	对外交通场站用地	指铁路客货运站、公路长途客运站、港口客运码头及其附属设施用地
		090302	公共交通场站用地	指城市轨道交通车辆基地及附属设施，公共汽（电）车首末站、停车场（库）、保养场，出租汽车场站设施等用地，以及轮渡、缆车、索道等的地面部分及其附属设施用地
		090303	社会停车场用地	指独立占地的公共停车场和停车库用地（含设有充电桩的社会停车场），不包括其他建设用地配建的停车场和停车库用地
	0904		加油加气站用地	指零售加油、加气、充换电站等用地
	0905		其他交通设施用地	指除以上之外的交通设施用地，包括教练场等用地
10			公用设施用地	指城镇、村庄建设用地范围内的供水、排水、供电、供燃气、供热、通信、广播电视、环卫、消防、防洪等设施用地，不包括居住用地中的城镇与农村社区服务设施用地
	1001		供水用地	指取水设施、供水厂、再生水厂、加压泵站、高位水池等设施用地
	1002		排水用地	指雨水泵站、污水泵站、污水处理、污泥处理厂等设施及其附属的构筑物用地，不包括排水河渠用地
	1003		供电用地	指变电站、开关站、环网柜等设施用地，不包括电厂等工业用地。高压走廊下规定的控制范围内的用地应按其地面实际用途归类
	1004		供燃气用地	指分输站、调压站、门站、供气站、储配站、气化站、灌瓶站和地面输气管廊等设施用地，不包括制气厂等工业用地
	1005		供热用地	指集中供热厂、换热站、区域能源站、分布式能源站和地面输热管廊等设施用地
	1006		通信用地	指邮政中心局、邮政支局、邮件处理中心、电信局、移动基站、微波站、中继站、卫星通信地球站、海缆登陆站等设施用地

续表

一级	二级	三级	类别名称	含义
	1007		广播电视用地	指广播电视的发射、传输和监测设施用地，包括无线电收信区、发信区以及广播电视发射台、转播台、差转台、监测站等设施用地
	1008		环卫用地	指生活垃圾、医疗垃圾、危险废物处理（置），以及垃圾转运、公厕、车辆清洗、环卫车辆停放修理等设施用地
	1009		消防用地	指消防站、消防通信及指挥训练中心等设施用地
	1010		防洪用地	指防洪堤、防洪枢纽、排洪沟渠等设施用地
	1011		其他公用设施用地	指除以上之外的公用设施用地，包括施工、养护、维修等设施用地
11			绿地与广场用地	指城镇建设用地范围内的公园绿地、防护绿地、广场等公共开放空间用地，不包括其他建设用地中的附属绿地
	1101		公园绿地	指向公众开放，以游憩为主要功能，兼具生态、景观、文教、体育和应急避险等功能，有一定服务设施的绿地
	1102		防护绿地	指具有卫生、隔离、安全、生态防护功能，游人不宜进入的绿地
	1103		广场用地	指以游憩、健身、纪念、集会和避险等功能为主的聚集公共活动的场地
12			留白用地	指城镇、村庄范围内暂未确定具体用途或预留用于城镇应急设施的建设用地
13			区域基础设施用地	指铁路、公路、港口、机场、管道运输、能源、水利、通信等区域基础设施及其附属设施用地，不包括城镇建设用地范围内的交通场站用地、公用设施用地
	1301		铁路用地	指铁路编组站、线路等用地，不包括铁路客货运站等交通场站用地
	1302		公路用地	指国道、省道、县道和乡道用地及附属设施用地，不包括公路长途客货运站等交通场站用地
	1303		港口用地	指海港和河港的陆域部分，包括码头作业区、辅助生产区等用地，不包括港口客运码头等交通场站用地
	1304		机场用地	指民用及军民合用的机场用地，包括飞行区、航站区等用地，不包括净空控制范围内的其他用地
	1305		管道运输用地	指运输矿石、石油和天然气等地面管道运输用地，地下管道运输规定的地面控制范围内的用地应按其地面实际用途归类
	1306		区域公用设施用地	指为区域服务的公用设施用地，包括区域性能源设施、水利设施、通信设施、广播电视设施、环卫设施、排水设施等用地
	1307		农村道路	指国家公路网体系之外，用于村间、田间交通运输、服务于生产生活的道路用地（含机耕道）

续表

一级	二级	三级	类别名称	含义
14			采矿盐田用地	指采矿、产盐等地面生产用地
	1401		采矿用地	指采矿、采石、采砂（沙）场，砖瓦窑等地面生产用地及尾矿堆放用地
	1402		盐田	指以生产盐为目的的土地，包括晒盐场所、盐池及附属设施用地
15			特殊用地	指军事、外事、宗教、安保、殡葬、储备等具有特殊性质的用地，以及特殊农业生产设施用地
	1501		军事设施用地	指直接用于军事目的的设施用地
	1502		外事用地	指外国驻华使馆、领事馆、国际机构及其生活设施等用地
	1503		宗教用地	指宗教活动场所用地
	1504		文物古迹用地	指具有保护价值的古遗址、古墓葬、古建筑、石窟寺、近代代表性建筑、革命纪念建筑等用地，不包括已作其他用途的文物古迹用地
	1505		监教场所用地	指监狱、看守所、劳改场、戒毒所等用地，不包括公安局等行政办公设施用地
	1506		殡葬用地	指殡仪馆、火葬场、骨灰存放处和陵园、墓地等用地
	1507		储备库用地	指国家和省级的粮食、棉花、石油等战略性储备库用地
	1508		设施农业用地	指直接用于作物种植和畜禽水产养殖的设施用地。其中，作物种植设施用地包括作物生产和为生产服务的看护房、农资农机具存放场所等，以及与生产农产品直接关联的烘干晾晒、分拣包装、保鲜存储等设施用地；畜禽水产养殖设施用地包括养殖生产及直接关联的粪污处置、检验检疫等设施用地，不包括屠宰和肉类加工场所用地等
	1509		其他特殊用地	指除以上之外的特殊用地，包括边境口岸和国家公园等自然保护地的管理与服务设施等用地
16			其他陆域	指水面、湿地、自然荒野等除以上用地分类之外的陆域土地，包括红树林地、沼泽、冰川及永久积雪、盐碱地、沙地、裸土地、裸岩石砾地等
	1601		水面	指河流、湖泊等天然陆地水域，以及水库、运河、坑塘水面等人工陆地水域
	1602		湿地	指滩涂和沼泽，包括沿海红树林地、森林沼泽、灌丛沼泽、沼泽草地和其他类型的沼泽地，不包括盐田
	1603		自然荒野土地	指冰川及永久积雪、盐碱地、沙地、裸土地、裸岩石砾地等植被稀少的陆域自然荒野土地

续表

一级	二级	三级	类别名称	含义
17			渔业用海	指为开发利用渔业资源、开展海洋渔业生产所使用的海域
	1701		渔业基础设施用海	指用于渔船停靠、进行装卸作业和避风，以及用以繁殖重要苗种的海域，包括渔业码头、引桥、堤坝、渔港港池（含开敞式码头前沿船舶靠泊和回旋水域）、渔港航道及其附属设施使用的海域
	1702		增养殖用海	指用于养殖生产或通过构筑人工鱼礁等进行增、养殖生产的海域
	1703		捕捞用海	指开展适度捕捞的海域
18			工矿用海	指开展临海工业生产和矿产能源开发所使用的海域
	1801		工业用海	指开展海水综合利用、船舶制造修理、海产品加工等临海工业建设的海域
	1802		盐田用海	指用于盐业生产的海域，包括盐田取排水口、蓄水池等所使用的海域
	1803		固体矿产用海	指开采海砂及其他固体矿产资源的海域
	1804		油气用海	指开采油气资源的海域
	1805		可再生能源用海	指开展海上风电等可再生能源利用的海域
19			交通运输用海	指用于港口、航运、路桥等交通建设的海域
	1901		港口用海	指供船舶停靠、进行装卸作业、避风和调动的海域，包括港口码头、引桥、平台、港池、堤坝及堆场等所使用的海域
	1902		航运用海	指供船只航行、候潮、待泊、联检、避风及进行水上过驳作业的海域
	1903		路桥用海	指用于连陆、连岛等路桥工程建设的海域，包括跨海桥梁、跨海和顺岸道路等及其附属设施所使用的海域
20			游憩用海	指开发利用滨海和海上旅游资源、开展海上娱乐活动的海域
	2001		风景旅游用海	指开发利用滨海和海上旅游资源的海域
	2002		文体休闲娱乐用海	指旅游景区开发和海上文体娱乐活动场建设的海域
21			特殊用海	指用于科研教学、军事及海岸防护工程、倾倒排污等用途的海域
	2101		军事用海	指建设军事设施和开展军事活动的海域
	2102		其他特殊用海	指除军事用海以外，用于科研教学、海岸防护、排污倾倒、海底工程建设等的海域
22			其他海域	指除以上用海分类之外的海域，不包括无居民海岛

附表 2 地下空间规划用地补充分类名称、代码和含义

一级	二级	类别名称	含义
UG09		地下道路与交通设施	指地下道路设施、地下轨道交通设施、地下公共人行通道、地下交通场站、地下停车设施等
	UG0907	地下人行通道	指地下人行通道及其配套设施
UG10		地下公用设施	指利用城市地下空间实现城市给水、供电、供气、供热、通信、排水、环卫等市政公用功能的设施，包括地下市政场站、地下市政管线、地下市政管廊和其他地下市政公用设施
	UG1012	地下市政管线	指地下电力管线、通信管线、燃气配气管线、再生水管线、给水配水管线、热力管线、燃气输气管线、给水输水管线、污水管线、雨水管线等
	UG1013	地下市政管廊	指用于统筹设置地下市政管线的空间和廊道，包括电缆隧道等专业管廊、综合管廊和其他市政管沟
UG23		地下人民防空设施	指地下通信指挥工程、医疗救护工程、防空专业队工程、人员掩蔽工程等设施
UG24		其他地下设施	指除以上之外的地下设施

附录2

土地利用的法律法规、技术规范及相关规划。

《中华人民共和国土地管理法》（2019年修正）

《中华人民共和国城乡规划法》（2008年实施，2019年修正）

《中华人民共和国环境保护法》（2014年修订）

《中华人民共和国水法》（2016年修正）

《中华人民共和国森林法》（2019年修正）

《中华人民共和国防洪法》（2016年修正）

《中华人民共和国水土保持法》（2010年修订）

《中华人民共和国水污染防治法》（2017年修正）

《中华人民共和国矿产资源法》（2009年修正）

《中华人民共和国土地管理法实施条例》（2014年修正）

《基本农田保护条例》（1998年颁布，2011年修订）

《城市绿线管理办法》（2002年实施）

《城市紫线管理办法》（2004年实施，2011年修改）

《城市黄线管理办法》（2006年实施）

《城市蓝线管理办法》（2006年实施）

《市级国土空间总体规划编制指南（试行）》（征求意见稿）

《资源环境承载能力和国土空间开发适宜性评价指南（试行）》

《河北省村庄规划编制导则（试行）》

《城乡公共服务设施配置和建设标准》（DB13(J)/T 282—2018）

国家、省、市其他相关法律法规和标准规范。

《中共中央国务院关于建立国土空间规划体系并监督实施的若干意见》（中发〔2019〕18号）

《自然资源部关于全面开展国土空间规划工作的通知》（自然资发〔2019〕87号）

《自然资源部办公厅关于开展国土空间规划“一张图”建设和现状评估工作的通知》（自然资办发〔2019〕38号）

《全国国土规划纲要（2016—2030年）》

《国家新型城镇化规划（2014—2020年）》

《国家乡村振兴战略规划（2018—2022年）》